Ein wenig betrübt,
Ihre Marion

Ein wenig betrübt, Ihre Marion

Marion Gräfin Dönhoff
und Gerd Bucerius
Ein Briefwechsel
aus fünf Jahrzehnten

herausgegeben von
Haug von Kuenheim und
Theo Sommer

Siedler

Wir danken der ZEIT-Stiftung Ebelin und Gerd Bucerius für ihre freundliche Unterstützung.

© 2003 by Siedler Verlag, Berlin,
einem Unternehmen der Verlagsgruppe
Random House GmbH

Alle Rechte vorbehalten,
auch das der fotomechanischen Wiedergabe.

Lektorat: Markus Schacht, Hamburg
Schutzumschlag: Rothfos + Gabler, Hamburg
Satz: Ditta Ahmadi, Berlin
Druck und Bindung: GGP Media, Pößneck
Printed in Germany 2003
ISBN 3-88680-798-3
Erste Auflage

Inhalt

VORWORT
Der Prinzipal und seine Prinzipalin 7

ERSTES KAPITEL
Krach um die ZEIT 23

ZWEITES KAPITEL
Mittelmäßiges darf nicht durchgehen 37

DRITTES KAPITEL
Tischlein deck dich! 55

VIERTES KAPITEL
Der erste große Aufschwung 63

FÜNFTES KAPITEL
Die vereitelte Machtergreifung 85

SECHSTES KAPITEL
Farbe kommt ins Blatt 99

SIEBTES KAPITEL
Im Wechsel: Streit und Versöhnung 133

ACHTES KAPITEL
Wenn die Nachtgespenster kommen 151

NEUNTES KAPITEL
Wer soll im Blatt das Sagen haben? 185

ZEHNTES KAPITEL
Warum hassen Sie mich? 255

ELFTES KAPITEL
Vertrauen, Respekt, Bewunderung 273

Ein Wort des Dankes 283

Editorische Notiz 285

Zeittafel 287

Personenregister 291

Bildnachweis 304

VORWORT

Der Prinzipal und seine Prinzipalin

Am 14. Februar 1946 erhielten im luftkriegszerstörten Hamburg vier Herren mittleren Alters von der britischen Militärregierung die Lizenz, eine Wochenzeitung herauszugeben, welche DIE ZEIT heißen sollte: der Architekt und Schriftsteller Richard Tüngel, der Kunstgeschichtler Lovis H.

Lorenz, der es vom Bildredakteur beim *Fremdenblatt* zum Chef der *Hamburger Illustrierten* gebracht hatte, der Verlagskaufmann und Marineoffizier Ewald Schmidt di Simoni und, als jüngster, der noch nicht ganz vierzigjährige Rechtsanwalt Gerd Bucerius. Schon eine Woche später erschien die erste Nummer, acht Seiten stark, zusammengeschrieben im bombenbeschädigten Pressehaus am Speersort, in einem ungeheizten Zimmer, beim dünnen Schein selbst gebastelter Petroleumlampen.

Der Mini-Redaktion gehörten anfangs nur zwei Journalisten an: der frühere Ullstein-Reporter und Kriegsberichterstatter Josef (»Jupp«) Müller-Marein, ein fröhlicher Rheinländer und begnadeter Stilist, und Ernst Samhaber, ein Deutsch-Chilene, der während der Nazizeit für die Wochenzeitung *Das Reich* aus Südamerika berichtet hatte. Am 1. März stieß Marion Gräfin Dönhoff hinzu, drei Jahre jünger als Bucerius, eine Volkswirtin, die während des Krieges ihre ostpreußischen Familiengüter verwaltet hatte, Kontakt hielt mit den Männern des 20. Juli und, als die Russen kamen, im eisigen Januar auf dem Rücken ihres Fuchswallachs Alarich aufgebrochen war zu ihrem Legende ge-

7

wordenen siebenwöchigen Ritt von Ostpreußen nach Westfalen. In Nummer 5 der ZEIT stellte sie sich den Lesern mit ihren ersten beiden Artikeln vor. Der eine galt dem »Totengedenken 1946«. Der andere war eine schnörkellose, nur eine Zeitungsspalte lange, doch ungemein bewegende Schilderung ihrer Odyssee zu Pferde: »Ritt gen Westen«.

In den folgenden zehn Jahren erstritt sich Gerd Bucerius Zug um Zug die ungeteilte Herrschaft über den ZEIT-Verlag. Schroffe persönliche Differenzen zwischen den Gesellschaftern führten immer wieder vor Gericht. Die verschiedenen Verfahren endeten im März 1957 mit einem Schiedsspruch, der Bucerius zum Alleineigentümer machte. Marion Gräfin Dönhoff hielt sich in den frühen Phasen der Auseinandersetzung bedeckt, unterstützte Bucerius später jedoch rückhaltlos in seinem Kampf gegen Richard Tüngel, dem sie vorwarf, das Blatt mehr und mehr auf einen Rechtsaußenkurs zu drängen. Über den Staatsrechtler Carl Schmitt, den rechtsphilosophischen Wegbereiter des Führerstaates, kam es zum Bruch. Im Juli 1954 veröffentlichte Tüngel entgegen der Warnung der Gräfin – »Wenn Carl Schmitt jemals in der ZEIT schreibt, bin ich nicht mehr da« – ein Manuskript Schmitts; daraufhin räumte sie wortlos ihren Schreibtisch und ging. Erst berichtete sie für *Die Welt* aus den Vereinigten Staaten. Danach verbrachte sie ein halbes Jahr beim *Observer* in London, der ihrem alten Freund aus Vorkriegstagen, David Astor, gehörte. Als Tüngel nach jahrelangen Konvulsionen im Sommer 1955 schließlich Hausverbot erhielt, rief Bucerius sie nach Hamburg zurück und betraute sie mit der Verantwortung für das politische Ressort. Nach seinem endgültigen Prozess-Sieg im Jahre 1957, so sagte er Jahre später, sei er stolz gewesen, dass er ihr die ZEIT wieder habe »zurückgeben« können.

Damals begann jene kühle und zugleich intensive Partnerschaft, die der Schlüssel zum Erfolg der ZEIT wurde. Sie hielt, allen Spannungen zum Trotz, fast vierzig Jahre lang. Zwei unterschiedlichere Charaktere ließen sich kaum denken. Bucerius war – in den Worten seines Biografen Ralf Dahrendorf – sprunghaft, spontan, stark emotional. Einen unruhigen Geist, den Geist der Unruhe, nannte ihn Müller-Marein, sein erster Chefredakteur nach den Wirren des Anfangsjahrzehnts. Viele empfanden Bucerius als genialisch irrlichternden Kopf. Einmal sagte er über einen anderen Verleger: »Er war zu stur, er wollte immer nur nach dem Kompaß segeln. Wir sind aber doch alle ein bißchen verrückt. Jeder von uns hat einen Spleen. Wir setzen uns ein für manches Unvernünftige, und wir verachten viel Vernünftiges. So sind wir halt. Nur so kann man Zeitung machen. Viel Intelligenz braucht man dazu, viel Fleiß auch, aber das wichtigste ist doch viel Glück.«

Ein Teil seines Glücks war Marion Dönhoff. Sie, so ganz anders geartet als er, hatte vieles, was ihm fehlte: Ausdauer, Stetigkeit, vorwärts drängende Gradlinigkeit. Von modischen Zerstreuungen ließ sie sich nicht verführen, und sie blieb unbeirrt widerständig gegen alles Bloß-Kommerzielle. Eines freilich verband den Prinzipal und seine Prinzipalin: ihrer beider bohrende Hartnäckigkeit. Und gerade, weil sie sich so sehr unterschieden, ergänzten sie sich vortrefflich: Komplementärgrößen in dauernder Konfrontation.

Bucerius hatte zunächst vieles andere im Kopf. Noch betrieb er ein Anwaltsbüro. Im gleichen Monat, in dem die ZEIT ins Leben trat, wurde er zum Bausenator der Freien und Hansestadt Hamburg ernannt. Sein Vorschlag, »jeder Hamburger birgt monatlich einmal mindestens 50–100 Ziegelsteine«, verfiel der Ablehnung, doch belegte er einen seiner hervorstechendsten Charakterzüge: seinen Fantasie- und Einfallsreichtum. Bis zu den ersten Bürgerschaftswahlen versah er neun Monate lang das Senatorenamt. Danach blieb er Mitglied der Bürgerschaft. Mitte 1946 war er der CDU beigetreten, weil der SPD-Vorsitzende Kurt Schumacher ihm zu nationalistisch vorkam, anders als Konrad Adenauer. Für die Union ging er 1947 in den Zonenbeirat, für Hamburg dann in den Frankfurter Wirtschaftsrat. Im August 1949 zog er als CDU-Abgeordneter in den Bundestag ein. Dem Bonner Parlament gehörte er an, bis er sich 1962 mit seiner Partei überwarf. Er legte sein Mandat nieder und trat aus der CDU aus, nachdem diese von ihm verlangt hatte, er solle sich von einer im *Stern* (der zu 87,5 Prozent ihm gehörte) erschienenen Reportage »Brennt in der Hölle wirklich ein Feuer?« distanzieren. Es war ihm wichtiger, für »seine Journalisten« einzustehen, als Fraktionsdisziplin zu wahren und damit seinen Kopf aus der Schlinge zu ziehen. Daran wurde ein weiterer Grundzug seines Wesens deutlich: sein Drang zur Unabhängigkeit, auch wo sie ihm das Leben schwer machte. Im Jahre 1973 tauschte Bucerius seine *Stern*-Anteile gegen 10,7 Prozent am Bertelsmann Verlag. Von da an, schreibt Ralf Dahrendorf, wurde die ZEIT zum Zentrum all seines Sinnens und Trachtens.

Unabhängig war auch Marion Dönhoff, auf keine Parteidisziplin eingeschworen, auf kein Dogma festgelegt, misstrauisch gegenüber allen Ideologien. Auf hehre Ziele gab sie nichts; die Wege zu den Zielen waren ihr wichtiger. Personen traute sie mehr als Programmen. Wenn sie reiste (und sie reiste viel auf sämtlichen Kontinenten), fuhr sie nie mit vorgefassten Meinungen oder in besserwisserischer Absicht in die Ferne. Hierin unterschied sie sich von Bucerius, der meist schon vorher wusste, worauf er hinauswollte. Sie ließ die heimische Elle zu Hause und maß die fremden Welten mit deren eigenem Maßstab. An Neugierde stand sie hinter Bucerius nicht zurück. Wie er im Herbst 1947 vier Wochen lang inkognito als Bergmann vor Ort gearbeitet hatte, um die Lage der Kumpel schildern zu können, erkundete sie, zum Beispiel, auf monatelangen Reisen Anfang der sechziger Jahre die Zustände im dunkelsten Afrika, wo sich die unterdrückten Völker auf ihre Unabhängigkeit vorbereiteten. Freilich, wo der hippelige Bucerius die Unruh im Betrieb war, wurde Marion Gräfin Dönhoff das Blei im Kiel der ZEIT. Als Chefredakteurin fungierte sie nur fünf Jahre lang, 1968 bis 1973. Doch weder vorher noch nachher waren ihr Gewicht, ihr Einfluss, ihre Ausstrahlung von Rang und Titel abhängig. Er war das Antriebsaggregat, sie die Seelenachse der ZEIT. Bis zuletzt blieb sie der bevorzugte Ansprechpartner von Bucerius. In ihrer Bereitschaft – und Fähigkeit – zum Engagement standen die beiden einander nicht nach. Auch nicht in der Schärfe des Urteils, der Entschiedenheit des Argumentierens und der Lust am intellektuellen Streit. Beide bedienten sich aus einem – jeweils eigenen – reichen Erfahrungsschatz. Beide hatten sie fest gefügte Urteilskriterien, oft freilich gegensätzliche. Beide wollten nicht nur analysieren, sondern Richtung weisen – und nicht immer dieselbe Richtung.

Kein Wunder, dass ihr Verhältnis spannungsreich war. Sie stammten aus verschiedenen Welten. Bucerius, der aus Hamm gebürtige Westfale, fühlte sich als »Beute-Preuße« oder »Muss-Preuße«: »Ein Glücksfall jedenfalls ist Preußen für Deutschland nicht gewesen.« Dass sie das Bild eines lauteren Preußen – »darum bin ich stolz darauf, Preußin zu sein« – wie eine Monstranz vor sich her trug, forderte ihn stets aufs Neue heraus. Und wiewohl ihnen beiden die ZEIT Heimat war, Lebenszentrum und Sinnmitte ihres Daseins, standen sie auf verschiedenen Seiten der Barrikade: er als Verleger und Inhaber, sie als Redakteurin, Chefredakteurin, Herausgeberin. Was da an Übereinstimmung des Denkens, an Einmütigkeit des Beschließens und an Geschlossenheit des Handelns zustande kam, entsprang selten dem Gleichtakt zweier verwandter Herzen, sondern mendelte sich Mal um Mal als Ergebnis langer und manchmal bitterer Streitigkeiten heraus.

Darum geht es in diesem Band. Er enthält die wichtigsten Briefe, Telegramme und Hausmitteilungen, die zwischen Gerd Bucerius und Marion Dönhoff in dem langen Zeitraum von 1954 bis 1993 hin und her gingen. Es spiegelt sich darin eine facettenreiche Auseinandersetzung darüber wider, was eine Wochenzeitung wie die ZEIT zu sein habe; welchen Werten und Maßstäben und stilistischen Niveau-Kriterien sie sich verschreiben solle; was die ihr angemessenen politischen Positionen sein müssten. Im Einzelnen ging es dabei um dreierlei. Erstens um die uralte (und ewig aktuelle) Machtfrage: Was darf der Verleger, was die Redaktion? Zweitens um die Frage, wie gut eine Publikation wirtschaftlich gepolstert sein muss, damit sie nicht in ihrer Unabhängigkeit, ja in ihrer Existenz gefährdet wird; dabei spielten auch höchst banale Dinge wie die Platzverteilung zwischen den Ressorts, Vertriebsschwierigkeiten, Auflagenentwicklung und, immer wieder, Personalpolitik eine große Rolle. Indessen kamen, drittens, selbst in der weithin geschäftsmäßigen Korrespondenz die persönlichen Aspekte nicht zu kurz. Der Leser erhält Einblick in eine symbiotische, doch zugleich antagonistische Beziehung. Manche Briefe drücken schiere gegenseitige Aversion aus, andere kennzeichnet eine rührende Zuneigung zueinander.

Die vorliegende Dokumentation des Briefwechsels zwischen Gerd Bucerius und Marion Dönhoff reflektiert diese drei Facetten. Sie beginnt mit einem handgeschriebenen Bericht der Gräfin aus London, in dem sie ihre Erfahrungen bei der liberalen Sonntagszeitung *Observer* wiedergibt. In der Schilderung wird ihre eigene Rezeptur für die ZEIT sichtbar: viel Außenpolitik, keine parteipolitische Einseitigkeit, den wissbegierigen Leser nicht langweilen. Gleichzeitig meldete sie ihren Anspruch auf eine Führungsposition an: Als»Con-Domina« wollte sie im Falle ihrer Rückkehr neben dem Chefredakteur Müller-Marein installiert werden. Später hat sie derlei Doppel- oder Mehrfachspitzen stets abgelehnt. Bucerius erfüllte ihr diesen Wunsch nicht. Gleichwohl blieb sie in der ZEIT sein eigentliches Gegenüber, Partner und Widerpart zugleich. Die Briefe, die Bucerius schrieb, fielen meist sehr viel länger aus als die der Gräfin. Seine – des Juristen – bevorzugte Stilform war der Schriftsatz: Darstellung des Sachverhalts, Bewertung, Urteil. Dafür nahm er sich Zeit – und auch Platz; manchmal gerieten seine Briefe zwanzig Seiten lang. Marion Dönhoffs bevorzugte Form war die des kompakten Leitartikels; noch lieber aber schrieb sie kurze, treffende, zuweilen auch verletzende Glossen. Oft ließ sie es in ihren Antworten an Bucerius bei zwei, drei auf einen Merkzettel hingeworfenen Sätzen bewenden. Sie schoss nicht aus der Hüfte, aber sie verschwendete auch keine Patronen.

Dieser Band enthält rund 160 und damit über die Hälfte der etwa 280 erhaltenen Briefe, die Bucerius und die Gräfin in vier Jahrzehnten gewechselt haben. Die übrigen haben die Herausgeber aus verschiedenen Gründen weggelassen: weil sie reine Routine-Angelegenheiten betrafen; weil sie Personalentscheidungen zum Inhalt hatten, die auch durch Erläuterung nicht an Belang gewonnen hätten; oder weil sie wiederholsam waren, wie die zahlreichen Rezensionen einzelner ZEIT-Ausgaben aus der Feder von Bucerius; hier genügen wenige Beispiele, um seine Auffassung von der Pflicht des Verlegers zu steuerndem Eingreifen zu verdeutlichen. Dabei wird ersichtlich, dass Bucerius ein höchst interventionistischer Verleger war. Die ZEIT-Chefredakteure brauchten viel Rückgrat, um seinen vielen spontanen Anwandlungen zu widerstehen. Über solche Standhaftigkeit klagte er zwar, doch vor willfährigen und gefügigen Redaktionschefs hätte er keinen Respekt gehabt. Er provozierte Widerstand, aber der war ihm auch ein Bedürfnis. Bei Marion Dönhoff kam er auf seine Kosten. Wie er, so hasste auch sie alles, was »weder gehauen noch gestochen« war.

Hauen und Stechen – das gab es nun zwischen den beiden immer wieder. Der Streit um die Kanzlerkandidatur Ludwig Erhards war noch vergleichsweise milde. Bucerius favorisierte den Vater des deutschen Wirtschaftswunders als Adenauer-

Nachfolger, die Gräfin hielt ihn für unzulänglich. Sie stritten um einen satirischen Artikel, »Das soeben entjungferte Mädchen« – die Gräfin fand ihn »blöde und geschmacklos«, Bucerius hielt die Einwände dagegen für spießerhaft. Sie stritten über das Verhältnis von ZEIT und *Stern*. Vor allen Dingen stritten sie aber über den Wunsch des Eigentümers, die ZEIT »aufzulockern«. Er fand sie zu sehr für die Fachleute gemacht – »da müssen wir die Leser etwas streicheln und den Fachmann etwas verstecken«. Zum einen befand er: »Nachrichten werden gebraucht.« Zum andern drängte er darauf, »dem Leser das Blatt leicht zu machen«. Hätte die ZEIT ein zu Herzen gehendes Bild von Princess Anne veröffentlichen sollen? Dönhoff: »Das konnten wir nun wirklich nicht bringen.« Bucerius: »Wenn die ZEIT etwas nicht mehr bringt, obwohl es zu Herzen geht, dann steht's schlecht um uns.« Und er hielt der Gräfin vor: »Ihre Leser haben mal mit viel Vergnügen die total nackte Christine Keeler im Blatt gesehen. *Das* waren noch Zeiten!« Dabei unterschlug er, dass er sechs Jahre zuvor seinen Redakteur Theo Sommer ziemlich unwirsch heruntergeputzt hatte, als der ein Foto des Londoner Edel-Callgirls, das gleichzeitig dem britischen Kriegsminister Profumo und dem stellvertretenden sowjetischen Marineattaché zu Diensten war, in kühner Pose – nämlich nur mit einem Arne-Jacobsen-Stuhl bekleidet – auf die Seite 3 stellte.

Im Sommer 1969 gerieten sich Verleger und Chefredakteurin in die Haare, als Bucerius seine Pläne bekannt gab, der ZEIT nach dem Vorbild von *Sunday Times* und *Observer* ein Farbmagazin beizulegen. Es sollte dem Publikumsbedürfnis nach Buntheit und dem zunehmenden optischen Denken entgegenkommen und damit Anzeigen anziehen. Außerdem sollte es wenigstens einen Teil der ZEIT handlicher machen und so die Auflage steigern. »Stünde ich nicht unter dem Eindruck eines unwiderstehlichen Zwanges, etwas für die Weiterentwicklung des Blattes zu tun, würde ich mir diese Last nicht aufladen.« Marion Dönhoff hielt nichts von dem Vorhaben. Sie sagte auch, warum:»Mit dem Magazin ist zwangsläufig kommerzielles Denken verbunden.« Dies aber war der späteren Verfasserin des Buches»Zivilisiert den Kapitalismus« schon immer ein Graus. Also mahnte sie:»Sie müssen bedenken, Buc, daß dies der erste wirklich tiefe Einschnitt in die Geschichte der ZEIT ist, und den kann man einfach nicht mit der linken Hand betreiben oder ausschließlich mit fremden Beratern.« Bucerius erwiderte, die ZEIT sei»zu herbe«, um die überwältigende Zahl»der nun einmal einfältigeren Leser« müsse man sich auch kümmern.»Und ich glaube«, setzte er provozierend hinzu,»dass Sie das Denkvermögen Ihrer Leser bei weitem überschätzen.« Sie schoss –»noch trauriger, ratloser und allmählich auch ein bißchen ärgerlich« – zurück:»Wenn Sie recht hätten, dann verstehe ich wirklich nicht, warum wir annähernd eine Million Leser haben.«

Die erste Nummer des ZEIT-Magazins erschien am 2. Oktober 1970. Es schlug weder bei den Lesern ein noch bei den Inserenten. Nach vier Wochen schon löste Bucerius den aus dem politischen Ressort stammenden Magazinchef ab und bestallte eine neue Leitung. Bald wurde das bunte Beiheft zur»cash cow« des Blattes. Zwanzig Jahre lang war es ein Erfolg, dann änderte sich das Werbeumfeld von Grund auf. Das Magazin musste eingestellt werden. Die Gräfin, selbstkritisch, nicht rechthaberisch, räumte im Nachhinein ein, dass ihr Vorurteil falsch gewesen war. Umgekehrt gab Bucerius zu, dass er sich in Ludwig Erhard geirrt hatte.

Andere Kontroversen folgten: über die Führungsstruktur im Verlag wie in der Redaktion (Einzelchefredaktion oder Kollektivführung?); über die Absicht des Verlegers, die ZEIT an Bertelsmann zu verkaufen; über die Zielsetzung der ZEIT-Stiftung (künftige Eigentümerin des Blattes oder nicht?). Und im Fall des von Bucerius immer kritischer betrachteten und behandelten Feuilletonchefs Fritz J. Raddatz hielt die Gräfin lange

Zeit ihre schützende Hand über den brillanten Paradiesvogel der Redaktion.

Marion Dönhoff war oft genervt von der Manie des Verlegers, ständig Katastrophen an die Wand zu malen – er »wittert hinter jeder Ecke neue Untergänge«, bescheinigte ihm sein Biograf Dahrendorf. Seine Grundeinstellung war: »Ein Blatt wie die ZEIT ist immer gefährdet; schon ihre Existenz ist ein glücklicher Zufall.« Darin wurzelten seine regelmäßig wiederkehrenden Anfälle von schwärzestem Pessimismus. »Jetzt habe ich wieder Angst«, ist eine seiner typischen Wendungen. »In unserem Gewerbe steht ja neben dem Gewinn immer sofort die Pleite.« Solcher Pessimismus lag ihr nicht. »Sie sollten sich nicht soviel Sorgen machen, Buc«, ermahnte sie ihn. »Früher, als Sie nichts hatten, waren Sie viel unbesorgter ... Jetzt, wo Ihr Vermögen viele Nullen hat, werden Sie mit einem Mal unsicher.« Diesem Eindruck entsprang auch ihr Diktum, Bucerius habe sich »großgeängstigt« und aus lauter Existenzangst Anlehnung an immer größere Häuser gesucht. Da täuschte sie sich nicht. »Wenn es uns im Augenblick auch recht ordentlich geht, so ist die Zukunft sehr unsicher«, war seine ständige Rede. »Um zu überleben, müssen wir eben noch mehr leisten.« Oder: »Die Auflage sinkt ... Sie haben es mit einem entmutigten Verleger zu tun.« – »Wir können zwischen *Spiegel* und FAZ zerrieben werden.« – »Wenn die Nachtgespenster kommen, fürchte ich immer das Schlimmste.«

Mal um Mal griff sich Bucerius eine ganze Ausgabe und rezensierte sie akribisch Artikel für Artikel: die Argumentation, den Aufbau, sogar die Grammatik. Meist reichte es nur zu einer Fünf. »Bitte, was hat der Verfasser gesagt?« – »Ich finde, der Autor wird nichts.« – »Die ZEIT-Redaktion turnt – glanzvoll – am hohen Trapez, ... aber kann der Leser sich da wiederfinden?« Er fragt: »Was bloß ist mit der Zeitung los?« Sie fragt: »Was ist bloß mit Buc los?« Oft nahm sich die Gräfin die Zeit, auf seine Kritik (»Liebe Marion, einige Notizen zur neuesten Nummer gefällig?«) ausführlich zu antworten. Manchmal entgegnete sie nur knapp:»Ich habe den Verdacht, dass Sie die ZEIT jetzt immer mit einer geschwärzten Brille lesen … Sie sollten versuchen, die ZEIT als Sympathisant zu lesen und nicht mit geschwärzter Brille.« Einmal schrieb sie kühl:»Ich denke, Sie erlauben mir, Ihren Brief nicht zu beantworten – unsere Korrespondenz dient, so scheint mir, weder einer freundschaftlichen Zusammenarbeit … noch der ZEIT.« Immer wieder drohte Bucerius, sich aus dem Verlag zurückzuziehen. Er fühlte sich unverstanden.»Aber was rede ich – Ihr mögt mir eigentlich gar nicht mehr zuhören, [mich] allenfalls beruhigen, damit ich die Redaktion nicht ›verunsichere‹«, klagte er.»Macht nur so weiter … Aber dann bitte ohne mich.« Mit unheilschwangerem Unterton fragte er:»Was geschieht, wenn ich eines Tages die Konsequenzen ziehe?« Oder mit melodramatischem Tremolo:»Warum hassen Sie mich?« Bald larmoyant, bald wild entschlossen machte er seinem Grimm Luft.»So etwas Schönes muß ja nicht ein Leben lang dauern«, hieß das dann. Oder aber:»Sie werden verstehen, daß ich unter solchen Umständen nicht mehr Verleger der ZEIT sein mag. Bitte betrachten Sie dies als endgültig.« Die Gräfin gab es Bucerius in gleicher Münze zurück.»*Man* kann auch anders – nur ich nicht und in ihrer Majorität die Redaktion auch nicht«, schrieb sie 1969. Viele ähnliche Sätze folgten, in denen sie in der einen oder anderen Kontroverse die»Konsequenz« androhte,»meinen Schreibtisch zu räumen«. Einmal formulierte sie:»Da … ich aber aus Ihrem Brief ersehe, daß Sie mit mir nicht länger zusammen arbeiten wollen, schlage ich vor, daß ich am 1. Mai ausscheide.« Doch bis zur letzten Konsequenz trieben sie es beide nie.

»Ja, gekracht haben auch wir uns«, schrieb Bucerius ihr einmal in einem versöhnlichen Rückblick,»und Briefe geschrieben über die lächerlichsten Sachen. Die politischen Spannungen waren oft so groß, daß ich nicht darüber sprechen konnte. So zankten wir uns also: ob man in der so ernsthaften ZEIT Tony Armstrongs Bild der jungen hübschen Princess Anne bringen dürfe; um Formfragen bei der Neubesetzung der Magazin-Spitze; über eine Werbeanzeige für die ZEIT, die ich (darf ich das gestehen?) sehr witzig fand, die Sie aber für Boulevardqualität hielten. Bei solchen Gelegenheiten haben Sie mir Ihren Rücktritt und ich Ihnen die Zeitung angeboten. Nach dem letzten Streit fielen wir uns in die Arme und wußten gar nicht, was da eigentlich passiert war.«

Bei aller Verschiedenheit der Charaktere war das Unterfutter der Freundschaft und des gleichgerichteten Wollens zum Wohle der ZEIT zu stark, als dass es hätte zum Bruch kommen können. Diese Unverbrüchlichkeit ihres Verhältnisses, so friktionsreich es sich auch in der Korrespondenz der beiden ausnimmt, verdankt sich sicherlich der Fähigkeit von Bucerius, bei aller Unbedingtheit seiner Kritik doch auch wieder zurückstecken zu können; erzliberal, wiewohl zähneknirschend fügte sich der Eigentümer immer wieder in den Konsens der Redaktion. Und nicht zuletzt verdankte sich diese Unverbrüchlichkeit der rührenden Fürsorge, die Bucerius der Gräfin über die Jahrzehnte hinweg angedeihen ließ: Ersatz eines verlorenen Ohrrings, Übernahme von Krankenhauskosten, ein Schreibtisch als Geschenk, später das Haus in Blankenese, mehrfach Tessin-Urlaube und nicht zuletzt hohe Dotationen zu den hohen Geburtstagen. Diese menschliche Seite einer im professionellen Bereich sehr schwierigen Beziehung taucht der vorliegende Briefwechsel in ein überraschend warmes Licht.

Drei Warnflaggen möchten die Herausgeber für alle hochziehen, die sich in die Lektüre der Dönhoff-Bucerius-Korrespondenz vertiefen.

Zum Ersten: Ein Zeitungsverlag ist ebenso wenig eine Behörde wie eine Redaktion. Hier gilt nicht der Satz: *Quod non est in actis, non est in mundo* – was nicht in den Akten steht, ist nicht in der Welt. In den Schreiben, die Bucerius und Marion Dönhoff in großer Zahl austauschten, spiegelt sich nur ein Teil der Redaktionswirklichkeit. Einige ihrer Kontroversen fochten sie auch in öffentlichen Artikel-Duellen aus, 1986 zum Beispiel über Adenauer, Preußen, die Stalin-Note von 1952 und die Politik der Entspannung –»Über den Umgang mit der Geschichte: eine Polemik unter Freunden«, lautete die Unterzeile. Keineswegs alles, was im Laufe der Jahre wichtig war, taucht überhaupt in der Korrespondenz auf. So spart sie politische Richtungsfragen so gut wie ganz aus; die lebhaften Dispute darüber wurden in den Konferenzen des Politikressorts oder auch in der freitäglichen»Käsekonferenz« des Führungsteams ausgetragen. Überhaupt fanden in der Hektik des Redaktionsbetriebs viele Probleme keinen schriftlichen Niederschlag. Das meiste wurde mündlich erledigt. Bucerius und die Gräfin hatten ihre Büros auf demselben Flur im Pressehaus; der Weg zueinander war kurz. Aber selbst dort, wo die Bedeutung der Sache Schriftlichkeit nahe gelegt hätte, ist der Ausgang keineswegs immer auf Papier festgehalten. Man hatte sich bei einer Tasse Kaffee geeinigt, war übereingekommen, die Sache nicht weiter zu verfolgen, oder ließ den Dissens unaufgelöst fortbestehen. Wo es nötig und möglich war, haben die Herausgeber dieses Bandes versucht, das Resultat jeweils knapp zu skizzieren. Doch ist nicht mehr alles belegbar oder rekonstruierbar, was damals beschlossen wurde.

Zum Zweiten: Es finden sich in den Briefen beider Schreiber harsche und barsche Urteile über Menschen – meist über Angehörige des ZEIT-Teams. Dies ist weniger bei Marion Dönhoff der Fall, die ihre Ausdrucksweise stets zügelte; aber auch bei ihr stolpert man über abfällige Bemerkungen wie»drei magenkranke, krätzebefallene, immer giftiger werdende alte Männer«. Bucerius hingegen tat sich überhaupt keinen Zwang an. Große Federn der Republik – Rudolf Walter Leonhardt, Fritz J. Raddatz, Kurt Becker, Lothar Ruehl, Gerhard Prause, Rolf Zundel und Gunter Hofmann – bekamen kräftig ihr Fett ab. Auch für die beiden Herausgeber dieses Bandes gab es kein Pardon. Selbst Marion Dönhoff und Gerd Bucerius schonten einander ja nicht –»nach Gutsherrinnenart« wolle sie in der ZEIT herrschen, warf er ihr vor, worauf sie erbost zurückdonnerte, sein Herr-im-Hause-Standpunkt nach Art eines»Schlotbarons« sei unerträglich.

Gemildert werden diese Scharfrichter-Urteile des Verlegers höchstens dadurch, dass er, wenn es ihm zupass kam, auch das genaue Gegenteil über Zeitgenossen und ZEIT-Genossen von sich gab. Im Übrigen waren seine Verdikte oft so subjektiv, dass sie mehr als einmal in schreiende Ungerechtigkeit umschlugen. Der quecksilbrige Bucerius liebte extrovertierte Typen. Für stille Intelligenzen hatte er weder Gespür noch Gebrauch; Tiefsinn verwechselte er leicht mit Langeweile. Ebenso wenig lagen ihm Artikel, die nicht seinem eigenen nervösen Duktus entsprachen. Was er gegen sie vorbrachte, war oft nur durch flüchtiges Lesen zu erklären. Einmal entschuldigte er sich bei dem österreichischen Bundeskanzler Kreisky für einen Artikel mit dem Bemerken, dass er sein Blatt nur noch selten und daher oberflächlich lese. Worauf ihm sein damaliger Chefredakteur schrieb:»Den Verdacht habe ich schon seit einiger Zeit; ein gut Teil Ihrer Kritik ließ sich jedenfalls aus der Lektüre nicht belegen. Ich bedaure dies sehr, denn Ihre Kritik aus Kenntnis des Blattes war mir wertvoll. Kritik aus einer Haltung des Nicht-wissen-Wollens hilft mir gar nicht.«

Bei aller Grundsätzlichkeit dachte Bucerius immer taktisch. Über Tricksereien, wie sie einem Winkeladvokaten eher angestanden hätten, war er nicht erhaben. Einmal bestritt er in der Käsekonferenz hartnäckig, dass er einen Brief an Axel Springer geschrieben habe. Als er mit dem Text konfrontiert wurde,

redete er sich listig auf eine feinsinnige Unterscheidung heraus:
»Das war kein Brief, sondern ein Telex!« Auch kam es durchaus
vor, dass er an verschiedene Adressaten mit unterschiedlichen
Argumenten herantrat: Er argumentierte gleichsam mit Richt-
strahler. Gern vereinnahmte er Dritte ohne deren Wissen, wenn
er meinte, damit bei der Gräfin (oder auch anderen Briefempf-
ängern im Hause) Eindruck machen zu können. Einmal sah sich
einer der Herausgeber veranlasst, ihn zu rügen: »Ihr Umgang
mit Gänsefüßchen ist läßlich: Was Sie mir in Ihrem Brief vom
11. Juni in den Mund legen, stand keineswegs bei mir.« Wirkung
war ihm wichtiger als Wahrheit, jedenfalls als die volle Wahrheit.
Man tat immer gut daran, sich zu vergewissern.

Zum Dritten schließlich: Diese Dokumentation will vor
allem ein Lesebuch sein. Sie ist gleichwohl überprüft, mit Anmerkungen versehen, wo dies zum besseren Verständnis hilft, und
mit einem erläuternden Personenregister bestückt. Doch der
Briefwechsel zwischen Gerd Bucerius und Marion Gräfin Dönhoff ist keine Michelangelo-Statue, sondern ein Steinbruch. Wir
denken, dass er die Freunde und Weggefährten der beiden Briefsteller faszinieren wird. Wir möchten auch annehmen, dass die
Praktiker der Zeitungsbranche mit Interesse zur Kenntnis nehmen werden, wie einer der großen deutschen Verleger und eine
der großen deutschen Journalistinnen des 20. Jahrhunderts miteinander umgegangen und umgesprungen sind. Wir überlassen
es aber gern den Kommunikationswissenschaftlern, aus dem hier
veröffentlichten Rohmaterial ihre Theorien über das Verhältnis
zwischen Verlegern und ihren Redaktionen zu destillieren. Im
Übrigen glauben wir, dass der Briefwechsel Dönhoff-Bucerius
allen am geistigen Zuschnitt der Bundesrepublik Interessierten
einen Einblick ins Innenleben einer großen Zeitung verschafft,
wie er dem Publikum selten gewährt wird.

Die spannungsgeladene Symbiose von Gerd Bucerius
und Marion Dönhoff ist wohl eine einmalige, unwiederbring-

liche und unwiederholbare Konstellation gewesen. Für alle, die sie miterlebt haben, war es eine anregende, erregende, aufregende Erfahrung. Wir widmen diesen Band dem Andenken zweier bedeutender Publizisten, die wir eine weite Strecke ihres Weges durch Zeit und ZEIT begleitet haben.

Hamburg, im August 2003
Theo Sommer
Haug von Kuenheim

ERSTES KAPITEL

Krach um die ZEIT

In den fünfziger Jahren befindet sich die Hamburger Wochenzeitung in einer prekären Lage. Die Eigentümer des Blattes sind heillos zerstritten. Die Auflage der Zeitung sinkt, von über 100 000 nach der Währungsreform auf weniger als die Hälfte. Mitgesellschafter und Chefredakteur Richard Tüngel steuert zudem einen Rechtskurs, der sich von der liberalkonservativen Haltung der Anfangsjahre mehr und mehr entfernt. Marion Dönhoff, seit 1952 verantwortlich für den politischen Teil, will dies nicht länger mittragen.

Ihre Schmerzgrenze ist erreicht, als am 29. Juli 1954, während ihres Sommerurlaubs in Irland, den sie bei ihrem Bruder Dietrich verbringt, ein groß aufgemachter Artikel von Carl Schmitt erscheint, »Im Vorraum der Macht«. Sie schreibt einen Brief an Tüngel, nachdem sie in der Hamburger Staatsbibliothek belastende Zitate des prominenten Staatsrechtlers aus dem Dritten Reich zusammengetragen hat: »Soll man ehemalige führende Nazis (oder sagen wir es neutraler: im damaligen ›Geistes‹-leben oder dem damaligen Apparat verantwortliche nationalsozialistische Persönlichkeiten) in der ZEIT schreiben lassen oder nicht? Ich verneine diese Frage. Sie dagegen sagen: ja, man soll es … Wer [aber] den Geist des Nationalsozialismus gepredigt hat oder die Sprachregelung der Presse gelenkt hat, soll für alle Zeiten von der Mitarbeit an einer politischen Zeitung wie der unseren ausgeschlossen werden [...] ich weigere mich, zuzugeben, dass wir Deutschland einen Dienst erweisen, wenn wir den Verrätern am Geist und Nihilisten mit Bügelfalten wieder die Möglichkeit geben, politische Betrachtungen anzustellen.«

Noch im August verlässt Marion Dönhoff die ZEIT. *Sie reist durch die USA, worüber sie in der* »Welt« *schreibt, und schlüpft für ein paar Monate beim* »Observer« *unter, der Londoner Sonntagszeitung ihres Freundes David Astor. Gerd Bucerius schreibt an seine Frau Ebelin in die Schweiz:* »Hier ist allerhand los. Marion D. geht weg, ich bin sehr deprimiert, fürchte, das ist das Ende der ZEIT.« *Im September bekommt Marion Dönhoff einen Brief von Hans Zehrer, dem Chefredakteur der* »Welt«*:* »Ich würde es begrüßen, wenn Sie leitend in die politische Redaktion der ›Welt‹ eintreten würden. Ihr Gehalt würde 2000 DM monatlich betragen.«*

Doch Bucerius hat noch nicht aufgegeben. Die zahlreichen Briefe prominenter Zeitgenossen, besonders auch aus den USA, die ihr Bedauern über die Entwicklungen bei der ZEIT *ausdrücken, haben ihn aufgescheucht. Er sucht nach einer Lösung, Marion Dönhoff wieder nach Hamburg zurückzuholen und sie mit* »Jupp«*, mit Josef Müller-Marein, zusammenzuspannen, der als Chef vom Dienst in der* ZEIT *für sauberes journalistisches Handwerk steht.*

Aus London schickt Marion Dönhoff einen sieben Seiten langen hand-
schriftlichen Brief an Bucerius. Darin beschreibt sie die Voraussetzungen,
unter denen sie bereit ist, wieder in der ZEIT mitzumachen. Sie meldet
ihren Anspruch auf eine Führungsposition an und entwirft ihr Idealbild
einer Wochenzeitung, dem sie bis zu ihrem Tod treu geblieben ist.

London, November 1954
(handschriftlich)

Lieber Herr Bucerius,

nun geht mein hiesiger Aufenthalt seinem Ende entgegen, und
da wollte ich Ihnen doch noch einmal ein bißchen berichten. Ich
finde es natürlich großartig hier, und in mancher Hinsicht ist es
auch sehr lehrreich. Bei meiner derzeitigen Lebensform totaler
Pflicht- und Verantwortungslosigkeit werde ich nur durch Anlehnung an ein Büro vor der kompletten Integration in die An-
archie bewahrt. So ein Büro, wenn man es nicht zum Arbeiten,
sondern zum Schwätzen und Telefonieren verwendet, ist eigentlich eine ideale Erfindung. Es ist eine Rechtfertigung in sich
selbst und enthebt einen darum aller moralischen Skrupel, denen
die einzig Müßige in einer Welt ruheloser Geschäftigkeit sonst
zweifellos ausgesetzt wäre.

Ich habe die East- und die Südostasien-Debatten im Parlament
gehört, eingehend Chatham House studiert (die seit zwanzig
Jahren ausschließlich Dokumente zur Geschichte des Nazi.Soz.
gesammelt hat). Ich habe mir die unbeschreiblich langweiligen
Pressekonferenzen des F. O. [Foreign Office] angehört, gehe hin
und wieder schöne Bilder ansehen, habe heute mit Sir Robert
Moosely gefrühstückt, werde morgen mit General Templer dinie-
ren. Gestern habe ich als einziger Christ (wenn man von einem
total betrunkenen Iren absieht) bei Rix Löwenthal einen ungewöhnlich lustigen Abend verbracht. Er begann mit schwindeln-
der Geistesakrobatik in der dünnen Luft intellektueller Gesprä-

25

che und endete mit lauten Gesängen englischer Volksweisen und jüdischer Hymnen. Sie sehen, ich führe ein sehr abwechslungsreiches Leben.

Der *Observer* ist deshalb so interessant, weil am sechsten Tag (nachdem die Woche sehr ähnlich vergangen ist wie bei uns) plötzlich die ganze Hektik eines Tageszeitungsbetriebs einsetzt. Zwischen 1 und 5 Uhr werden 14 Seiten umbrochen, laufen ständig 4 Ticker von 4 verschd. Nachrichtenagenturen, nimmt pausenlos ein Stenograph am Telefon die letzten Berichte der Korrespondenten auf. Sechs sub-editors (von der *Times* für diesen Tag ausgeborgt) sitzen um einen großen Tisch und redigieren Nachrichten und Berichte.

Die Zeitung ist seit dem Krieg um 1/4 Millionen in der Auflage gestiegen und ist weiter ständig am Steigen. Zur Zeit werden 530 000 Exemplare verkauft. Zwar hat auch die *Sunday Times* zugenommen, aber längst nicht mit dieser Rapidität. Ich versuche immer wieder zu ergründen, welchen Umständen dieser Erfolg wohl zu danken ist. Zu meiner allergrößten Befriedigung glaube ich dann jedes Mal feststellen zu müssen, daß genau die Gesichtspunkte entscheidend dabei mitwirken, für die ich bei uns seit Jahren vergeblich gekämpft habe:

1) Es wird viel Außenpolitik gemacht unter dem Motto: In einer Wochenzeitung wollen die Leute große Zusammenhänge erläutert bekommen und Dinge lesen, die sie in der Tagespresse nicht finden. Wobei zu sagen ist, daß die Engländer sich von Natur aus keineswegs mehr für Außenpolitik interessieren als das dtsch. Publikum. Zumal sie oft auch gar nicht die bildungsmäßigen Voraussetzungen dafür haben. Ich glaube aber, den meisten Menschen ist erst nach dem 2. Krieg die Interdependenz der Staaten und Nationen und politischen Bewegungen klar geworden. Und darum ist plötzlich ihr Interesse für den Nachbarn, die Großmächte, das ferne Asien etc. erwacht.

2) Prinzip: auf keinen Fall einer parteipol. Einseitigkeit verfallen.

Im *Observer* nehmen im bunten Durcheinander Labour und Konservative zu den laufenden Problemen Stellung – wobei zu sagen ist, daß im Durchschnitt ein engl. Minister oder MP [Member of Parliament, Abgeordneter] besser und amüsanter schreibt als ein deutscher. Ich füge den Bericht eines Labour-MP über seine Rußlandreise bei, der ganz interessant ist, und auch eines der letzten Portraits – so muß m. E. ein Portrait sein. Wenn ich an Adenauer von Tgl. [Tüngel] und Mendès-Fr[ance] von Bourdin denke, könnte ich weinen vor Schmerz.

3) Ist die Einstellung zum Leser eine ganz andere als bei uns. Der Leser ist nicht ein Idiot, der es im Grunde gar nicht wert ist, von so auserwählten Hohepriestern wie den Redakteuren der ZEIT angesprochen zu werden, sondern er ist ein normaler Mensch mit Zweifeln, einer gewissen Wißbegierde und einem dringenden Bedürfnis zu lachen oder wenigstens sich nicht zu langweilen. Und die Leute, die man angreift, sind nie dumm, erbärmlich und verächtlich, sondern einfach anders, aber meist ebenbürtig. Es kommt letzten Endes darauf hinaus, daß man sich in einer Zeitung nicht anders benimmt als den Leuten gegenüber, mit denen man zusammen am Tisch sitzt.

Wenn man zurückdenkt, ist bei uns halt alles sehr unglücklich gelaufen. Die überzeugenden und amüsanten Schreiber Friedlaender und Jacobi haben wir eingebüßt, und geblieben ist ausgerechnet Ernst Krüger und drei magenkranke, krätzebefallene, immer giftiger werdende alte Männer.

Schon von Paris aus gesehen und von hier nun noch viel mehr erscheint mir der politische Teil der ZEIT recht provinziell und sehr ichbezogen: in der Mitte ist Deutschland, drum herum ein bißchen Gemüse und an den Enden rechts und links die bd. Kraftblöcke USA und Rußland, die fasziniert auf D[eutschland] starren. Ich muß Albert Hahn recht geben, der mir in Paris sagte, es ist ein Unglück, daß Ihr so viele Abonnenten im Ausland habt. Er läse die ZEIT, die ihm offenbar unentgeltlich zugestellt wird, nur noch, wenn er sich ärgern wolle. Und immer wieder werde ich überall vorwurfsvoll auf die John-Artikel angesprochen. Es ist erstaunlich, wie seismographisch der Leser auf den falschen Ton reagiert. Damals, als der anfing, vor 1 1/2 Jahren, haben wir unsere getreuesten Freunde verloren.

Ich habe natürlich viel über alles nachgedacht, über das, was war und was sein könnte, und ich glaube, wenn Sie noch an Ihrem alten Plan festhalten, dann muß man sich darüber klar sein, daß man wirklich ganz neu und mit einer sichtbaren Zäsur neu anfangen muß. Es ist doch schon sehr viel verschüttet, viel good will vertan, viel Anhänglichkeit leichtfertig verspielt. Es geht jetzt nicht, wie Jupp einmal meinte, »den Uexküll brauchen wir nicht, da können Hühnerfeld und Lewalter gelegentlich helfen« – es muß mit einem ganz neuen Elan, mit neuen Namen, mit neuem Geist angefangen werden, sonst läßt man es lieber so, wie es jetzt ist, dann spart man sich wenigstens den Krach mit Tüngel.

Ja, und nun muß ich Ihnen noch etwas sagen, was Sie und Jupp hoffentlich recht verstehen werden oder wenigstens nicht falsch. Ich habe, wie gesagt, viel über alles nachgedacht, und es ist natürlich ein wirklich schwerer Entschluß, noch einmal wieder in einen Lebensabschnitt zurückzusteigen, den man bereits hinter sich gebracht hatte, und eine Sache anzufassen, die die meisten Leute, auf die es ankommt, mittlerweile für uninteressant und passé halten und noch dazu das alles wahrscheinlich mit unzulänglichen Kompetenzen.

Mein Vertrauen zu Ihnen und zu Jupp ist groß, ich bin bisher noch nie an eine Grenze gestoßen. Auch glaube ich, daß die Freundschaft, die Jupp und mich verbindet, eigentlich jeder Belastung gewachsen ist, aber ich finde, man soll es nie darauf ankommen lassen. Wenn wir noch einmal alle zusammen anfangen, dann muß auch wirklich alles ganz klar und jede Möglichkeit von Unstimmigkeiten ausgeschaltet sein. Die Konstruktion, daß eine Zeitung, deren Gewicht nun einmal bei der Politik

Richard Tüngel, einer der vier Lizenzträger der ZEIT und Chefredakteur bis 1955.

liegt und liegen muß, wenn sie ihren alten Standard wiedergewinnen soll, von jemand geführt wird, der weder Interesse noch Erfahrung, noch Eignung zur Politik hat, ist eine schwierige Sache, und ich sehe nichts Gutes daraus erwachsen. Auf der anderen Seite ist sonnenklar, daß Jupp der Spiritus rector ist, derjenige, der weiß, wie's gemacht werden muß, dem was einfällt und der immer alle durch seine souveräne Heiterkeit miteinander versöhnt. Im Grunde glaube ich, daß wir ein ideales Gespann wären: Er hat all das, was mir fehlt, und ich bin für ihn vielleicht in einem unentbehrlich: in einer gewissen Stetigkeit und einem verhältnismäßig unbestechlichen Urteil, was Ton und polit. Möglichkeiten bzw. Notwendigkeiten angeht.

Warum eigentlich machen Sie nicht Con-Dominis aus uns? Sie müssen das einmal mit Jupp besprechen, vielleicht am besten ihm diesen Brief geben. Ich bin nach dieser handschriftstellerischen Leistung so erschöpft, daß ich ihm nicht auch noch schreiben mag. Die FAZ hat auch keinen Chefredakteur im alten Sinne, und sogar Moskau soll nach leninistischer Tradition wieder von einem Kollegium regiert werden. Oder Sie machen Dff.

verantwortlich für Politik (oder Pol. und Wtschft., wenn sich kein 1. Mann findet) und für alles andere Jupp.

Ich hoffe, Ihnen beiden erscheinen diese Erwägungen nicht als ein später Machtrausch oder ein erpresserischer Größenwahnsinn. Ich habe während der ganzen letzten Wochen immer mal wieder in den verschiedensten Stimmungen und unter den versch. Aspekten über dieses Problem nachgedacht und bin mir jetzt ganz klar darüber, daß ich es nur machen kann, wenn ich ganz unabhängig bin. Ist man das nicht, dann müssen mit der Zeit zwangsläufig Komplexe entstehen, die die Zusammenarbeit beeinträchtigen. Sie müssen auch bedenken, daß ich mich andernfalls schlechter [stehen?] würde als bisher, denn ich muß bei dem jetzigen Status auf meine Reisen verzichten, die doch ein sehr wesentliches Moment waren. Vielleicht meinen Sie, der Status mit Jupp als Chef sei ja doch ein anderer als der mit Tüngel, aber schließlich hätten die ersten Jahre mit Tüngel gar nicht angenehmer sein können. Damals geschah nichts in der Zeitung, worüber wir uns nicht einig waren, aber es gibt nun einmal keine Garantie für Beständigkeit – die einzige Voraussetzung dafür ist, wenigstens wenn man auf 2 Säulen bauen will, daß man sie beide gleich dick, gleich rund und gleich lang macht.

[Marion Dönhoff]

Chatham House
    Sitz des 1920 gegründeten Institute of International Affairs in London
Rix Löwenthal
    Richard Löwenthal, Mitarbeiter des *Observer,* später Professor an der Freien Universität Berlin
Adenauer-Porträt von Tüngel
    Vermutlich ist der Artikel »Zwischen den Verhandlungen« (Nr. 42 vom 21. Oktober 1954, S. 1) gemeint.
Mendès-France von Bourdin
    Das Porträt des neuen französischen Ministerpräsidenten von ZEIT-Redakteur Paul Bourdin erschien in Nr. 30 vom 29. Juli 1954, S. 2.
von Paris aus
    Bevor Marion Dönhoff zum *Observer* nach London ging, machte sie kurz Station in Paris.

John-Artikel
Der Präsident des bundesdeutschen Amts für Verfassungsschutz, Otto John, verschwand am 20. Juli 1954. Zwei Tage später meldete er sich über den Rundfunk der DDR und erklärte sich zum Überläufer. Chefredakteur Tüngel schrieb zu dem Fall zwei Artikel in sehr aggressiver Diktion, »Herr Kanzler, säubern Sie!« (Nr. 30 vom 29. Juli 1954, S. 1) und »Das Dilemma des Falls John« (Nr. 32 vom 13. August 1954).

Bonn, 19. November 1954
Telegramm

Vielen Dank für Ihren Brief. In Hamburg ist grosser Kampf ausgebrochen.
Herzliche Gruesse, Bucerius

Telegramm von Gerd Bucerius an Marion Dönhoff in London. Der Kampf um die politische Ausrichtung und Führung der ZEIT ist voll entbrannt (19. November 1954).

Der Machtkampf unter den Gesellschaftern um den Besitz des ZEIT-Verlags wird inzwischen längst vor Gericht ausgetragen. Bucerius hat gute Aussichten, das Verfahren für sich zu entscheiden, denn seit 1951 gehört ihm die Mehrheit der Anteile. Während der Auseinandersetzungen will er Marion Dönhoff unbedingt bei der Stange halten. Dass sie ihren Schreibtisch bei der ZEIT geräumt hat, wertet der penible Jurist nicht als Kündigung. Seine Versuche, eine Lösung für die Rückkehr der politischen Redakteurin zu finden, dauern an.

Hamburg, 24. Mai 1955

Liebe Marion,

ich habe also die Buchhaltung um Einzahlung Ihres Gehaltes bei Brinckmann, Wirtz gebeten. –

Wegen Ihrer Bezüge habe ich bereits mit Tüngel lebhaften Streit, der behauptet, sie nur für sechs Monate bewilligt zu haben. Wissen Sie etwas darüber?

Ich bin der Meinung, dass das Dienstverhältnis noch nicht gekündigt ist und wir zur Zahlung verpflichtet sind. In der gegenwärtigen Lage kommt es sehr darauf an, die Rechtsformen genau innezuhalten.

Ich habe sehr den Wunsch, mich mit Ihnen über alles Mögliche zu unterhalten, zumal wider alles Erwarten der verzweifelte Mut der Gegner die Sache doch länger dauern lässt, als ich gedacht hatte.

Mit meinen besten Grüßen

bin ich stets Ihr

Buc

Brinckmann, Wirtz
Brinckmann, Wirtz & Co., Hausbank der ZEIT

Der Versuch von Bucerius, zwischen Tüngel und Dönhoff zu vermitteln, scheitert an ihrem Widerstand. Sie ist nicht bereit, unter dem alten Chefredakteur zur ZEIT zurückzukehren.

z. Zt. Bonn, Bundeshaus, 15. Juni 1955

Liebe Marion,

haben Sie vielen Dank für Ihren Brief vom 9. Juni. Ich verstehe Ihre Entscheidung, freilich nicht ganz ihre Begründung. Es geht hier nicht um einen geschäftlichen Vergleich. Wollte ich Geschäfte machen, würde ich mir die Taschen voll Geld stopfen und die Firma im Stich lassen. Die Frage war, ob wir gemeinsam einen Versuch machen, die Zeitung zu retten. Ich hatte einen Augenblick das Gefühl, dass es uns mit vereinten Kräften gelungen wäre, Tüngel in eine erträgliche Linie zu bringen, bis dann eines Tages doch der natürliche Abgang eintritt. – So muss der Kampf halt weitergehen.

Mit recht herzlichen Grüßen
bin ich stets Ihr
Buc

Ende Juli 1955 übernimmt Marion Dönhoff wieder die Verantwortung für den politischen Teil der ZEIT. Ihr Widersacher Richard Tüngel wurde beurlaubt und mit Hausverbot belegt. Die Reise Konrad Adenauers nach Moskau steht an, auf der die Gräfin den Bundeskanzler begleiten wird. Den langen Brief an seinen Bundestagskollegen Robert Pferdmenges, den Bucerius dem seinen an Marion Dönhoff beilegt, schreibt er als Bundesbeauftragter für die Berliner Wirtschaft. Bei allen Verhandlungen in Moskau um die Aufnahme diplomatischer Beziehungen und die Rückkehr der Kriegsgefangenen müsse die Rolle Berlins als Teil der Bundesrepublik berücksichtigt werden.

z. Zt. Crans sur Sierre, 5. August 1955
(handschriftlich)

Dear Marion,

zu anl. Brief: ich glaube, man sollte in Moskau sehr fest bleiben. Bleibt der Kreml bei der starren Ablehnung der Wiedervereinigung, wie die Rede Bulganins anzudeuten scheint, dann abbrechen und nach Hause fahren. Alles andere verwirkt unsere Rechte, vor allem im Westen, wo man verständlicherweise nur zu gern dem Problem die Schärfe nimmt. In der Zeit allgemeiner Einschläferung müssen wir zeigen, dass die Dinge kantig geblieben sind. Man braucht sich nicht wie der Narr Singman Rhee (oder wie er sich schreibt) [Syngman Rhee] zu benehmen; aber Festigkeit allein wahrt unsere Rechte.

Es ist natürlich verrückt: aber nach dem guten Start der ersten und zweiten Nummer (sollten wir nicht – wie Mussolini – ein neues Jahr I beginnen?) fiebere ich schon (am Freitag!) nach der nächsten Nummer. Mit einem Mal lese ich wieder gern Zeitungen! Heute morgen fragte ich [Verlagsgeschäftsführer] Güssefeld am Telefon, wie ihm die Nummer gefallen habe. Er meinte, er habe nur Gutes gehört. Also man beachtet die Sache doch sehr in Hamburg. Ihr macht Euch sicher viel Arbeit. Aber ich glaube, es lohnt sich! Habt jedenfalls alle recht herzlichen Dank.

Stets Ihr
Buc.

Rede Bulganins

In seiner Schlussansprache auf der Genfer Gipfelkonferenz am 23. Juli 1955 bezeichnete der sowjetische Ministerpräsident Bulganin die Überwindung der deutschen Spaltung als nachgeordnetes Ziel und machte darüber hinaus deutlich, dass bei einer Wiedervereinigung die politisch-wirtschaftliche und gesellschaftliche Ordnung der DDR in jedem Fall erhalten bleiben müsse.

Marion Dönhoff an ihrem Schreibtisch im Pressehaus. Vor ihr liegt der »Observer«, die englische Sonntagszeitung, die in vielem Vorbild für die Hamburger Wochenzeitung ist (1959).

18. Februar 1959

    An: Herrn Dr. Bucerius,
    Herrn Streitberger, Herrn Schneider

Der *Observer* hat bei mir angefragt, wieso er seit drei Wochen kein ZEIT-Exemplar mehr bekommt, obgleich wir seit Jahren gegenseitig unsere Zeitung austauschen. Bei Nachforschungen habe ich festgestellt, daß sämtliche Freiexemplare, ohne die Redaktion zu fragen oder auch nur zu benachrichtigen, gestrichen worden sind.

Dies erscheint mir als eine höchst unzweckmäßige, autokratische Maßnahme. Wir haben mit einer Reihe von Zeitungen Austausch-Exemplare, und eine Anzahl Mitarbeiter bekommt die ZEIT natürlich ebenfalls gratis zugestellt. Es geht nicht an, daß solche Exemplare einfach ohne Rücksprache gestrichen werden. Im Falle des *Observer* ist es besonders bedauerlich, da der *Observer* in jeder Nummer eine Zeichnung von Flora übernimmt, unter Zitat der ZEIT (was bei einer Auflage von 600 000 durchaus in unserem Interesse sein dürfte). Dies ist nun natürlich während der letzten drei Wochen unterblieben.

Ich bitte mir die Liste der gestrichenen Exemplare zuzustellen, damit ich feststellen kann, was sonst noch an Pannen passiert ist.

Dönhoff

ZWEITES KAPITEL

Mittelmäßiges darf nicht durchgehen

Endgültig wird der Machtkampf zwischen den Gesellschaftern der ZEIT
*erst im März 1957 entschieden. Ein Hamburger Schiedsgericht fällt ein
Urteil zugunsten von Gerd Bucerius, in dem es heißt:* »*Das Unternehmen selbst kann nur demjenigen Gesellschafter zugesprochen werden, der
es unter Einsatz seines persönlichen Vermögens und seiner Fähigkeiten
in Zeiten der Not am Leben erhalten hat.*« *Von nun an ist Gerd Bucerius Alleineigentümer des* ZEIT-*Verlags. Er macht Josef Müller-Marein
zum Chefredakteur, auf welchem Posten ihm Marion Dönhoff 1968
folgen wird.*

*M-M, wie er genannt wird, oder auch Jupp, spürt, dass es der
Leiterin des politischen Ressorts nicht leicht fallen wird, ihn, die rheinische
Frohnatur, als ihren Chef zu akzeptieren. In einem handschriftlichen
Brief an Marion Dönhoff hat er deshalb schon am 1. Dezember 1954 klar-
gestellt, dass er ihr keinesfalls ins Handwerk pfuschen werde, und ihr die
Vision einer beruflich und menschlich erfüllenden Zusammenarbeit vor
Augen geführt:* »*Nimm die Vorschläge dieses potentiellen Chefredakteurs
M-M an! Ich sehe aus Deinem Brief, Deinen Schilderungen [gemeint ist
der Brief vom November an Gerd Bucerius, S. 25], daß Du nach diesen
bald 9 Jahren dem Journalismus mehr verhaftet bist als der Diplomatie
und der* ZEIT *mehr verhaftet als anderen Blättern. Ich sehe nicht, daß
andere Blätter Dir so viele Chancen und auf Dauer soviel Vergnügen
und – sagen wir ruhig: Arbeitsglück geben können als die Redaktion der
* ZEIT *in neuer Zusammensetzung.*«

Müller-Marein sollte Recht behalten, Marion Dönhoff lässt der

Journalismus, lässt auch die ZEIT *fortan nicht mehr los, wenngleich sie wohl mit einem Einstieg in den diplomatischen Dienst liebäugelt, als ihr angetragen wird, Botschafterin in Indien zu werden. Was Müller-Marein vielleicht ahnt, in dieser Schärfe aber nicht voraussieht: Marion Dönhoff wird zur bestimmenden Figur in der* ZEIT. *Theodor Eschenburg, der Politologe aus Tübingen und Mitarbeiter der Zeitung, wird es später auf den Punkt bringen: »Sie hatte den Vorsitz, ohne es den Chefredakteur merken zu lassen.«*

Auf Einladung von Gerd Bucerius und seiner Frau Ebelin verbringt Marion Dönhoff im August 1959 ein paar Tage in Bad Gastein.

[Bad Gastein] 24. August 1959
(handschriftlich)

Ihr Lieben,

Da habe ich also noch einmal von allen Sorgen Abschied genommen und scheinheilig heute abend etwas wehmütig den letzten Wein auf Euer Wohl und unsere schöne gemeinsame Zeit geleert.

Es waren nur noch 8 Plätze im Eßsaal gedeckt. Solchermaßen den Ruin von Herrn Bsally und die Entlassung der meisten Angestellten vor Augen, fühlte ich mich ein wenig gerührt bemüßigt, wenigstens dem nimmermüden Klavierspieler etwas Nettes zu sagen. Dieser brach in ein ungewöhnlich wortreiches Lamento darüber aus, daß ihr abgereist wäret, ohne daß er sich hätte verabschieden können. Was ihn dabei vor allem schmerzte, war die Tatsache, daß sein »Goldenes Buch« (das neulich zu unser aller Schrecken schon einmal herumgereicht wurde) unsigniert geblieben war. Was blieb mir anderes übrig, als dies nun meinerseits für alle nachzuholen – gewissermaßen als Ehren-Arier, denn die Namen, die ich dort las, waren immer wieder romanische oder angelsächsische Abwandlungen von Cohn und Levy. [...]

Ihr Guten, mein Herz ist voller Dankbarkeit, wenn ich an die vergangenen schönen Tage, an die Zeit mit Euch an diesem herrlichen Ort denke – ach, es war wirklich wunderbar, und ich habe das Gefühl, auch wieder ganz fit zu sein. Ebelin, wenn nur mit Ihrer Rippe nichts ist – das wäre ein schmerzliches Andenken an unsere unvergeßliche Tour.

Jetzt sage ich Ihnen beiden noch einmal von ganzem Herzen Dank und bin in alter, nein, in neuer Freundschaft

stets Ihre

Marion Dönhoff

P.S. Buc, heute wäre der richtige Tag für die Gasteiner Hütte gewesen!

P.P.S. Ich las mit allergrößtem Vergnügen das *Spiegel*-Interview Schlamm. Sagen Sie ihm doch bitte, ich sei voller Bewunderung für seinen Kampfgeist und entwaffnende honesty. Vielleicht erleichtert das das Wiedersehen mit der ZEIT-Redaktion.

Spiegel-*Interview Schlamm*
»Wir könnten Berlin evakuieren.‹ Ein Gespräch mit dem Kalten-Kriegs-Theoretiker William S. Schlamm« erschien im *Spiegel* vom 5. August 1959. Auch der Titel des Heftes war Schlamm gewidmet (»Der Krieg muß riskiert werden«).

erleichtert das das Wiedersehen
Anfang 1959 kam Schlamms »Die Grenzen des Wunders« heraus, ein pamphletistisches Buch, in dem der in Österreich geborene Publizist ein unnachgiebiges, den Krieg einkalkulierendes Vorgehen des Westens gegenüber dem Kommunismus propagierte. In der ZEIT hatten die Leiter der Ressorts Politik, also Marion Dönhoff, Wirtschaft und Feuilleton einen Abdruck des Buches abgelehnt.

Am 2. Dezember 1959 wird Marion Dönhoff fünfzig Jahre alt. Bucerius begründet an diesem Tag die Tradition großzügiger Geschenke, an der er in den nächsten Jahrzehnten festhalten wird, wann immer sie einen runden Geburtstag feiert.

Hamburg, 27. November 1959

Liebe Marion,

es ist eben doch in unserer modernen Gesellschaftsordnung nicht leicht, für einen Tag nur von der Bildfläche zu verschwinden! Und weil Sie nun diesen 2. Dezember »in den Wolken« verleben

Auf einem gemeinsamen Betriebsausflug von »Stern« und ZEIT. Bucerius, ein wilder Tänzer, mit seiner Redakteurin Marion Dönhoff (1960).

werden, schicke ich Ihnen auf diese Weise unser Glückwunsch-Telegramm, das da lautet:
liebe marion, wir gratulieren allerherzlichst, wir wünschen ihnen so viel freude wie wir an ihnen hatten – stop – unser geburtstagsgeschenk: eine schöne büroeinrichtung, die ihr eigentum sein soll – stop – unterschrift bucerius
Nun also: Guten Flug, gute Reise, viel Freude und Glück auf den Weg!
Stets Ihr
Buc.

Der Leitartikel – im ZEIT-Jargon »Leiter« – des Feuilletonchefs Rudolf Walter Leonhardt für die Ausgabe vom 12. August 1960 trägt den Titel »Sie sagen Europa …«. Er stellt eher eine essayistische Betrachtung dar als eine stringente politische Analyse. Doch Bucerius fühlt sich in seiner Rolle als CDU-Abgeordneter herausgefordert und sucht, nicht das erste Mal nach Lektüre der ZEIT, seinen Arzt auf.

[August 1960]
(handschriftlich)

Lieber Jupp, liebe Marion,
Artikel wie der letzte Leiter von Freund Leo brechen mir das Herz – wörtlich zu nehmen (Aussage von Gadermann, den ich heute morgen nach einer bitteren Nacht aufsuchte).

Der Artikel spricht von Heuchlern (»Sie sprechen von Gott und meinen Kattun«), nämlich von de Gaulle, MacMillan und Adenauer. Der ist nicht ein Staatsmann, der uns – und zwar allein – in unglaubhaft kurzer Zeit durch seine Staatskunst aus tiefer Erniedrigung zu Ansehen in der Welt geführt und treue Bundesgenossen geschaffen hat – sondern ein Rheinländer mit der überholten Konzeption des 19. Jahrhunderts. Vorn auf der Bühne heuchelt er Europa, hinten ruft er »über alles«. Diese »über alles«-Rufer hat es in der Bundesrepublik zwar gegeben; die aber haben Adenauer den »Bundeskanzler der Alliierten« genannt und sich jeder Einbeziehung D[eutschland]s in den Westen kräftig widersetzt.

Diese alten Trottel und Heuchler wollen ein Europa »womöglich gegen Amerika«, sie haben keinen Schwung, der aus einer Idee kommt, sie sind Westentaschen-Materialisten [Leonhardt schrieb: »-Machiavellisten«]. Sie werden aufgefordert, nach USA zu sehen, von wo »mächtige Impulse« kommen, gewiß von den beiden sympathischen jungen Kandidaten, die allerdings noch keine Beweise ihrer Kunst geben konnten. – Bisher war Amerika für unsere Intellektuellen eher abschreckend, und uns (der CDU) wurde die enge Bindung angekreidet. Nun, da man uns loswerden will, geht es auch andersherum.

Zur Sache: es war ein bitteres Erwachen, als wir und die Franzosen vor einigen Jahren sahen, daß England sich doch nicht an den Kontinent binden wollte. Daß Oxford und Cambridge »zur westlichen Zivilisation« gehören, muß man das wirklich uns sagen? Mit England versagten sich – verständlich – auch die Skandinavier. Was blieb übrig, als mit dem »kleinen Europa« zu beginnen? Und nun fragen Sie einmal Dr. Stohler, was die Engländer alles angestellt haben, um die EWG zu stören – manches, nur das Eine nicht: nämlich beizutreten unter (für sie) günstigsten Bedingungen.

Jetzt macht also der Alte den Versuch, die endlich *ein wenig* einlenkenden Engländer noch einmal zu gewinnen. Und als einzige Zeitung nennt ihn die ZEIT einen rheinischen, machiavellistischen Heuchler mit Ideen aus dem 19. Jahrhundert, der gefälligst nach Amerika schauen soll.

Herzlichst Euer

Buc.

sympathische junge Kandidaten
John F. Kennedy und Richard Nixon

Die Ferien verbringt Marion Dönhoff regelmäßig auf Ischia, wo sie zusammen mit ihrer Schwester Yvonne in den sechziger Jahren ein kleines Anwesen erwirbt. Die große Entfernung vom Hamburger Pressehaus hindert sie jedoch nicht daran, das Resultat der wöchentlichen Redaktionsarbeit kritisch unter die Lupe zu nehmen. Im Folgenden macht sie gegenüber dem Verleger – bezeichnenderweise nicht gegenüber dem Chefredakteur Müller-Marein – keinen Hehl aus ihrem Ärger über die man-

gelnde Qualität des Wirtschaftsressorts. Verantwortlich für diesen Zeitungsteil ist der Schweizer Journalist Hermann Riedle, Nachfolger des begabten Wirtschaftswissenschaftlers Jacques Stohler aus Basel. 1963 wird Riedle von Diether Stolze abgelöst. Marion Dönhoffs Anmerkungen, wie Manuskripte zu bearbeiten sind, haben Gültigkeit bis heute.

Forio d'Ischia, 4. Juni 1961
(handschriftlich)

Lieber Buc,

Die Ruhe dieses wirklich wunderschönen Eilandes gab mir Gelegenheit, die letzte Nummer der ZEIT, die vom 2. Juni, wirklich einmal wieder ganz zu lesen. So habe ich auch den Wirtschaftsteil, den ich wegen des überwältigenden Betriebs seit zwei Monaten nicht mehr gelesen hatte, eingehend studiert.

Ich bin ganz entsetzt über den Eindruck, der da zurückblieb: inkompetent, provinziell, schlecht redigiert. Da ich voraussehe, daß ich die nächsten wieder nicht lesen werde, weil ich zu viel spannende Bücher mitgenommen habe, wollte ich diesem Entsetzen – auch auf die Gefahr hin, daß es voreilig ist, gleich Ausdruck verleihen. Ich glaube wirklich, da muß man sich rasch drum kümmern, ehe es sich herumspricht, daß man den Wirtschaftsteil der ZEIT nicht mehr zu lesen braucht.

Im Einzelnen: Aufmacher ist ein gänzlich indiskutabler Artikel über Indien. Der Autor bringt es fertig, in 5 Spalten nichts, aber auch wirklich gar nichts zu sagen, was über das hinausginge, was man seit Jahren in allen Blättern 2. Ordnung liest. Neues steht ohnehin für niemand drin, auch nicht für den, der sich ungleich mir nie mit Indien beschäftigt. Einen Standpunkt bezieht der Autor auch nicht – es ist allgemeines, unverbindliches Geschwätz. Wenn er wenigstens demonstrieren würde, was »community projects« sind, wovon er ausgeht, das wäre für die meisten noch ganz interessant, aber kein Wort der Erklärung.

Auf der gleichen Seite: »Entwicklungshilfe aus Steuern?« ist weder gehauen noch gestochen. »Doch aufgepasst ...«, das klang wie »der Vogelfreund« im Schulfunk.

Dann auf der nächsten Seite ein Vierspalter von Roland Nitsche – ein ganz unzulänglicher Autor – über das Buch von Müller-Armack. Da quirlt es wie ein literarischer Starmix: Freud, Kant, Goethe, Alfred Weber durcheinander. Vollkommen im dunkeln bleibt, was von Müller-Armack und was von Nitsche stammt – also wirklich eine Buchbesprechung par excellence.

Abgesehen von Wendts Seiten fand ich nur zwei kleine Stücke interessant: soziale Gerechtigkeit und das Stück daneben über Recht und Wirtschaft. Wenn diese Nummer nicht eine zufällige Fehlleistung von Riedle ist, sondern womöglich den normalen Durchschnitt der letzten Monate darstellt, dann sehe ich sehr schwarz. Das können wir uns einfach nicht leisten. Wohin ist Stohlers Niveau entschwunden? Wo sind alle die hervorragenden Mitarbeiter geblieben? Dies ist nicht deutscher, sondern eidgenössischer Provinzialismus, und das ist wirklich das Letzte.

Ich glaube, man muß R. – im Gegensatz zu Stohler – nicht zum Populären, sondern zum Fundiert-Wissenschaftlichen ermahnen, vielleicht überhaupt sich die Mühe machen, ihn regelmäßig zu kritisieren und zu loben und seine Aktivitäten zu verfolgen und zu beraten.

Buc, ich hoffe, Sie und Ebelin, die ich sehr herzlich grüße, werden es in Wildungen ebenso schön haben wie ich hier.

Alles Liebe

Marion

P.S. Ich muß doch noch ein Wort anfügen: Die Frage liegt natürlich nahe: »Was kann man da mit den vorhandenen Menschen und unter den gegebenen Umständen machen?«

M.E. ist alles eine Frage der Maßstäbe. Die Wirtschaft wird sagen: die Manuscripte sind eben nicht besser. Das ist Blödsinn. Die sollen sich drum kümmern und sie besser machen. Sehen

Sie, der Aufsatz über science fiction auf der Zukunftsseite der gleichen Nummer war 3 Wochen sozusagen »in Arbeit«.

Esderts hatte ihn geschrieben, aber er war ganz mißglückt: nicht erzählt, nicht mit dem »Gag« der Atombombe angefangen, nicht genug Beispiele. Dann hat Zundel das M[anu]script umgeschrieben, dann war es viel besser, aber auch noch nicht ganz richtig. Daraufhin hat Jungk es angesehen und sein Urteil abgegeben, dann hat Sommer sich drangesetzt, und schließlich stand jetzt – so schien es mir wenigstens – ein ausgezeichneter Artikel in der Zeitung.

Ich meine also, das Primäre sollte der Maßstab sein (etwas Mittelmäßiges darf nicht durchgehen) und nicht, den Maurern gleich, der Arbeitsschluß. Versuchen Sie einmal zwischen Montag und Sonnabend 5 Minuten nach 6 Uhr jemand in der Wirtschaft zu erreichen – es wird Ihnen nicht gelingen. Huldigten das Feuilleton oder die Politik dem gleichen Prinzip, Sie würden staunen, wie inkompetent, provinziell und schlecht redigiert die ZEIT sein kann.

Artikel über Indien
> H.G.P. Srivastava: »Das Dorf erwacht. Die sozialen Verhältnisse im ländlichen Indien wandeln sich«

»Entwicklungshilfe aus Steuern?«
> Autor war Hermann Riedle

Vierspalter von Roland Nitsche
> »Der Fortschrittsmythos wird entthront«

Buch von Müller-Armack
> Alfred Müller-Armack: Religion und Wirtschaft, Stuttgart 1959

Aufsatz über science fiction
> Rolf Zundel: »Science Fiction – Heldensagen von morgen«

Verteidigungsminister Franz Josef Strauß, durch eine seit April 1961 gegen ihn gerichtete Kampagne des »Spiegels« möglicherweise dünnhäutig geworden, fühlt sich durch eine Karikatur des Zeichners Paul Flora auf

»Napoleon, setzen!«
Paul Floras Karikatur
empört den Verteidigungsminister
Franz Josef Strauß
(April 1961).

der ersten Seite der ZEIT beleidigt. Sie spielt auf die atomwaffenfreundliche Politik des Ministers und das Gerücht an, er habe von den USA die Verfügungsgewalt über deutsche Nuklearwaffen gefordert. Strauß beschwert sich, woraufhin ihm Bucerius am 6. Juni antwortet: »Ohne Zweifel drückt Flora hier eine Meinung aus, die in Deutschland an Boden gewinnt. Adenauers Härte ist allgemein akzeptiert worden, Erhard gilt als sehr konziliant – manchmal vielleicht als zu konziliant. Aber mit der Härte von Ihnen und Schröder will sich das deutsche Publikum einstweilen so ganz und gar nicht abfinden [...] Es mehrt sich die Zahl derer, die Angst vor Ihnen haben. Sie empfinden in Ihren Worten und Handlungen etwas Irrationales. Das Wort ›dämonisch‹ ist zu abgenutzt, als daß ich es verwenden könnte.« Am Schluss seines Briefes hebt Bucerius zu einem Bekenntnis an, wie er seine Rolle als Inhaber der ZEIT versteht. Zugleich wird deutlich, was Strauß von ihm gefordert hatte: »Ein Verleger (es sei denn, er heiße Kapfinger) kann einfach in seiner Zeitung Dinge nicht ›in Ordnung bringen‹. Was in der Zeitung steht, ist das Produkt einer immerwährenden Diskussion. So ist das in einer Demokratie. Wenn erst die Leute das Gefühl bekommen, daß Ihnen an dieser Diskussion nichts liegt, bekommen Sie zwar immer noch die Stimmen derer, die wir einst bekämpft haben. Aber wir haben dann doch eigentlich unser Ziel verfehlt.«

Hamburg, 6. Juni 1961
(An Marion Dönhoff in Forio d'Ischia)

Liebe Marion,

anbei meine Antwort an Strauß.

Ich glaube, Sie dürfen die Reaktion von Strauß auf die Karikatur nicht überbewerten. Sie sagten neulich selbst einmal, wie schwer es die erste Garnitur im demokratischen System hat. Ständig zerrissen zu werden ist ihr Los.

Ich habe Strauß die Jahre hindurch sehr genau verfolgt und halte ihn – bei allen temperamentvollen Entgleisungen – für einen Mann, der seine Pflicht kennt. Ihn in Bausch und Bogen der »autoritären Anwandlungen« und des »Autoritätsglaubens« zu beschuldigen, simplifiziert das die Dinge nicht sehr?

Ob wir uns mit Strauß einmal selbst unterhalten? Ich glaube, dass wir ohnehin viel zu wenig den unmittelbaren Eindruck suchen.

Ebelin hat Sie neulich im Fernsehen mit Joxe gesehen. Ich habe nicht ganz verstanden, worum es sich handelte. Jedenfalls war sie sehr stolz auf Sie – wie wir alle.

Herzlichst immer

Ihr Buc

Am Schluss des folgenden Briefes nimmt Bucerius Bezug auf den »Kampf bis aufs Messer«, den er sich zwischen 1960 und 1962 mit Rudolf Augstein lieferte. Im Sommer 1960 hatten die beiden Verleger vertraglich abgemacht, dass Augstein sich mit 25 Prozent an der ZEIT beteiligen würde und im Gegenzug Bucerius mit dem gleichen Anteil am »Spiegel«. Bucerius wird dabei von der Sorge getrieben, wie der ZEIT-Verlag angesichts der wachsenden Konzentration in der Pressebranche seine Marktposition stärken kann. Doch bald kommen ihm Bedenken gegen die geplante Verbindung. In einer immer feindseliger werdenden Korrespondenz wirft er seinem designierten Partner vor, der »Spiegel« habe

DR. GERD BUCERIUS

Sanatorium Wildbad Kreuth
am Tegernsee

HAMBURG 1, den
Speersort 1 (Pressehaus)
Telefon 32 10 91

*Handschriftlicher Brief von Gerd Bucerius. »Glücklicherweise gibt es ja
auch ... Freude an der Zeitung ...« (Juni 1961).*

mit seriösem Journalismus nicht viel zu tun, bezeichnet ihn, Augstein, als »des Teufels Schriftsteller«. Der »Spiegel«-Verleger wehrt sich, sein Anwalt klagt auf Erfüllung des Vertrags. Im April 1962 wird der Streit mit einem Vergleich beigelegt: Bucerius bleibt Alleineigentümer des ZEIT-Verlags und zahlt eine erhebliche Summe an Rudolf Augstein. Er muss einen finanziellen Verlust hinnehmen, doch er ist erleichtert.

Sanatorium Wildbad Kreuth am Tegernsee [Mitte Juni 1961] (handschriftlich)

Liebe Marion,

mein Gott: daß Sie gar im Urlaub so die Zeitung lesen: das ist Opfermut. Glücklicherweise gibt es ja auch (viel, nicht wahr?) Freude an der Zeitung.

Und ich war mir schon verblödet vorgekommen, daß ich den Artikel über Müller-Armack nicht kapiert (und zu lesen aufgegeben) hatte. Müller-A. ist ein bedeutender Mann. Er hat das Wort: Soziale Marktwirtschaft geprägt und die Düsseldorfer Leitsätze mitverfaßt (eigentlich geschaffen). Aber sein Buch (richtiger: die Sammlung von Aufsätzen), das ich schon vor einiger Zeit zu lesen versuchte, ist halt so, wie Sie die Darstellung in der ZEIT schildern. In der Praxis ist M.-A. ausgezeichnet – angefeindet von der Wirtschaft wegen seiner Kartellpolitik und der Aufwertung (die er stets befürwortete).

Nun, wir werden die ZEIT-Wirtschaft beobachten. Riedle ist ein Dickkopf. Erinnern Sie neulich die Diskussion: als Sprengel seine Preise stark senkte, kaufte niemand mehr diese Schokolade. Ich schlug vor, das zu untersuchen: dieses Verhalten des Käufers ist ja fast ein Einwand gegen die Marktwirtschaft. Aber Riedle interessierte das gar nicht.

Das alles wird nun aber von einem neuen, mich sehr erschütternden Ereignis überschattet. Ohne Vorwarnung, ohne den Versuch, die Vergleichsverhandlungen fortzuführen, hat Tiefenba-

Gerd Bucerius und Rudolf Augstein. Die beiden großen Verleger finden nicht zueinander. Gemeinsame Pläne enden im Krach (sechziger Jahre).

cher Klage (auf Erfüllung, also Eintritt in die ZEIT) erhoben. Ich schreibe Ihnen, aber auch nur (ausschließlich) Ihnen, weil ich das Gefühl habe, daß Ihnen die verzweifelte Ernsthaftigkeit meiner Haltung doch nicht klar geworden ist. Ich werde den Prozess mit der äußersten Entschlossenheit durchführen. Bestätigt mir das höchste Gericht, daß ich Augsteins Grundsätze in Kauf nehmen muß, dann werde ich ZEIT, *Stern* und Politik aufgeben.

Herzlichst
Ihr Buc
Grüßen Sie Titi. Ebelin geht es mäßig [...]

Marion Dönhoff fürchtet, dass die Auseinandersetzung zwischen Gerd Bucerius und Rudolf Augstein der Öffentlichkeit schwer zu vermitteln sei. Sie fragt sich mit Recht, warum ihr Verleger überhaupt eine Liaison mit Augsteins »Spiegel« eingehen wollte, wenn seine Bedenken gegen die Machart des Nachrichtenmagazins so stark sind. Sie selbst hatte anfangs weniger Vorbehalte gegen die Verbindung.

Forio, 21. Juni 1961
(handschriftlich)

Lieber Buc,

Es ist mir so leid, daß Ebelin, die sich so vielversprechend erholte, offenbar doch nicht auf dem Wege endgültiger Gesundung ist. Sibylle und ich denken sehr an sie mit vielen guten Wünschen.

Also nun wird der Prozeß doch über die Bühne gehen. Das ist dumm. Es wäre schön gewesen, wenn man diesen juristisch-journalistischen Kraftakt mit seiltänzerischen Einlagen nicht als öffentliche Veranstaltung hätte aufziehen brauchen. Aber wenn es wirklich unvermeidlich ist, dann müssen Sie ihn eben mit allem Einsatz und in voller Überzeugung führen.

Und das sollte ja nicht so schwierig sein, weil Sie doch wirklich ein Überzeugungs-Täter sind und sich daher nichts vormachen brauchen. Wenn man die Dinge so sieht, wie Sie es tun, dann gibt es ja genügend Argumente, die sich anführen lassen.

Die einzige Schwierigkeit ist die, daß niemand – jedenfalls kein Außenstehender – sich wird vorstellen können, warum Ihre Überzeugung im Sommer 1961 so anders ist als im Herbst 1960. Wie gesagt, das wird man niemand begreiflich machen können, aber man sollte wenigstens versuchen, den argwöhnischen Schlußfolgerungen, die manche daraus herleiten werden, die Nahrung zu entziehen – wenn das geht. Ich meine, Gruner zum Verzicht auf seine Anteile am *Spiegel* zu bewegen.

Sie sagen, wenn ... dann gehe ich aus der Politik, verkaufe meine Zeitungen etc. Wenn Sie den Fall, daß Augstein sich Eingang erzwingen kann, für denkbar und möglich halten, dann fände ich es aber doch besser, sich friedlich zu arrangieren.

Im übrigen, was mich betrifft, so gebe ich Ihnen hiermit das Versprechen, daß ich aus dem polit. Journalismus – jedenfalls bisheriger Version und Verantwortung – ausscheide, wenn Krone

Kanzler werden sollte: dieses Triumvirat der ausgewählten, braven Mittelmäßigkeit – Lübke, Krone, Brentano –, das wäre zu viel. Dann wäre wirklich alles sinnlos, was wir getan haben und tun könnten. Nur eines möchte ich dann gern: noch einen letzten Artikel in der ZEIT schreiben, in dem man dies erläutern kann.

Ich bin am 30. wieder in Hamburg,

Ihnen beiden allerherzlichst

[Marion Dönhoff]

P.S. Ich hatte es ganz herrlich und habe mich so erholt wie noch nie.

DRITTES KAPITEL

Tischlein deck dich!

Ein persönliches Element sei von Anfang an dabei gewesen in den Beziehungen zwischen Gerd Bucerius und Marion Dönhoff, schreibt Ralf Dahrendorf in seiner Biografie über den ZEIT-Verleger. »Wenn man auch gleich hinzufügen muss, dass für die Gräfin alles allzu Persönliche von einer Glashaut vornehmer Distanz geschützt blieb und Bucerius auf seine Weise persönliche Empfindungen durch Sachbesessenheit zu erschlagen neigte.«

Marion Dönhoff, die zu Beginn ihrer Hamburger Zeit im Haus von Erik Blumenfeld, einem Freund von Gerd Bucerius, wohnt, dann bei Eric Warburg in der Kösterbergstraße Unterschlupf findet, schließlich in der Nähe einen winzigen Bungalow mietet, ist auf der Suche nach einem eigenen Domizil. 1961 kauft der Verlag auf Veranlassung von Gerd Bucerius für 138 000 D-Mark ein kleines Haus im Hamburger Vorort Blankenese, Am Pumpenkamp 4. Hier wohnt sie fortan zur Miete, die ihr vom Gehalt abgezogen wird, umsorgt von einer Haushälterin. Nach ihrem Ausscheiden als Chefredakteurin 1973 schenkt ihr Gerd Bucerius das Haus.

7. Dezember 1961
(handschriftlich)

Lieber Buc,

gestern rief Güssefeld mich an und sagte: »Die Sache mit dem Haus ist perfekt«, und heute war ich da und habe noch einmal alles angesehen: ich finde es ganz unbeschreiblich herrlich und was man da noch im Laufe der Jahre draus machen kann!

Ach Buc, ich finde es so rührend von Ihnen, und eigentlich versagen alle normalen Termini wie »großzügig«, »hilfsbereit«, »hochherzig«, und es bleibt eigentlich nur ein Ausruf: einzigartig.

Eigentlich ist so eine Unterhaltung wie die unsere neulich, die 6 Minuten dauerte, nur mit dem Märchen zu vergleichen vom »Tischlein deck dich« – ja nicht zu verwechseln mit »Esel streck dich«.

Längst mache ich mir Vorwürfe, daß ich überhaupt von meinen Haus-Sorgen geredet habe, und finde, ich hätte sie eigentlich wortlos und aus eigener Initiative überwinden sollen.

Ich hoffe nur, daß diese Investition sich auch für den Verlag als sinnvoll und wertbeständig erweist. Zum Vergleich habe ich mir in den letzten Tagen die Preise von ähnlichen Objekten [...] angesehen, und danach schien mir dieses Grundstück verhältnismäßig günstig – hoffentlich stimmt das.

Jedenfalls möchte ich Ihnen, lieber Buc, sehr sehr von Herzen danken für Ihre Fürsorge, Ihre Großzügigkeit und Ihre stets rasche Hilfsbereitschaft und Freundschaft. Es ist das, was mich neben der Freude an der Arbeit immer wieder an die ZEIT fesselt, wenn ich gelegentlich denke: »Zum Teufel, ich möchte einmal und solange es mir noch Spaß macht, Zeit für mich haben – um anderer Leute Bücher zu lesen und vielleicht selbst eines zu schreiben.«

Sie und Ebelin sollen die ersten Gäste in diesem Haus sein – auf diesen Moment freut sich

Ihre stets dankbare

Marion

Ostern 1962 fährt Marion Dönhoff in ihrem Porsche über die französische Riviera nach Italien, um, wie so oft, die Ferien in Forio auf Ischia zu verbringen. Und noch einmal ist von dem »neuen Haus« die Rede, in das sie vor wenigen Tagen eingezogen ist.

Forio, 30. April 1962
(handschriftlich)

Lieber Buc, liebe Ebelin,
dieser Brief sollte eigentlich gleich nach dem Umzug und vor Ostern geschrieben werden, aber Umzug war am Gründonnerstag, und losgefahren sind wir am Karfreitag und dann zwei Tage lang täglich 900 km, da blieben weder Zeit noch Reserve-Energien. Es war eine fürchterliche Fahrerei, und die lieben Landsleute entfalteten alle ihre miesen Eigenschaften in voller Variationsbreite: Mißgunst, Verbissenheit, falschverstandene Tatkraft und jene Fähigkeit, »aus der Not eine Tugend zu machen«, d. h. die Geschwindigkeit des eigenen DKW zur moralischen Geschwindigkeitsgrenze für alle zu erheben.
Wir hatten dann 3 herrliche Tage an den Oliven-bestandenen Hügeln von Grasse in einem Schlößchen, das Gide und anderen päderastenden Dichtern Lust und Inspiration zu ihrem doppelten Tun vermittelte. Und dann sind wir wieder aufgebrochen und brauchten trotz Porsche 17 Std. (hintereinander), um diese widerliche Riviera von Cannes bis La Spezia und dann bis Florenz hinter uns zu bringen. Es war ausgerechnet liberation day in

Italien, und jeder, der in der Lage war, sich auf zwei oder 4 Räder zu setzen, tat dies. Man kann wirklich nicht mehr mit dem Auto reisen. »Nur die ganz Armen gehen noch mit dem Porsche oder Rolls-Royce auf die Reise«, meinte Albert Hahn mitleidig, als er uns sah!

Belohnt wurden wir dann erst südlich der Alpen, denn Siena, Perugia, Assisi, das alles – und es war wieder unbeschreiblich schön – dankten wir dann doch dem lieben Porsche. Hier in Ischia nun ist herrliches Wetter, nicht zu heiß, gelegentlich ein paar Wolken, aber im ganzen vorwiegend schön.

Aber ich wollte eigentlich von etwas ganz anderem erzählen – nämlich vom neuen Haus: Sie glauben nicht, *wie* schön es wird, geworden ist – ich finde es das schönste Haus in ganz Hamburg. Jedenfalls innen. Und ich komme mir vor wie die Lilie auf dem Felde oder die Vögel unter dem Himmel – alle Wünsche, auch die nicht formulierten, erfüllen sich, ohne daß ich irgendetwas dazu getan hätte.

Am letzten Tag fand ich im Büro einen Brief von Güssefeld vor, auf Ihre Veranlassung, lieber Buc, geschrieben, der unter anderem fragt, ob ich noch Wünsche für den Garten hätte! Ich kam mir wirklich vor wie der Besitzer des »Tischlein deck dich« (Ich meine natürlich des »Esel streck dich« – aber das klingt so unhöflich).

In jenem Brief wurde mir mitgeteilt, daß mein Gehalt um DM 300 erhöht worden sei, was mich sehr erfreut und wofür ich mich sehr bedanke. Ich brenne darauf, Ihnen beiden das neue Haus vorzuführen, sobald es einigermaßen aufgeräumt ist – einstweilen liegen noch alle Bücher zu Bergen getürmt in der Mitte des Wohnzimmers, weil ich nicht mehr zum Einräumen kam.

Ich hoffe so, daß Sie es in Ascona schön haben und daß Buc nicht vor dem 8. V. ausreißt. Ich melde mich, sobald ich zurück bin.

Sehr herzlich grüßend
Ihre stets dankbare
Marion

Marion Dönhoff in ihrem »lieben Porsche« vor dem Haus am Pumpenkamp 4 mit Boxer Basra (siebziger Jahre).

23. Dezember 1962
(handschriftlich)

Lieber Buc, liebe Ebelin,
Die letzten Tage und Wochen waren so turbulent und hektisch, daß ich gar nicht zum Nachdenken über eigene »Belange« kam und daher auch nicht in der rechten Geistes- und Seelenverfassung war, in der ich das so großzügige Weihnachtsgeschenk wirklich voll und in seiner ganzen Perspektive hätte realisieren können.
Hier nun in der Einsamkeit dieser weltfernen Existenz kommt mir erst so recht zum Bewußtsein, wie unwahrscheinlich nobel dieses Geschenk ist und wie einmalig die Einstellung und Denkungsart, die dem zu Grunde liegt. Buc pflegt mit unwirscher

Geste (die den Vorgang bagatellisieren soll) zu sagen: »wir haben eben in diesem Jahr viel Geld verdient«, als sei diese technische Voraussetzung eine erschöpfende Erklärung für jenen Entschluß, andere Leute großzügig zu beschenken.

Dieses Gefühl, einer besonderen – vielleicht einer verschworenen – Gesellschaft anzugehören, das ist es, was den Produzenten der ZEIT so viel Freude macht und den Konsumenten den Eindruck besonderer Glaubwürdigkeit vermittelt, und dafür, daß dies möglich ist und praktiziert wird, dafür möchte ich Ihnen beiden heute noch einmal sehr von Herzen danken.

Für jemanden, dem von Kindesbeinen an eingeimpft wurde, dass jeder nur ein Glied in einer Kette ist, mit anderen Worten, daß die eigene individuelle Existenz ganz uninteressant und unwichtig ist und es nur auf den Bezug zum Ganzen ankommt, ist dies eigentlich die Voraussetzung nicht nur zum Arbeiten, sondern zum Leben überhaupt. Konkret gesprochen: Ich möchte nirgends anders sein.

Dank und alles Liebe Ihnen beiden
Marion

Weihnachtsgeschenk
Um welches Geschenk es sich handelt, für das Marion Dönhoff sich bedankt, ist nicht mehr festzustellen.

Gerd Bucerius sorgt sich um einen Ohrring, den Marion Dönhoff in seiner Wohnung verloren hat. Er will sie mit einem neu angefertigten Duplikat überraschen. Die Überraschung misslingt, weil der Juwelier den Kostenvoranschlag an Marion Dönhoff adressiert. Nach einigem Hin und Her kann sich Bucerius schließlich doch als Wohltäter erweisen.

8. April 1963

An: Hauptbuchhaltung
von: Dr. Bucerius

Gräfin Dönhoff hat Ende vorigen Jahres anläßlich einer geschäftlichen Zusammenkunft in der Warburgstraße einen Ohrring verloren. Er ist inzwischen nachgearbeitet und ihr ausgehändigt worden.

Ich bitte, den Betrag von DM 500,- dem Juwelier Dorau, Minden/Westf., zu überweisen. Die hierauf etwa anfallenden Steuern sollen vom Verlag übernommen werden.

VIERTES KAPITEL

Der erste große Aufschwung

Die sechziger Jahre sind erfolgreiche Jahre für die ZEIT. Sie steigert beharrlich ihre Auflage, von 88 000 Exemplaren im Jahre 1960 auf 320 000 am Ende des Jahrzehnts. Das Geschäft mit den Anzeigen blüht, was bedeutet, dass der Umfang der Zeitung wächst. Dies wiederum hat zur Folge, dass ständig neue Redakteure eingestellt werden müssen. Die Ressorts werden in eigenen, so genannten »Büchern« zusammengefasst. All dies beschäftigt Marion Dönhoff. Obwohl sie de jure nur Chefin des politischen Ressorts ist, fühlt sie sich, flankiert von ihren beiden »Buben«, den politischen Redakteuren Hans Gresmann und Theo (»Ted«) Sommer, für die Belange des gesamten Blattes verantwortlich.

Gerd Bucerius legt 1962 sein Mandat als Bundestagsabgeordneter nieder. Der Anlass hat unmittelbar mit seiner Verlegertätigkeit zu tun: Ein im »Stern« erschienener Artikel mit dem Titel »Brennt in der Hölle wirklich ein Feuer?« ist seinen CDU-Kollegen übel aufgestoßen. Der Bundesvorstand der CDU missbilligt in einer Erklärung die Veröffentlichung im »Stern« als Verletzung christlicher Empfindungen und stellt die Frage, ob eine solche Veröffentlichung mit der Mitgliedschaft des Verlegers in der Union vereinbar sei. Bucerius empfindet dies als einen »Tritt in den Hintern« und verlässt die Partei – die er aber weiter wählen und unterstützen wird.

Von nun an kann Bucerius, aller Aufgaben in Bonn ledig, sich ganz auf seine Blätter konzentrieren, den »Stern«, der ihn reich machte, und die ZEIT, die ihm Ansehen verschaffte. Und es war für ihn Pflicht und Vergnügen, an den Redaktionskonferenzen teilzunehmen.

Die guten persönlichen Beziehungen zum Verleger hindern Marion Dönhoff, Chefin des politischen Ressorts, nicht daran, Gerd Bucerius in sehr fordernder Weise auf Missstände innerhalb der ZEIT hinzuweisen, auch wo dies eigentlich Aufgabe des Chefredakteurs wäre. Ihr Anlass für das folgende Schreiben ist der Rückgang der Inlandsauflage von 80 600 auf 80 000 Exemplare innerhalb von vier Ausgaben im Juni/Juli 1963.

Hamburg, 17. Juli 1963

Lieber Buc,

Es haben sich während der letzten vier bis fünf Wochen etwa 75 Verkaufsstellen und Grossisten und außerdem zahlreiche Abonnenten beschwert, daß die ZEIT mit 1–2 Tagen Verspätung eingeht.

Wie Sie aus der beigefügten Niederschrift [Aufschlüsselung der Auflagenzahlen] ersehen, droht der erfreuliche Aufschwung der ZEIT-Auflage aus diesem Grunde zu erlahmen. Im 2. Quartal 1963 betrug der Netto-Zuwachs monatlich 6700, im Jahr 1962 – 8600 und im Jahr 1961 – 10 000; da überdies der Zuwachs im 2. Quartal dieses Jahres vorwiegend bei der Auslandsauflage liegt, während Grosso-Inland auch absolut zurückgeht, scheint mir diese Entwicklung besorgniserregend. Sie ist offenbar ausschließlich darauf zurückzuführen, daß der Vertrieb nicht klappt. Was wiederum nicht am Vertrieb liegt, sondern daran, daß Setzerei und Druckerei überlastet sind und nicht rechtzeitig fertig werden. Aus der beiliegenden Notiz geht hervor, daß wir versucht haben, mit den zuständigen Stellen im Verlag eine Summe kleiner Korrekturmaßnahmen auszutüfteln, die es uns ermöglichen werden, von der nächsten Nummer ab die Schwierigkeiten zu überkommen. Dazu erbitten wir auch Ihre Hilfe: einen Erlaß an die Anzeigen-Abteilung, der die deadline für die Anzeigen auf Dienstag 10 Uhr diktatorisch festsetzt.

Die besprochenen Maßnahmen sind aber wirklich nur eine Art provisorisches Notstandsprogramm. Sobald die Nummern wieder umfangreicher werden und die Auflage wieder weiter steigt, reichen sie nicht mehr aus. Es ist ärgerlich zu denken, daß je größer die Anstrengungen der Redaktion sind, umso sicherer die Katastrophe herbeigeführt wird. Es müssen also unbedingt grundsätzliche Änderungen vorgenommen werden. An welchem der nächsten vierzehn Tage wäre es möglich, daß wir mit Ihnen und den zuständigen Stellen einmal eine eingehende Konferenz haben können?

Es hat ja gar keinen Zweck, daß wir weiterhin Redakteure engagieren (Sethe ist bereits da und möchte die Buchbesprechungsseite beginnen, und angeblich ist jemand zum 1. Oktober engagiert, der »die Woche«, also wohl doch eine ganze Seite, zusätzlich machen soll). Zimmer für die beiden sind ohnehin nicht da, und die Erweiterung des Umfangs trägt zusätzlich zur Verschlechterung des Absatzes bei, wenn wir nicht großzügige Abhilfe schaffen.

Marion Dönhoff

Aktennotiz
9. August 1963

Mit Herrn Dr. Bucerius ist folgendes besprochen worden:

Für die beiden neuen Seiten »Politische Buchbesprechungen« und »Die Woche« werden zusätzlich zur Verfügung gestellt insgesamt 1 1/2 Seiten, was bedeutet, daß jede Sparte eine 3/4 Nettoseite zur Verfügung bekommt.

Dieser Platz wird zunächst zusätzlich zur Verfügung gestellt, allmählich aber »eingebracht« durch die voraussichtlich zunehmenden Anzeigen, um die jetzt geworben wird.

Herr Dethlefsen [Anzeigenleiter] wird gebeten, Sorge zu tragen, daß auf diesen beiden Seiten, deren Placierung im Blatt noch nicht feststeht, Anzeigen so disponiert werden, daß etwa eine 3/4 Seite jeweils frei bleibt.

Marion Dönhoff

Bonn, 6. September 1963

Liebe Marion,

wir hatten heute eine Verhandlung vor der Bundesprüfstelle für jugendgefährdende Schriften.

Der *Stern* hatte vor einiger Zeit Protokolle des Ward-Prozesses abgedruckt, und zwar eine gekürzte Wiedergabe der in der Londoner *Times* und im *Daily Telegraph* erschienenen Ward-Protokolle. Eine ebenfalls gekürzte Zusammenstellung hatten das *Hamburger Abendblatt*, die *BZ* und die *Münchner Abendzeitung* gebracht. Die CDU-Länder Nordrhein-Westfalen, Rheinland-Pfalz und Bayern hatten Antrag gestellt, das *Stern*-Heft Nr. 32 wegen des Ward-Berichts auf die Liste der jugendgefährdenden Schriften zu setzen. Aus Verhandlungen mit Beisitzern der Prüfstelle erfuhr ich, daß offenbar der Vorsitzende von einem geradezu fanatischen Haß vor allem gegen die ZEIT erfüllt ist. Ich habe in der Tat mehrere Artikel des Feuilletons in Erinnerung, in der die Tätigkeit der Prüfstelle kritisiert wird. Daß diese solche persönlichen Affekte auslösen konnten, habe ich freilich nicht für möglich gehalten.

Wir müssen uns nach meiner Rückkehr einmal überlegen, was wir tun. Entweder müssen wir uns in der Kritik an der Bundesprüfstelle zurückhalten, oder wir müssen das Problem einmal wirklich auf die Hörner nehmen. Den wütenden Hammel nur zu reizen, um ihm Gelegenheit zu geben, in unsere weichen Stellen zu stoßen, ist auf die Dauer wenig sinnvoll.

Grüße – Ihr

gez. Bucerius

Ward-Prozess
Der in Großbritannien im Gefolge des Profumo-Skandals gegen den Arzt Stephen Ward eingeleitete Strafprozess wegen Zuhälterei. Die Zeugenaussagen zahlreicher junger Frauen förderten sensationelle Enthüllungen über Prostitution in der britischen High Society zutage.

18. September 1963

Lieber Buc,
mein erster Wunsch bei Ihrer Ankunft ist der gleiche wie mein letzter vor Ihrer Abreise: Bitte, bitte kümmern Sie sich um die Angelegenheit Druck der ZEIT bei Dumont Schauberg.
Wir werden ab Anfang Oktober 200 000 drucken wegen der Buchmesse, Ende Oktober kommen dann 4000–5000 Studenten wieder dazu. Alle Experten sagen, bei 203 000 bricht das Chaos aus, und ich habe keinen Zweifel daran, daß dies auch wirklich so ist. Unsere letzten Hoffnungen ruhen auf Ihnen.
Herzlichst Ihre
Marion

19. Dezember 1963

Liebe Marion,
Heusinger scheidet demnächst aus dem militärischen Dienst aus. Könnten wir ihn nicht als unseren »militärischen Korrespondenten« engagieren?
Ihr
gez. Bucerius

Als ehemaliger Bundesbeauftragter für die Förderung der Berliner Wirtschaft reagiert Gerd Bucerius allergisch, wann immer seiner Meinung nach die von Bonn betriebene Berlin-Politik aus der geteilten Stadt her-

*aus infrage gestellt wird. Anfang März 1964 verlangt Willy Brandt, Re-
gierender Bürgermeister von Berlin und Kanzlerkandidat der SPD für
die im Herbst 1965 stattfindenden Bundestagswahlen, von der Bonner
CDU/FDP-Koalition mehr Spielraum für seine Verhandlungen mit der
DDR-Führung über die Passierscheinregelungen. In der ZEIT-Ausgabe
vom 6. März 1964 ergreift Marion Dönhoff auf der ersten Seite für Brandt
Partei. In der »Welt« dagegen polemisiert Hans Zehrer gegen all jene, die
meinten, es müsse in dieser Frage etwas geschehen.*

Telex
Zürich, 7. März 1964, 8.45 Uhr

liebe marion, und ich hatte gedacht, ich sei wirklich ein freund
berlins. ich halte brandt's marsch nach vorn fuer eine attacke un-
verantwortlicher wahlkampfhysterie. es ist immer dasselbe. als
ernst reuter bundeskanzler werden wollte, bekaempfte er ploetz-
lich die bonner politik, die er brauchte und die er bisher verteidigt hatte. die kerls koennen alle nicht aus ihrer haut. schade,
brandt hatte ich fuer besser gehalten.

herzlichst, ihr buc.

Telex
Hamburg, 7. März 1964, 13.50 Uhr

lieber buc,
nach der lektuere des heutigen zehrer werden sie brandt und
auch uns besser verstehen. vier wochen bergesluft haben sie offenbar den niederungen unseres alltags doch etwas entfremdet.

gruesse marion

Gerd Bucerius nahm, wann immer möglich, an der Redaktionskonferenz teil. Im Vordergrund rechts Hans Gresmann, politischer Redakteur, dahinter Diether Stolze, Leiter des Wirtschaftsressorts (Mitte der sechziger Jahre).

Telegramm
z. Zt. Bauer au Lac [Zürich, ohne Datum]

Liebe Marion,
anscheinend waren fast alle deutschen Journalisten in Davos, gesehen habe ich zum Glück nur Sie – stop – Weltartikel bösartig, hauen Sie dem Verfasser aufs Maul – stop – Aber was hat das mit der Torheit Brandts zu tun, der angesichts eines zähen und böswilligen Gegners einen offenen Streit beginnt? Als Freund Berlins herzlichst
   Ihr Buc.

Forio, 12. Juni 1964
(handschriftlich)

Lieber Buc, liebe Ebelin,
ich muß rasch einen Gruß schicken, weil ich in den letzten Tagen
so oft und so dankbar Ihrer gedachte. Wenn Sie einen Blick in
mein Zimmer in unserem Haus werfen könnten, würden Sie sofort wissen, warum. Dort nämlich steht als einziges Möbelstück
auf schönen ocker-gelben Fliesen der Schreibtisch, den ich zu
meinem 50. bekam. Das dunkle Holz vor weißgekalkter Wand
auf einem warmen Gelb als Untergrund sieht unglaublich nobel
aus. In den ersten Tagen bin ich alle 1/2 Std. einmal in mein
Zimmer gegangen, um mich an dem Überraschungseffekt zu
berauschen. Ich hoffe nur, Sie kommen einmal, um sich davon
zu überzeugen, daß es in der ganzen Welt kein schöneres Haus
gibt und in dieser Wunder-Behausung kein schöneres Zimmer
als meins.

Ich hatte eine herrliche Zeit hier, etwas länger, als mir zusteht,
aber die lieben Kollegen haben mir Dispens erteilt, und ich
wollte so gern noch meinen Neffen, der aus Princeton zurückkam und mit dem ich verabredet war, hier unten erleben.
Außerdem konnte ich erst vor 8 Tg. einziehen. Hatte viel Plage
mit dem Haus gehabt und wollte es nun gern auch noch ein
bißchen genießen.

Hoffentlich haben auch Sie es schön, und hoffentlich ist auch
Buc inzwischen aller Fesseln ledig im Urlaub.

Mit allen guten Wünschen für eben denselben
stets Ihre
Marion

Es kommt immer wieder vor, dass der Chefredakteur des »Sterns«, Henri Nannen, bei Gerd Bucerius interveniert, wenn in der ZEIT auch nur die geringste kritische Anmerkung über sein Magazin, damals noch mehr eine Illustrierte, zu lesen ist. Den Verleger beider Blätter bringen diese Auseinandersetzungen jedes Mal in Verlegenheit. In der ZEIT vom 6. November 1964 hat Kai Hermann über zwielichtige, rücksichtslos von der Waffe Gebrauch machende Fluchthelfer berichtet (»Helden oder Gangster«), deren Story dem »Stern« ein sehr gutes Honorar wert war. In einer der folgenden Nummern hat sich Marion Dönhoff in einer längeren Glosse über den »Stern« mokiert, der dem 15-jährigen Prince Charles eine konservative Haltung attestierte, obwohl der britische Thronfolger in einem Aufsatz lediglich die Meinung eines Erzkonservativen aus dem 19. Jahrhundert referiert hatte.

17. November 1964

Liebe Marion,

der anliegende Fall ist doch ein wenig ärgerlich. Ist es nicht möglich, dass die ZEIT-Redakteure grundsätzlich den nach ihrer Meinung schuldigen *Stern*-Redakteur hören, bevor sie über den *Stern* in der ZEIT schelten?

gez. Bucerius

27. November 1964

Betr.: ZEIT / *Stern* – Tunnelbau

Lieber Buc,

ich bin ganz Ihrer Meinung, hatte auch dem Schreiber, Kai Hermann, gesagt, er solle unter allen Umständen – von Berlin zurückgekehrt –, bevor er schreibt, Herrn Nannen aufsuchen. Ich bin darüber nach London gefahren und wußte nicht, daß er dieses nicht getan hatte.

Wegen der Berichte »Aufsatzheft Prinz Charles« hatte ich Herrn

Nannen angerufen, ehe ich schrieb, und hoffe, daß er dieses Stück auch nicht als Offensive empfunden hat.

Das von der Rechtsabteilung vorgeschlagene Lektorat auch für die ZEIT einzuführen, scheint mir hinsichtlich des politischen Teils nicht möglich. Wir sind mit dem der letzten Nummer erst am Mittwoch früh um 1/2 4 Uhr fertig geworden. Ich kann mir nicht vorstellen, daß jemand von der Rechtsabteilung bereit ist, so lange im Verlag zu bleiben. Sollte das jedoch der Fall sein, so sind wir gern bereit, ihm alles vorzulegen.

Marion Dönhoff

»Aufsatzheft ...«
»Das königliche Aufsatzheft« (Nr. 48 vom 27. November 1964, S. 11)

Am 19. September 1965 wird ein neuer Bundestag gewählt. Die ZEIT startet schon im April eine Serie »Was steht zur Wahl?«. Behutsam bereitet Marion Dönhoff ihren Verleger darauf vor, dass sie die SPD auf dem Feld der Außenpolitik für weitsichtiger hält als die regierenden Unionsparteien, die sich ihrer Ansicht nach viel zu sehr von ihren antikommunistischen Dogmen leiten lassen. »Die Uhr der CDU ist stehengeblieben«, schreibt sie in Ihrem Beitrag zur ZEIT-Serie.

Im Eugen Diederichs Verlag erscheint ihr Buch »Welt in Bewegung – Berichte aus vier Erdteilen«. Die Arbeiten daran schließt sie während der Ferien in Forio ab.

Forio, 27. Mai 1965
(handschriftlich)

Lieber Buc,

»Meinen Gruß zuvor« – möchten Sie und Ebelin einen annähernd so schönen Urlaub haben wie ich. Wetter herrlich, family-reunion sehr gemütlich. Die ersten 14 Tage hatte ich allerdings sehr viel zu tun mit dem Buch und dann mit dem Aufsatz für die Serie [...]

Zu eben diesem wollte ich rasch ein Wort sagen. Thema: Außenpolitik. Meine Ableitung entscheidend wichtig, daß die CDU die Grundlagen legte zu einer Zeit, da die SPD unrealistische Vorstellungen hatte und alles ablehnte; inzwischen hat sich die SPD von ihrem Dogma gelöst und ihre Anschauungen reformiert (zu Staat, Armee, Kirche), während die CDU dem Bann ihres Dogmas (Antikommunismus) vollständig verfallen ist und aus dem Immobilismus nicht herauskommt. Darum: Hält für die neue Phase nur die SPD eine adäquate Politik in petto, nämlich »Wandel durch Annäherung«, »Kleine Schritte« etc.

Vielleicht sehen Sie es sich einmal an. Wenn es Ihnen zu weit geht, müßte man zuerst etwas anderes bringen, und ich würde zusehen, was man ändern kann – auf jeden Fall müßte ich das selbst tun, weil alles sehr sorgfältig abgewogen ist und sonst alles außer Proportion gerät. Ich wollte nur gern, daß Sie nicht überrascht werden oder sich hintergangen fühlen.

Mein Diederichs-Band wird über Erwarten hübsch, glaube ich. Ich vergaß, ihn Ebelin gegenüber zu erwähnen – falls sie für Weihnachten was braucht. Nur daß sie ja nicht denkt, dies wäre für mich wichtig (ich denke, es wird sich in jedem Fall gut verkaufen), mir schien nur, daß es sehr ZEIT-gemäß ist und darum unter Umständen erwägenswert. But do forget about it, wenn schon etwas anderes vorgesehen ist. Mir ist es wirklich ganz egal.

Sehr von Herzen alle guten Gedanken und Grüße
Marion

1. Juni 1965
(An Marion Dönhoff in Forio d'Ischia)

Liebe Marion,

ich habe mir ja gleich gedacht, dass Sie die ersten 14 Tage Ihres Urlaubs sehr beschäftigt sein würden. Aber ich habe es aufgegeben, Ihnen Gesundheit zu predigen.

Zu Weihnachten 1965 hatten wir uns bereits für einen etwas komplizierten Bildband entschieden, dessen Ankauf nur gerechtfertigt war, weil wir 1000 Stück verschenken können. Seien Sie also nicht böse, dass wir auf das Buch von Diederichs nicht zurückgreifen.

Mit unserer »Wahlserie« ist es ein rechtes Kreuz. Ich habe das Gefühl, dass alle Autoren nicht so recht gewagt haben, ihre Meinung zu sagen. Ihren Artikel habe ich mir lieber gar nicht erst angesehen (sondern lese ihn heute abend in der ZEIT). Ich habe aber Jupp und Ted kurz darauf angesprochen, um zu hören, was wohl drin stehen könnte. Da beide den Artikel gut und in keinem Sinne »anstößig« fanden, geht es sicher in Ordnung.

Zur Sache selbst: Ich glaube nicht, dass man die Parteien heute noch nach den Programmen unterscheiden kann. Ich glaube auch nicht, dass die CDU durch ihren »dogmatischen Antikommunismus« festgelegt ist. Gerade eben hat [der Pressesprecher der SPD] Barsig Schröder widersprochen, als er die Hallstein-Doktrin korrigieren wollte. Allenfalls könnte man sagen, dass die ehemaligen Gaullisten in der CDU-Fraktion dem Außenminister Schröder bei seiner (vernünftigen) Politik große Schwierigkeiten machen werden.

Sonst aber kann man die Parteien nur noch danach bewerten, ob sie gute Leute haben.

Was wir noch einmal klären sollten, ist die Stellung der ZEIT zur Oder-Neiße-Grenze. Ich habe sehr das Gefühl, dass Ihre jungen

Theo Sommer und Hans Gresmann, die »Buben« der Gräfin, bei einer der Redaktionskonferenzen, zu denen sich die damals noch kleine Redaktion regelmäßig am Sonnabendvormittag traf (Mitte der sechziger Jahre).

Leute Ihnen in diesem Punkte ein wenig davonlaufen – und recht haben.
Wir haben sehr viel um die Ohren und einigen Erfolg. Das Geschäft ist besser geworden [...]
Lassen Sie sich nur recht viel Zeit zur Erholung. Afrika ist sicher sehr interessant, aber keine Sinekure. Ebelin lässt Sie sehr herzlich grüßen.

    Immer Ihr
    gez. Bucerius

Am 30. Januar 1966 erhält Marion Dönhoff in München den Theodor-Heuss-Preis. Die von Bucerius erwähnten »Buben« sind die politischen Redakteure Hans Gresmann und Theo Sommer, in jenen Jahren ihre engsten Mitarbeiter.

Hamburg, 1. Februar 1966
(handschriftlich)

Liebe Marion,
wir waren alle sehr bewegt, unsere große Frau im Fernsehen bei der Preisverleihung zu sehen – und *so* hübsch dazu.
Ich hoffe, daß die Buben immer ein wenig verliebt in Sie waren – jetzt sind sie es ganz bestimmt. Die beiden haben uns eine Stunde von der Feier (und der Hauptperson) vorgeschwärmt.
Indes: meiner Verehrung brauche ich Sie so wenig zu versichern wie meiner Freundschaft.
Immer
Ihr Buc.
[...]

In der Schweiz, hoch über dem Lago Maggiore in Brione, baut Gerd Bucerius in den Jahren 1963 bis 1966 eine spektakuläre Villa nach den Plänen des aus Österreich stammenden amerikanischen Architekten Richard Neutra. Vier Millionen Franken kostet der Bau, der mit beträchtlichem Aufwand unterhalten werden muss und hauptsächlich von Ebelin, der zweiten Frau von Gerd Bucerius, bewohnt wird.

Brione, 18. November 1966

Lieber Buc,
könnte man die vielen Dankgebete, die ich täglich zu Ihren Gunsten gen Himmel sende, zu einem Investment Fund zusam-

menfassen, Sie hätten ganz gewiß genug für eine Vollkasko-Versicherung im Jenseits.

Ich glaube, Sie können nicht einmal ahnen, wie glücklich ich in Ihrem schönen Hause und in dieser herrlichen Landschaft bin. Es vergeht kein Tag – ja, und es ist kaum übertrieben zu sagen: fast keine Stunde – in der ich nicht denke: »Mein Gott, wie gut habe ich es.«

Sehr viel zu diesem Glücksgefühl in Permanenz trägt das Wetter bei: jeden Tag blauer Himmel und leuchtender Herbst. Oben an dem kleinen Kirchlein auf Mt. Lego ist der Weiher schon zugefroren, aber mittags sitze ich jeden Tag 1 Std. in der Sonne vor Ihrem Hause.

Nach Ascona fahre ich nur 2-mal in der Woche zum Massieren und nehme bei der Gelegenheit eine italienische Stunde bei einer Lehrerin, deren Art bei uns seit mindestens einer Generation ausgestorben ist. Beim Zeitungkaufen am Bahnhof äuge ich immer sehr vorsichtig nach allen Seiten, ehe ich den Austin verlasse, um ganz sicher zu sein, dass keiner der zahlreichen Leute, die ich in Ascona und Locarno kenne, mich erspäht. Es wäre eine Sünde, sich diese herrlichen Tage durch Theodor Steltzer, Puppi Sarre und wie sie alle heißen, verderben zu lassen.

Das Schönste sind die langen Spaziergänge durch die goldbraunen Wälder bis hinauf an die Schneespitzen. Erst brauchte ich doppelt so lang, wie auf den Wegweisern angeschrieben, jetzt mache ich's genau in der angegebenen Zeit. Und herrlich ist natürlich auch das Schwimmen. Und ganz rührend ist Frau Sciarini – sie verwöhnt mich über alle Maßen.

Wenn man nur wüßte, ob das Wetter so bleibt – ich würde all meine Überredungskünste aufbieten, um Ihnen klarzumachen, daß es sich lohnt, für ein verlängertes Wochenende herunterzukommen. Sie würden Kraft sammeln bis Weihnachten. Und schließlich haben Sie doch Ihren vielhundertpferdigen Apparat für solche Zwecke. Ich werde Anfang der Woche einmal anru-

Gerd Bucerius mit seiner Frau Ebelin vor ihrer Villa in Brione (Tessin), die nach Plänen von Richard Neutra gebaut wurde (1967).

fen, um zu melden, wie es hier ist – täglich meldet der Wetterbericht von all over the world: Nebel, Schnee und neue Katastrophen, und jeden Morgen geht hier die Sonne wieder leuchtend über dem See auf oder gewinnt mindestens gegen Mittag die Oberhand über ein paar kleine Wolken, die durch das Tal ziehen.

Dank und alles Liebe
Marion

Sehr ärgerlich wird Marion Dönhoff, wenn moralisch Anstößiges in ihrem Blatt erscheint. Die Auszüge aus dem Buch von Hyacinthe Phipps, »Das soeben entjungferte Mädchen«, hat sie sicher nicht gelesen. Die

Proteste zahlreicher Leser (»Bevor Sie es wagen, Ihre Leser mit derartigen Schweinereien zu belästigen, fangen Sie doch erst damit in Ihren eigenen Töchterzimmern an!«) reichen ihr. Irrtümlich ortet sie den beanstandeten Text auf der »Witzseite« der ZEIT, für die Alexander Rost verantwortlich ist und die ihr von Anfang an wegen gewisser Frivolitäten nicht behagte.

Hamburg, 17. Januar 1967

Lieber Buc,

dies ist nur eine von vielen Stimmen. Ich fände es traurig, wenn das, was wir in vielen Jahren aufgebaut haben, mit ein paar blöden und geschmacklosen Artikeln wieder zerstört wird.

Das Vertrauen der Lehrer in die ZEIT ist sicherlich in sehr vielen Fällen die Grundlage für den ständigen Zuwachs an jungen Leuten gewesen. Ich sehe aus sehr vielen Anfragen, in Schülerzeitungen zu schreiben oder in Schulen zu sprechen, daß die Schüler durch die Anregung der Lehrer auf die Zeitung gestoßen worden sind und dann oft dabei bleiben.

Ich bitte Sie inständig, Alexander Rost ein entsprechendes Wort darüber zu sagen. Er glaubt offenbar, Ihnen, als dem Anreger der Witz-Seite, mit solchen Beiträgen ein besonderes Vergnügen zu bereiten.

Marion Dönhoff

27. Januar 1967

Liebe Marion,

Sie baten mich, Alexander Rost wegen der Witzseite zur Ordnung zu rufen, und fügen mir den Brief eines Lesers bei, der sich über »Das soeben entjungferte Mädchen« beschwert. Darf ich Ihnen den Artikel beifügen? Er ist im Feuilleton erschienen.

Die beanstandeten Serien – Sie sprechen von »solchen Beiträgen« – sind im Diogenes Verlag erschienen, für den auch Mitglieder der ZEIT-Redaktion arbeiten.

Die ZEIT hat gerade für das eine Buch mit Recht gestritten. Ich bin erschrocken darüber, dass unter den ZEIT-Lesern so viele Spießer sind. Denn moralische Einwände sind in diesem Fall ja wohl wirklich nicht möglich.

Ihr [Gerd Bucerius]

Hamburg, 9. Februar 1967

Liebe Marion,
der anliegende Artikel von Winter »Literatur im Prüffeld« weist nach, dass die größten amerikanischen Schriftsteller nicht mehr in den Intelligenzblättern, sondern in *Esquire*, *New Yorker* und – *Playboy* schreiben.

Bitte verstehen Sie auch von daher meinen Wunsch, die ZEIT »aufzulockern«. Die Witzseite ist nur ein bescheidener Schritt in diese Richtung.

gez. Bucerius

Im Sommer 1967 unternimmt Marion Dönhoff eine Reise in die Sowjetunion, wo sie an der Asiatischen Gelbsucht erkrankt. Für Bucerius gibt es keinen Zweifel, dass der Verlag dafür einstehen muss. Am 28. Juni 1967 dekretiert er der Personalabteilung: »Das ist ein Betriebsunfall, für den die Firma aufkommen muss. Bitte lassen Sie sich von Gräfin Dönhoff Arzt- und Krankenhauskosten aufgeben.«

4. Juli 1967
(handschriftlich)

Lieber Buc,

[…] Sehr danken möchte ich Ihnen, lieber Buc, noch einmal dafür, daß Sie mir die sehr große Last der Krankenhauskosten abnahmen. Meine Versicherung ist miserabel, und die 2 Monate hätten mich sicher 4000 DM gekostet (+ 2 × 1500 DM, die mich der Haushalt daheim, ob ich da bin oder nicht, kostet). Das wäre für diesen keineswegs vergnüglichen Zweck doch recht bitter gewesen […]

Pardon für die Schrift – ich bin zum 1. Mal aufgestanden und bis in die Fingerspitzen wackelig.

Herzlich grüßend
Marion

19. Juli 1967
(handschriftlich)

Lieber Buc,

Eigentlich bin ich traurig: Immer sind Sie der Helfer in der Not – bei Krankheit, Wohnungssuche und in allen möglichen Situationen. Und jetzt, wo ich das Gefühl habe, daß Sie in einer Phase sind, wo Sie eigentlich Hilfe brauchten, da kann man so gar nichts für Sie tun. Das ist wirklich schmerzlich – vor allem, wenn man so viel Zeit hat, darüber nachzudenken wie ich augenblicklich.

Aber ich dachte, ich sollte Ihnen wenigstens sagen, daß ich oft an Sie denke.

Marion

20. August 1967
(handschriftlich)

Lieber Buc,

Ihr Brief mit der freudigen »Bonus«-Mitteilung war gerade angekommen, als ich gestern aufbrach, um zu unserer Besprechung zu fahren. Aber da Sie einen – wenn es darum geht, einen Dank entgegenzunehmen – nie ausreden lassen, beschloß ich gleich, es lieber auf diesem Wege zu versuchen.

Also: sehr von Herzen Dank, lieber Buc – ich freu mich riesig und werde das so unerwartete Surplus in die sicherlich wieder neu beginnende Börsenhausse stecken und ergo dank Ihrer spätestens im nächsten Jahr Millionär sein.

[...]

Alles Liebe
Marion

Wäre Ostpreußen 1945 nicht verloren gegangen, hätte der Weg Marion Dönhoffs sie wohl nie nach Hamburg ins Pressehaus geführt. Wem »verdankt« sie dies?

Lufthansa-Postkarte,
abgestempelt in Jamaika am 19. Januar 1968
(handschriftlich)

Buc, ich wußte gar nicht, daß Fliegen nicht nur eine Fortbewegungsmöglichkeit, sondern auch ein Genuß sein kann: mit Kaviar und grünen Hausschuhen versehen, zu dritt in einem Compartiment, das 7 Reihen zu 2 × 2 Plätzen hat. Daß ich so reise, verdanke ich dem Führer.

Marion

Marion Dönhoff freut sich über einen Flug in der ersten Klasse: »Daß ich so reise, verdanke ich dem Führer« (1968).

Hamburg, 22. Januar 1968

Liebe Marion,
die Ihnen im Flugzeug gelieferten grünen Hausschuhe sind die Gegenleistung für das vom Verlag gelieferte Billett. Würden Sie bitte beide Exemplare Herrn Bezold [Verlagsleiter] zur Aufbewahrung zur Verfügung stellen.
Sollte eine andere Stelle einen Teil der Flugkosten übernehmen, so steht jedem Beteiligten ein Exemplar zu.
[Gerd Bucerius]

Der »Stern« will in der ZEIT eine Anzeige veröffentlichen, einen langen Text, in dem gegen Äußerungen des stellvertretenden Bundespressechefs Conrad Ahlers polemisiert wird. Marion Dönhoff hält dies für einen Meinungsartikel und nicht für eine Anzeige. Ihre Ablehnung wird noch dadurch verstärkt, dass sich der »Stern« der Schrifttype der ZEIT bedient.

Hamburg, 8. März 1968

Liebe Marion,
zur Anzeige des *Stern*:
ich vertrete – vor allem gegenüber Springer – die Auffassung, dass jeder Verleger verpflichtet ist, jede Anzeige zu nehmen – vorausgesetzt, sie ist als solche erkennbar und verletzt nicht das Gesetz. Das gilt auch für Textanzeigen.
Deshalb können wir für Anzeigen des *Stern* in der ZEIT schlecht eine Ausnahme machen. Selbstverständlich müssen vor allem Textanzeigen deutlich als solche gekennzeichnet sein. Der *Stern* selbst legt aber darauf Gewicht. Deshalb versehen wir zum Beispiel *Stern*-Anzeigen in der FAZ immer mit dem *Stern*-Signet.

Ihr

gez. Bucerius

FÜNFTES KAPITEL

Die vereitelte Machtergreifung

Am 1. Juli 1968 wird Marion Dönhoff Chefredakteurin der ZEIT. Ihr Vorgänger, der sechzigjährige Josef Müller-Marein, räumt seinen Schreibtisch in einer Blütephase der Zeitung. Er kann auf eine erfolgreiche Amtszeit zurückblicken. Als er die Chefredaktion 1957 übernahm, verkaufte die ZEIT 48 000 Exemplare, jetzt sind es 250 000.

Zu diesem Erfolg haben die verschiedenen »Herzogtümer« des Blattes maßgeblich beigetragen: die Ressorts mit ihren starken Ressortleitern, die in großer Eigenverantwortlichkeit ihre Teile gestalten. Marion Dönhoff bleibt auch nach der Übernahme der Chefredaktion Leiterin der Politik. Rudolf Walter Leonhardt, »Leo« genannt, steht an der Spitze des Feuilletons. Er ist neben Marion Dönhoff die beherrschende Figur jener Jahre. Verantwortlich für das Wirtschaftsressort ist Diether Stolze, der seinem Teil in kurzer Zeit ein neues Gesicht gegeben hat: modern, gefällig, populär. Alexander Rost hat, von der »Welt am Sonntag« kommend, 1966 das Moderne Leben übernommen und daraus einen unterhaltsamen Teil gemacht, zu dem auch die Seite »Scherz, Satire und Ironie« gehört; Glossen von Wolfram Siebeck, Karikaturen, Limericks und Witze prägen diese »Witzseite«.

Jeden Freitag um 14 Uhr, nach den Konferenzen der einzelnen Ressorts, treffen sich die Ressortchefs mit der Chefredakteurin, mit Hans Gresmann, dem Stellvertreter Marion Dönhoffs im politischen Ressort, und mit Theo Sommer, ihrem Stellvertreter in der Chefredaktion, zur »Käsekonferenz«, an der auch Gerd Bucerius teilnimmt. Bei Käse und Wein wird, wie Karl-Heinz Janßen in seiner Geschichte der

ZEIT schreibt, »in heiterer Atmosphäre oft über Dinge gesprochen, die mit der nächsten Ausgabe nicht unbedingt etwas zu tun hatten. Es waltete ein Klima großzügiger Toleranz, das sich auf die ganze Redaktion auswirkte.«

Der Wechsel in der Chefredaktion gibt den fünf leitenden Redakteuren Anlass, sich über die künftige Führungsstruktur des Blattes Gedanken zu machen. Am 28. Mai schreiben sie einen Brief an Gerd Bucerius und Marion Dönhoff. »Voll Vertrauen«, heißt es darin, »sehen wir der Übernahme der Redaktionsgeschäfte durch Sie, liebe Gräfin Marion, entgegen. Aber wir sind stärker als Sie, lieber Verleger, davon überzeugt, daß ein einzelner so ein Blatt wie die ZEIT eigentlich nicht mehr führen kann, jedenfalls nicht in der Zukunft.« Die Unterzeichner appellieren an den Verleger, der ZEIT nach der Amtsperiode der Gräfin »eine solide und so leicht nicht zu erschütternde kollektive Führung zu geben, wie sie diesem unserem Blatt wohl angemessen wäre [...] Was die Zusammensetzung dieser Gruppe anlangt, so denken wir an ein funktionsfähiges Gremium derjenigen, die das Bild der ZEIT am stärksten mitgeprägt haben oder mitprägen sollen.«

Der von Rudolf Walter Leonhardt inspirierte und formulierte Brief schockiert den Verleger. In einem Telegramm an Marion Dönhoff entwirft er eine Antwort. Diese wird von ihr handschriftlich an einigen Stellen korrigiert. Bucerius übernimmt die von Marion Dönhoff redigierte Fassung fast komplett. Ihre Änderungen sind kursiv gekennzeichnet.

Telegramm
z. Zt. Brione s/M., 2. Juni 1968

Liebe Freunde von der Käserunde,
vielen Dank für Ihren Brief an Gräfin Dönhoff und mich. Donnerwetter: das ist wirklich die [schnellste] *eiligste* Machtergreifung, die ich je erlebt habe.

Wir sprachen in der Warburgstraße auch darüber, was einmal nach Marion Dönhoff werden würde und wer die Geschäfte des Chefredakteurs führt, wenn [Marion Dönhoff] *sie* verreist ist. Sie meinten, daß nach Marion Dönhoff die ZEIT keinen Chefredakteur mehr haben würde. Das glaube ich auch. Team oder Kollegialitätsprinzip setzt sich [vielfach] *vielerorts* durch [und von mehreren Redakteuren der ZEIT kann man nicht erwarten, daß sie einen ihrer Kollegen als Chefredakteur acceptiren]. *Wenn von der Generation, die den legendären Ruf der ZEIT geschaffen hat, niemand mehr da ist, wird es schwer sein, jemanden zu finden, der von den anderen Kollegen als Chefredakteur acceptiert wird,* weder jetzt noch später.

[Aber] *Und* wie sieht das in drei oder, wie ich hoffe, erst in fünf Jahren aus? Bis dahin kann Leo die Lust verloren haben, Ted krank und Diether Stolze Bankdirektor geworden sein, was alles ich gewiss nicht hoffe. [Und trotzdem] *Aber angesichts so vieler Unbekannter* heute schon Entscheidungen treffen [die Redakteure erster und zweiter Klasse schaffen?] Das ist eines Tages wohl unvermeidlich. Aber seien Sie sich klar: ich werde vielen Mitarbeitern weh tun mit einer Entscheidung, *die Redakteure erster und zweiter Klasse schafft.*

MODULARIO
Telegr. - 61

L'Amministrazione non assume alcuna responsabi-
lità civile in conseguenza del servizio telegrafico.

Mod. 30 - Ediz. 196?

| INDICAZIONI D'URGENZA | Ricevuto il .... 'a....... ore .... RICEVENTE Pel circuito N. 12 | | Le ore si contano sul meridiano corrispondente al tempo medio dell'Europa Centrale. Nei telegrammi impressi a caratteri romani, il primo numero dopo il nome del luogo di origine rappresenta quello del numero, il secondo quello delle parole, gli altri la data e l'ora ei minuti della presentazione. | | Bollo d'ufficio |

Qualifica	DESTINAZIONE	PROVENIENZA	NUM.	PAROLE	DATA DELLA PRESENTAZIONE		Via e indicazioni eventuali d'ufficio
					Giorno e mese	Ore e minuti	
	Forio	LUCANO	6940402	335/334-1		19.20	

(621 1060) Rich. 23 del 1967 - Roma, Ist. Poligr. Stato V.G.

Liebe Marion ich moechte der kaeserunde so schreiben veielen dank
fuer ihren brieff an Graefin DOENHOFF UND MICH DONNERWETTER DAS IST
VEIRKLICH DIE SOHNETTSTE MACHZERGREIFUNG DIE ICH IE ERLEBT HABE VIR
SPRAICEN IN DER WARBURGSTRASSE AUCH DARUEBER WAS EINMALNACH MARION
DOENHOFF WER DEN WUFRDE UND VEIER DIE GESCHAEFTE DES CHEFREDHKTEURS
FUEHRT WENN MARION DOENHOFF VERREIST IST SIE MEINTE. Dass NACH MARION
DAENHOFF DIE ZEIT KEINEN CHEFREDAKTEUR MEHR HABEN VUERDE DASGLAUBE
ICH AUCH TEAM ODER KOLLEGIALITAETSPRINZIP SETZT SICH VIELFACH DURCH UND
VON MEHREREN REDAKTEUREN DER ZEIT KANN MAN NICH ERVERTEN, DASS SIE EINN
IHRER KULLEGEN ALSCHEFREDAKTEUR ACCEPTIEREN, VEDER YETZT NOCH SPAETER
ABER VIE SIEHT DAS IN DREI ODER VIE ICH HOFFE ERST IN FUENF JAHRER AUS?
BIS DAHIN KANN LEO DIE LUST VERLOREN HABEN TED KRANK UND DIETER STOLZE

./.

Mit Bleistift redigiert Marion Dönhoff ein Telegramm von Gerd Bucerius. Es ist der Entwurf eines Briefes, den der Verleger ihren Kollegen schreiben will, die die »Machtergreifung« proben (1968).

[Geschwindigkeit] *Eile* wäre nur geboten, wenn Sie glauben, daß Marion Dönhoff oder ich Unsinn anrichten könnten. Wenn das Ihre Sorge ist: bitte heraus damit, wir sind beide nicht empfindlich.

Durchaus richtig ist es, jetzt mehrere Freiwillige zu finden, die abwechselnd das harte Los des Chefs vom Dienst, vor allem in Marion Dönhoffs Abwesenheit, auf sich nehmen. Wenn Marion Dönhoff *und Sie* die Käserunde für geeignet [hält] *halten*, um so besser; meine Zustimmung habe ich ja neulich schon gegeben. Das schafft keine endgültigen Lösungen und verletzt keine begreiflichen Empfindlichkeiten, gibt aber einen guten Trainingsgrund für die ferne Zeit nach Marion Dönhoff, auch ohne Ver-

kündung im Impressum. Nicht wahr: die ZEIT ist [empfindlich] *ein sensibles Instrument.* Sie wird es bleiben oder schlecht werden. Deshalb müssen wir miteinander vorsichtig sein. –
Das Original schicke ich Hans Gresmann, dem ersten im Alphabet, den anderen Fotokopien.

Mit besten Grüßen bin ich immer

Ihr Bucerius

Im Sommer 1968 übernimmt Bucerius den »Monat«, eine von dem amerikanischen Journalisten Melvin J. Lasky 1948 in Berlin gegründete Zeitschrift mit Schwesterpublikationen in London (»Encounter«), Rom (»Il Mulino«) und Paris (»Preuves«). Ursprünglicher Träger der Zeitschrift war der Kongress für die Freiheit der Kultur, der von der Ford Foundation alimentiert wurde. Gerd Bucerius möchte Karl-Heinz Bohrer für den »Monat« engagieren. Im März 1971 stellt er die Zeitschrift ein. Die jährlichen Verluste von 600 000 D-Mark sind dem Verleger zu hoch. Mit 24 Prozent ist auch der ehemalige »New-York-Times«-Journalist Shepard Stone am »Monat« beteiligt; er vertritt die Ford-Stiftung in Europa und gründet später das Aspen Institute in Berlin.

8. Juni 1968
(An Marion Dönhoff in Forio d'Ischia)

Liebe Marion,

morgen kommt Shepard Stone her. Ich glaube, dass wir mit dem *Monat* zum Abschluss kommen. Deshalb schicke ich Ihnen in der Anlage mehrere Artikel von Bohrer. Werfen Sie einmal einen Blick hinein? Er scheint mir vielseitig und temperamentvoll.

Sehr schade, dass Leo ihn nicht zur ZEIT geholt hat. Ich kann mir aber sehr wohl vorstellen, warum er auf den Fachmann Ka-

Josef Müller-Marein, »Jupp« genannt (Mitte), mit Gerd Bucerius im NDR (sechziger Jahre)

rasek ausgewichen ist: der schreibt nämlich jetzt nur noch Theaterkritiken bei uns. Dabei brauchen wir jemanden (und das war mit Leo abgesprochen), der Kultur und Politik in jener Mischung bringt, die vor vielen Jahren die Stärke des Feuilletons der ZEIT war.

Der Brief der Käserunde liegt mir nach wie vor sehr auf dem Magen. Besonders leid tut es mir, dass Ted sich offenbar von Leo hat einspannen lassen. Vor allem die brutale (weil überflüssige) Bemerkung über Jupp kann ich gar nicht verschmerzen.

Müssten wir beide heute wählen, so würden wir doch ganz gewiss keine (auch keine moralischen) Bedenken tragen, Gresmann, Rost und auch Leo einen anderen als Chefredakteur vorzusetzen. Dass es bei Leo Schwierigkeiten geben würde (einschließlich seiner Flucht aus der ZEIT), damit wäre zu rechnen; aber das würde ich in Kauf nehmen.

Schwieriger dagegen würde das Rennen zwischen Ted und Stolze. Um das zu vereinfachen, überlege ich, zurückzukommen auf eine Idee, die ich schon einmal mit Stolze besprochen habe und die ihm sehr zusagte: ich möchte ihn zum Geschäftsführer im Verlag Der Volkswirt machen und ihm auch die Aufsicht über den *Volkswirt* übertragen. Auf die Länge brauche ich ohnehin eine solche Lösung, weil ich nicht weiß, wie lange ich noch in der Lage bin, den *Volkswirt* zu kontrollieren.

Damit hätte Stolze eine sichtlich herausgehobene Position und würde irgendwie bei der ZEIT nicht mehr so hart im Rennen liegen. – Wenn man sich mit dem Gedanken anfreundet, sollte man ihn auch jetzt schon durchführen, nicht erst dann, wenn nach Ihnen die Frage der Chefredaktion der ZEIT akut wird.

Nun habe ich Ihnen so geraten, sich im Urlaub nicht mit dem Geschäft abzuplagen. Aber vielleicht macht das Nachdenken über so langfristige Angelegenheiten auch ein bißchen Spaß. – Mir geht es gar nicht gut. Seit einer Woche habe ich wieder eine Erkältung (trotz der gezogenen Zähne). Das Gefühl, langsam zu versagen, macht mir ein bißchen Panik. Man fängt an, seine letzten Geschäfte zu ordnen.

Immer
Ihr Buc

brutale Bemerkung
In ihrem Brief vom 28. Mai 1968 hatten die Unterzeichner von »lieben mühsamen Abschiedsworten« Müller-Mareins gesprochen, die »in einem Meer von peinlich-betroffenem Schweigen untergingen«.

Forio, Dienstag [ohne Datum]
(handschriftlich)

Lieber Buc,

Ich weiß nicht, ob dieser Brief Sie noch in Brione erreicht oder
ob wir uns, ehe er Sie erreicht, in einer Woche in Hamburg
sehen.

Auch mich beschäftigt natürlich das Problem der »Käserunde«
sehr, und ich habe fast das Gefühl, daß man wohl doch ein Chef-
vom-Dienst-Gremium einsetzen sollte. Ich glaube, die Frage
wird sich auf die Alternative reduzieren: entweder Ernennung
eines stellvertretenden Chefred[akteurs] und eines Chefs der Politik oder jenes gewünschte Gremium – dann allerdings würde
ich sagen, dieses so klein wie möglich.

Ich hatte einen langen Privat-Brief von Leo, der sehr drängt und
der meint, die Schwäche der ZEIT sei immer meine Stärke gewesen, d. h., die Schwäche sei das Übergewicht der Politik gewesen und darum müßten in so einer institutionalisierten »Käserunde« 3 – 4 Nicht-Politiker sitzen. Es wäre aber unzweckmäßig,
wenn Sie ihm gegenüber diese Mitteilung erwähnten. Wir sollten über diesen ganzen Komplex möglichst gleich nach meiner Rückkehr sprechen. Auch von Ted kam ein netter, langer
Brief – ganz unabhängig im Urteil.

Bohrers Artikel finde ich ganz ausgezeichnet – man spürt, da
steckt noch viel mehr drin, als bisher mit all diesen In-Memo-
riam-Stücken herausgeholt wurde. Ich fürchte nur, er ist sehr
festgelegt bei der FAZ. [...]

Buc, was Sie über Ihre Gesundheit sagen, finde ich ganz schlimm.
Ich wünschte so, Sie würden einmal 14 Tg. bis 3 Wochen für
Ischia opfern. Diese Insel ist wirklich ein Jungbrunnen, mich hat
sie wieder zu altgewohnter Frische restauriert. Ich fühle mich
wieder so wie vor 10 Jahren. Ich glaube gar nicht, daß sie für
spezifische Leiden so wirksam ist, aber für das Allgemein-Befin-

den ist dieses Klima und sind diese Quellen einfach unnachahm-
lich.

Die Idee mit Stolze und dem *Volkswirt* finde ich nicht so überzeu-
gend – aus mancherlei Gründen, doch darüber bald mündlich.

Allerherzlichst, stets Ihre

Marion

*In zwei getrennten Beiträgen schreibt Feuilletonredakteur Hellmuth
Karasek in der Ausgabe vom 18. Oktober 1968 über die Ablösung des
Intendanten am Hamburger Schauspielhaus Egon Monk (S. 16) und die
geplante Entlassung des Bremer Theaterintendanten Kurt Hübner (S. 51).*

22. Oktober 1968
(handschriftlich)

Liebe Marion,

daß Karasek in der *Süd. Ztg.* schreibt, schmeckt mir nicht so
recht. Schlecht ist jedenfalls, wenn [er] – wie in der ZEIT vom
18.10. – in zwei Artikeln (über Hbg. + Bremen) dasselbe Thema
[behandelt]. *Einer* muss darunter leiden. Die Pointen werden
dann aufgeteilt!

Gruß

Ihr Buc

Hamburg, 23. Oktober 1968
(An Gerd Bucerius in Brione)

Lieber Buc,

Ich hatte über die Monk-Berichterstattung schon mit Leo gesprochen. Ich fand nämlich, daß sowohl die Rezension der Pre-
mieren wie auch schließlich das zusammenfassende Stück bei uns
schlechter war als die gesamte andere Presse.

Ich hatte schon mit Leo darüber gesprochen, weil ich denke, Leo müsse schärfer redigieren oder überhaupt einmal grundsätzlich mit Karasek reden. Einstweilen hat Karasek die Neigung, für die 10 eingeweihten anderen Kritiker zu schreiben, aber nicht für unsere eigentlichen Leser. Leo war netterweise sehr verständnisvoll, und darum bin ich auf die *Süddeutsche*, die ich zur gleichen Zeit wie Sie entdeckte, gar nicht mehr zu sprechen gekommen. […]

Sonst geht hier alles gut. Wir haben viel zu tun und hoffen, daß Sie die Zeitung gut finden.

Herzliche Grüße Ihnen und Ebelin
stets Ihre
gez. Marion

26. Oktober [1968]
(handschriftlich)

Liebe Marion,
vielen Dank für Ihren Brief über Karasek/Monk. Es ist so beruhigend zu sehen, daß meine Sorgen schon längst Ihre Sorgen waren – Aber: wie wäre das ohne Chefredakteur? Oder: wie wird das eines Tages ohne Chefredakteur sein? Würden Leos Kollegen so schnell (und wirksam) intervenieren? […]

Ich muß meine Lunge doch wohl in Würzburg dem Internisten vorzeigen. Blöd.

Herzlichst
Ihr Buc

Theo Sommer schreibt am 17. Januar 1969 einen Leitartikel über Amerikas Weltrolle, in dem er die These des Historikers Frank L. Klingberg aufgreift, wonach die Außenpolitik der USA abwechselnd von Introversions- und Extroversions-Zyklen bestimmt werde. Eine Woche später analysiert der französische Politologe Pierre Hassner unter der Überschrift »Deutschland – ewig Störenfried?« die Voraussetzungen für ein europäisches Sicherheitssystem. Die Seite »Themen der Zeit«, wo sein Artikel erscheint, bietet in diesen Wochen Platz für eine Reihe von Beiträgen über Deutschland in internationaler Perspektive.

[nach dem 24. Januar 1969]
(handschriftlich)

Liebe Marion,
neulich fing Teds Leiter mit einigen vielen mir unverständlichen (und daher gleichgültigen) Zahlen aus der amerik. Geschichte an. Jetzt wird dem Leser auf der »Themen«-Seite ein Artikel serviert, der
A) Unipolare Systeme ...
B) Bipolare Systeme
C) Multi...
D) ...
anbietet. Ich habe mich geweigert, das zu lesen. Einige Fachleute mögen das verdauen.

Wissen sie, was der ZEIT fehlt? Sie wird mal wieder zu sehr vom Fachmann, zu wenig von Journalisten gemacht. Ich schlage zufällig den *Spiegel* auf: »Mitscherlich zur Psychologie des Preußen Friedrich II«. Das ist natürlich ein doppelter journalistischer Kniff. Aber der Leser kann ihn konsumieren.

Eure Deutschlandserie nicht.

Ihr Buc

Hamburg, 28. Januar 1969

Lieber Buc,

offen gestanden fand ich diese Form der Kritik nicht so einleuchtend. Ein guter Artikel im *Spiegel*, der Ihnen gefallen hat,
als Kronzeugnis – das sagt doch eigentlich nicht allzu viel. Auch
bei uns finden Sie gelegentlich interessante Artikel, die nach
demselben Muster gestrickt sind.

Und was die Themenseite betrifft: diese Seite ist nun wirklich
genau für solche Themen da, nämlich für Themen, die nie alle
Leser ansprechen, sondern immer nur bestimmte Gruppen, die
jedoch zu kurz kommen würden, wenn wir diese Seite nicht
hätten. Wenn wir über bipolare und multipolare Systeme nicht
referieren können, dann ist es auch nicht möglich, [Carl-Fried-
rich von] Weizsäcker als Autor zu haben.

Neulich hatten wir auf dieser Seite ein Beamten-Thema, das
nur Beamte interessierte; aber es kamen fast ebenso viele Briefe
dazu wie zu Uwe Nettelbeck – und das will schon etwas heißen.

Grüße,

Marion Dönhoff

Beamten-Thema
Jörg Eckardt: »Alte Marotten bei Vater Staat. Ist der Berufsbeamte mit
seinen Sonderrechten überholt?« (Nr. 2 vom 10. Januar 1969, S. 28)
Uwe Nettelbeck
Zu Nettelbecks Reportage »Der Frankfurter Brandstifter-Prozeß. Vier-
mal drei Jahre Zuchthaus für eine sinnlose Demonstration« (Nr. 45 vom
8. November 1968, S. 17) ging eine außergewöhnlich hohe Zahl von
Leserbriefen ein.

(handschriftlich, auf dem Brief von Marion Dönhoff)

Liebe Marion,

dieser Brief ist in der Tat ein Kabinettstück: »... Artikel, die nach demselben Muster gestrickt sind«. Aber gerade Sie mögen doch Mitscherlich!

Natürlich kann die Themenseite nicht alle Leser ansprechen. Aber ein Artikel über Deutschland, den ich nicht lese ... na, das muss schon hart sein.

Und ein Weizsäcker war's ja nun eben nicht; der schreibt so, daß auch der Nichtfachmann es versteht.

Nun, da die *Welt* besser und die *Fr. Rundschau* gut wird, haben wir wieder Konkurrenz. Da müssen wir (das war mein Gedanke) die Leser etwas streicheln. Und den Fachmann etwas verstecken. Denken Sie gelegentlich an die Witzseite? Immer dasselbe. Nicht schlecht, aber doch eintönig.

Immer
Ihr Buc.

Uwe Nettelbeck, Redakteur im Feuilleton, hochbegabt und eigenwillig, schreibt Berichte über Gerichtsverfahren, die immer wieder Anstoß erregen. In seiner Reportage vom 7. Februar 1969 über einen Frankfurter Prozess gegen einen Demonstranten hat er dem Richter und dem Staatsanwalt Voreingenommenheit und autoritätsfixiertes Denken attestiert.

Hamburg, 11. Februar 1969

Lieber Buc,

wie recht Sie hatten, als Sie sagten, daß bei Nettelbecks Prozeß-berichterstattung der Tatbestand nie deutlich wird, beweist sein letzter Artikel. »Es wird verurteilt – auf Biegen und Brechen.« Ich finde es im Grunde unerhört, daß ein Bericht, der an die

Stelle von Fakten Hypothesen und Unterstellungen setzt, bei uns als juristischer Bericht geboten wird.

Herzlich grüßend

Ihre Marion

Vor genau zwei Jahren noch verteidigte Bucerius die »Witzseite«, die vom »Stern«-Redakteur Erhard (genannt Pit) Kortmann betreut wird.

Hamburg, 21. Februar 1969

Lieber Buc,

[...] Mit Kortmann habe ich gesprochen – er ist so verliebt in sein Produkt, daß es ganz schwer war, ihn davon zu überzeugen, daß dreißig Mal dasselbe einem langweilig wird, auch wenn es noch so gut sein mag.

Mit herzlichen Grüßen

Ihre Marion

(handschriftlich, auf dem Brief von Marion Dönhoff)

Aber Sie werden ihn doch wohl überzeugen?

Ihr Buc

SECHSTES KAPITEL

Farbe kommt ins Blatt

Anfang 1969 beginnen schwierige Zeiten für die ZEIT. Die Kosten für Papier, Druck, Gehälter und Postzeitungsgebühren steigen um fünf bis fünfzehn Prozent. Zudem stagniert die Auflage. »Stagnation bedeutet Untergang«, prophezeit Bucerius. Um die Einnahmen zu verbessern, führt er einen rubrizierten Stellenteil (»classified ads«) ein und fasst den Plan, der Zeitung ein Farbmagazin beizulegen. Die Redaktion sträubt sich, am hartnäckigsten leistet Marion Dönhoff Widerstand. Gleichwohl erscheint am 2. Oktober 1970 das neue Magazin, 56 Seiten stark. Nach anfänglichen Schwierigkeiten entwickelt sich das Magazin prächtig und wird zum Goldesel des Blattes. Jahre später wird Marion Dönhoff einräumen, dass Bucerius die richtige Entscheidung getroffen hat. Sowohl die FAZ wie auch die »Süddeutsche Zeitung« ziehen mit eigenen Magazinen nach. Aus wirtschaftlichen Gründen – das Anzeigenaufkommen bricht weg – wird das ZEIT-Magazin 1997, zwei Jahre nach dem Tod von Bucerius, eingestellt.

16. August [1969]
(handschriftlich)

Liebe Marion,

ob es nur an der Ferienzeit liegt? Die letzte ZEIT habe ich fast ganz in einem Zuge durchgelesen; nein: mit Vergnügen gelesen. Freilich nackt, in der Sonne, am Schwimmbad. Da sieht man die Welt wohl nicht ganz neutral.

Gefehlt hat vielleicht der Streit UdSSR/China. Die Leute reden darüber, weil sie Angst haben. Dann muss es aber auch in der Zeitung stehen. Auch mich interessiert die Meinung der ZEIT, was das für uns bedeuten kann. Da jeder nur an sein Fell denkt, sprechen die Leute darüber mindestens so viel wie über die Franc-Abwertung.

Und ich möchte gern wissen, ob [für] die ZEIT die Kinder-Reisen der Falken nach Schweden und anderswohin nun wirklich ein Skandal sind. Immerhin hat in der Innenpolitik nichts so große Schlagzeilen gemacht (und Folgen gehabt: Minister und Senatoren machen Inspektionsreisen, Zuschüsse von mehreren 100 000 werden gesperrt) wie diese auch soziologisch höchst interessante Geschichte.

Bringt Ihr etwas über die von der CDU angedrohte Kündigung des NDR-Vertrages? Das (die Kündigung) wäre bitter, die Zerschlagung des NDR. Aber ich verstehe die Wut: Merseburger gehört zu den unglücklichen Leuten, die Aufruhr erregen, wenn sie das Vaterunser sagen. Ich weiß, der arme Kerl ist unglücklich. Wirken aber tut er arrogant.

Würden Sie riskieren, das anl. Bild von Prinzessin Anne in der ZEIT zu bringen? Ich kann mich nicht sattsehen. Da paßt das Wort: Lebenshilfe.

Ich freue mich schon auf nächsten Freitag!

Immer

Ihr Buc.

Der Verleger versteht nicht, warum seine Chefredakteurin das Foto der englischen Prinzessin Anne, aufgenommen von Lord Snowdon, den Lesern der ZEIT vorenthalten will (1969).

Streit UdSSR/China
An der sowjetisch-chinesischen Grenze kam es seit März 1969 immer wieder zu bewaffneten Kampfhandlungen. Bei dem Zwischenfall Mitte August stießen sowjetische Soldaten mit Panzern und Hubschraubern auf das Gebiet der chinesischen Provinz Sinkiang vor.

Kinder-Reisen
Der SPD-nahe Jugendverband »Falken« war ins Visier vor allem der Springer-Blätter geraten, weil auf einer Reise nach Schweden Jungen und Mädchen in gemeinsamen Zelten übernachtet, Alkohol getrunken und Haschisch geraucht hatten.

Merseburger
Weil das Fernsehmagazin »Panorama« immer wieder kritische Berichte über das konservative Lager gebracht hatte, geriet der Moderator der Sendung, Peter Merseburger, im Sommer 1969 – wenige Wochen vor den Bundestagswahlen – ins Visier der Union, die seine Abberufung von der Leitung des politischen Magazins forderte.

20. August 1969
(An Gerd Bucerius in Brione)

Lieber Buc,

ich habe ein ganz schlechtes Gewissen, daß ich Ihnen noch immer nicht geantwortet und für so manche Anregung gedankt habe, aber ich hatte eigentlich einen langen Brief schreiben wollen, und das sind ja bekanntlich die Briefe, die nie zustande kommen. Erlauben Sie mir darum nur kurz einige Bemerkungen: Auch ich habe mich sehr geärgert darüber, daß wir die Speer-Serie nicht haben werden; besonders darum, weil ich seinerzeit, als er aus dem Gefängnis entlassen wurde, mir fest vorgenommen hatte, zu ihm zu fahren. Ich fand so erstaunlich einen Mann, der in fast 20 Jahren nahezu über 2000 Bücher gelesen hatte, wie er sagte, und zwar unter ganz bestimmten, höchst einleuchtenden Gesichtspunkten. Leider habe ich es dann unterlassen. Sicherlich wären wir uns damals einig geworden.

Kusnezow: Hätte er seine Betrachtungen im *Observer* und nicht im *Daily Telegraph* veröffentlicht, hätten wir sie bekommen und nicht die *Welt* – aber die haben nun einmal einen festen Vertrag mit denen. Ich bin, on second thought, auch nicht so unglücklich darüber, weil ich weiß, daß man in Moskau vielleicht Jahre gebraucht hätte, um uns dieses Sakrileg (hätten wir es begangen) zu verzeihen. Ich glaube aber, daß jetzt eine Phase beginnt, in der vielleicht gerade die ZEIT einiges hinsichtlich Sowjetunion tun könnte.

Weil ich das Gefühl habe, daß sich da auf dem Gebiet etwas tut, habe ich gestern bei Zarapkin anfragen lassen, ob ich ihn gelegentlich einmal sehen könne. Er hat bisher immer alle Journalisten abgewimmelt. In diesem Fall bekam ich bereits am Nachmittag einen Termin für übermorgen. Natürlich kommt aus einer einmaligen Unterhaltung nicht viel heraus, aber vielleicht kann man diese Beziehung dann ein wenig pflegen.

Die nackte Christine Keeler auf einem Arne-Jacobsen-Stuhl, abgebildet auf Seite 3 der ZEIT, erregte Verleger und Leser gleichermaßen. Jahre später will Gerd Bucerius dies nicht mehr wahrhaben (1963).

Den Beverly-Hills-Artikel hatte ich Karasek gebeten zu schreiben, weil ich meinte, er würde dies wohl am besten können, und mir scheint, er hat es auch recht gut gemacht.

Das Bild von Princess Anne fand ich auch sehr zu Herzen gehend, aber das konnten wir nun wirklich nicht bringen, ohne allergrößtes Erstaunen zu erregen und manche Rüge einzustecken.

Ich bin froh, daß Sie in der Sonne, am Swimming-Pool sitzend, die ZEIT mit Vergnügen lesen, und hoffe, daß sich das nicht ändern wird, bis Sie zurück sind.

   Herzlich grüßend
   Ihre [Marion Dönhoff]

Speer-Serie
»Als einzige deutsche Zeitung«, wie es in einer Werbeanzeige hieß, ver-
öffentlichte die *Welt* von Ende August an im Vorabdruck Auszüge aus
Albert Speers »Erinnerungen«.

Kusnezow
Der russische Schriftsteller Anatolij Kusnezow hatte Anfang August einen
London-Aufenthalt genutzt, um sich in den Westen abzusetzen.

Beverly-Hills-Artikel
Hellmuth Karasek schrieb über »Die Toten von Hollywood« (Nr. 33
vom 15. August 1969, S. 2), die Mordserie in Beverly Hills, der Sharon
Tate, Frau des Filmregisseurs Roman Polanski, zum Opfer fiel.

*Im Juni 1963 – Marion Dönhoff war verreist – veröffentlichte Theo
Sommer auf Seite 3 ein Foto der 21-jährigen Christine Keeler, die nackt
auf einem Designer-Stuhl posiert. Keeler, ein Fotomodell, unterhielt
gleichzeitig Beziehungen zum britischen Kriegsminister Profumo und
zum Militärattaché der sowjetischen Botschaft in London Iwanow. Die
so genannte Profumo-Affäre stürzte die Regierung Macmillan in eine
tiefe Krise. Gerd Bucerius war über die Veröffentlichung des Bildes in der
ZEIT empört, ebenso wie viele Leser. »Ist denn alles Geschäft?«, fragte
ein Leser. Ein anderer schrieb: »Wenn Sie mich schon fragen, was ich von
dem Keeler-Photo auf Seite 3 halte: Ich hab' was gegen den Stuhl.«
Jetzt, sechs Jahre später, wendet Bucerius die kühne Entscheidung von
damals gegen die gegenwärtig angeblich zu spröde Linie der ZEIT.*

22. August [1969]
(handschriftlich)

Liebe Marion,
nie wieder schreibe ich Ihnen, wenn Sie dann ein schlechtes Gewissen haben!
Speer: schade, kommt vor.
Kusnezow: daß die ZEIT etwas für die Sowjet-Union tun kann?
Na, meinen Sie? Allerdings: Zarapkin hätte Sie sicher nicht
empfangen dürfen.

Karaseks Polanski-Artikel war exzellent – wie fast alles, was er schreibt.

Aber, aber, aber … Nun hat auch die FAZ das Bild von Princess Anne gebracht. Und sie fanden es »zu Herzen gehend«! Ich glaube: da steckt es. Wenn die ZEIT etwas nicht mehr bringt, obwohl es zu Herzen geht, dann steht's schlecht um uns. Den Verstand der Leser erreichen Sie – meistens, oft wird er's nicht verstehen, was die kluge Redaktion schreibt. Das systematische Vorhaben, das Herz aus dem Spiel (sprich: aus dem Blatt) zu lassen, das merkt der Leser. Und die *Welt* allemal, aber sogar die FAZ weiß schon, was Journalismus bedeutet: nämlich *auch*, dem Leser das Blatt leicht zu machen. Bitte herzlich: Sie müssen sich einen Stoß geben und immer an den ganzen Leser denken, nicht nur an den homo politicus – den gibt's nämlich gar nicht. Da hilft auch ein Magazin nicht, obwohl es manches von diesem Stoff absorbieren (und dem Leser und der Leserin helfen) kann. Die Politik muß mehr auf die Einfalt der Menschen zugeschnitten sein.

Bitte sehen Sie an, mit was für einem Mädchen eines der erfahrensten Unternehmen (Bertelsmann) wo wirbt: in der ZEIT (Anlage 1). Bertelsmann weiß, wie er an den ZEIT-Leser herankommt. Und Ihre Leser haben mal mit viel Vergnügen die total nackte Christine Keeler im Blatt gesehen. *Das* waren noch Zeiten!

Übrigens Polanski: mein Informationsbedürfnis ist noch nicht gestillt. Was steckt nicht in der Sache drin: Sex, Liebe, Rauschgift, Hollywood, schöne Frauen, glanzvolle Männer, Geld. Da will ich viel wissen. Alle Welt spricht immer wieder darüber.

Gut geschrieben, aber sachlich ganz unzureichend ist Gresmanns »Fernseh-Gericht«. Ein für die ZEIT typischer Fall. Kein Mensch weiß doch genau den Sachverhalt. Jeder will wissen, ob Merseburger wirklich immer fälscht und ob er dieses Mal gefälscht hat. Jeder pol. Journalist muß das Problem Merseburger kennen; er eckt ja nicht zum ersten Mal an. Jetzt will der ZEIT-Leser von seiner Zeitung Tatbestand und Analyse. Statt dessen bekommt er Ermahnungen und Fernsehen und Parteien-Gemeinplätze mit (ZEIT-typisch) erhobenem Zeigefinger. Das ist eine zweite Meinungsverschiedenheit über das, was in der ZEIT stehen sollte – Nachrichten werden gebraucht. Auch die ZEIT will ein *newspaper* sein.

Allerdings hat Gresmann wohl nicht recht Zeit für die ZEIT. Artikel mit Recherchen schreibt er in der *Münchner Abendzeitung*. Um Gottes willen, warum? Reicht sein Gehalt nicht? Aber es geht ja wohl nicht, daß Ihre Redakteure die ZEIT darben lassen und andere Zeitungen ernähren. Reicht sein Gehalt nicht? Dann bessern Sie es in Gottes Namen auf, aber er soll seine Kraft auf das Blatt konzentrieren (Anlage 2). Stolze ist eine bedauerliche, von Anfang an besprochene Ausnahme. Auch *die* müssen wir abbauen, auf die Dauer.

Der Streit UdSSR/China ist ja gut behandelt worden. Nachrichten (wie bei Salisbury) können wir ja leider nicht produzieren. Schön wär's. Aber eine Karte hätte gut ausgesehen. Die *New York Times* bringt sie immer wieder, letztes Mal noch im Sonntagsmagazin (Anlage 3). Ich brauche die Karte auch immer neu. Der Zorza ist ja nicht so ganz klar. Was heißt, daß der Kreml »den chines. Gebietsanspruch in Sinkiang nicht tolerieren würde«. Wenn die *Int[ernational] Her[ald] Tribune* recht hat, gehört Sinkiang schon China (Anl. 3).

Noch zu Merseburger: der *Welt* war die Sache so wichtig, daß sich der Chefredakteur bemühte (Anl. 4). Da bekomme ich doch wenigstens allerlei Informationen, aus denen dann Schlüsse (vielleicht falsche, aber woher soll ich's wissen?) gezogen werden. Das war's für heute. Zu viel. Damit Sie die Kugelschreiberei nicht selbst zu lesen brauchen (mir ging der 100ste Füller verloren), schicke ich's der Metzsch, die schickt's Ihnen in Schreibmaschinenklarschrift.

Ich fand den neuen Grass [»Örtlich betäubt«] gut, las das Buch mit Vergnügen.

Herzlichst immer

Ihr Buc.

Ein schönes (großes) Thema für ein Magazin in diesen Wochen: Architektur nach Mies und Gropius. Mein Gott, da kann man lauter Sachen machen, die uns heute verschlossen sind.

Gresmanns »Fernseh-Gericht«
Nr. 34 vom 22. August 1969, S. 1
Salisbury
Bucerius bezieht sich auf den amerikanischen Journalisten und Pulitzer-Preisträger Harrison E. Salisbury, der seine Zeitung, die *New York Times*, aus der Sowjetunion und aus Fernost mit Reportagen aus erster Hand belieferte und 1969 ein Buch mit dem Titel »War between Russia and China« veröffentlichte.
Zorza
Victor Zorza: »Schüsse in Sinkiang« (Nr. 34 vom 22. August 1969, S. 5)
Architektur nach Mies
Ludwig Mies van der Rohe war wenige Tage zuvor, am 17. August, gestorben.

23. August 1969
(An Gerd Bucerius in Brione)

Lieber Buc,

heute ist Sonnabend, und es ist ein bißchen ruhiger in der Redaktion, und da würde ich doch gern noch einmal zu dem Magazin etwas sagen.

Nicht, weil ich argumentieren will, sondern nur, um Ihnen meine Einstellung verständlich zu machen: Ich bin überhaupt nicht grundsätzlich gegen eine Magazin-Beilage, schon darum nicht, weil ich eigentlich immer neue Ideen spannend finde. Nur finde ich, sie müssen wirklich systematisch und mit den richtigen Leuten durchdiskutiert werden: und da hatte es in der Tat nicht nur mich, sondern auch die Redaktion ein wenig ge-

Eine Anzeige des C. Bertelsmann Verlags empört Marion Dönhoff. Nackte Mädchen gehören nicht in ihre Zeitung.

ärgert, daß wir hörten, Sie hätten erst [dem Bild-Chef des *Stern*] Gillhausen den Auftrag gegeben, Entwürfe und Berechnungen anzustellen, und dann mit Nannen gesprochen, er solle für die Weihnachtsausgabe ein Magazin machen. Sie haben mir gesagt, daß beides nicht zutrifft, und darum will ich darauf nun nicht mehr zurückkommen. Also zur Sache:

Ich wäre sehr dankbar, wenn Sie vielleicht in der Ruhe von Brione einmal zu Papier brächten, was Sie sich von einem solchen Magazin versprechen. Ich glaube, es ist sehr wichtig, sich über die Motive klar zu sein, weil man nur dann sich Vorstellungen über die Beschaffenheit des Magazins machen kann. Also, was ist das wesentliche Motiv:

Anzeigen,

Handlichkeit,

neue journalistische Möglichkeiten,

Einbruch in neue Leserschichten durch stärkere Unterhaltung und Reizelemente?

Das Motiv richtig zu bestimmen, ist aus zwei Gründen wichtig: Einmal, um den entsprechenden Erfolg sicherstellen zu können, zum anderen, weil einem solchen Magazin natürlich eine gewisse Eigengesetzlichkeit innewohnt, die sich schon allein aus dem Zwang zum Erfolg herleitet, und es darum unerläßlich ist, die Fehlerquellen möglichst von vornherein zu beschneiden.

Das Gesetz, nach dem die ZEIT angetreten ist und was Sie in all den Jahren durchgehalten haben, ist doch, daß wir frei von kommerziellen Erwartungen und Erwägungen arbeiten konnten und es wirklich nur auf Qualität, Information, Objektivität ... ankam. Mit dem Magazin ist zwangsläufig kommerzielles Denken verbunden. Das ergibt sich schon daraus, daß die Redaktion, die dieses Magazin machen soll, dem Haus wird beweisen wollen, daß sie »es schaffen« kann, woraus sich leicht eine Tendenz zur Neben- oder Gegenexistenz zum Hauptblatt ergeben wird. Dies umso mehr, wenn ich mir vorstelle, daß eine solche Redaktion mit Layoutern, wahrscheinlich Photographen und Redakteuren sicherlich 12 bis 15 Leute umfaßt, die dann vermutlich, entsprechend der Branche, aus der sie kommen (Illustrierte oder *Spiegel*), andere Gehaltsvorstellungen haben als unsere Redakteure, woraus sich dann nie endende Unzufriedenheit ergeben wird.

Aus all diesen Gründen scheinen mir zwei Dinge von überragender Wichtigkeit:

1. das Motiv für das Magazin genau zu präzisieren,

2. sich die Personalfrage ganz genau zu überlegen.

Meines Erachtens geht es nur, wenn das Magazin personell, und das heißt dann wirklich geistig oder – weniger überheblich gesagt – weltanschaulich, in die ZEIT integriert ist. Und dies wiederum ist nur möglich, wenn einer der alten Garde [es macht], der die Gesetze, nach denen wir bei uns angetreten sind und arbeiten, genau kennt und in der Lage ist, sie für das Magazin zu transformieren. Bei jeder anderen Konstruktion würden wir auf Kollisionskurs steuern. Aus der redaktionellen Konkurrenz würde sehr bald tiefe Feindschaft werden.

Sie müssen bedenken, Buc, daß dies der erste wirklich tiefe Einschnitt in die Geschichte der ZEIT ist, und den kann man einfach nicht mit der linken Hand betreiben oder ausschließlich mit fremden Beratern. Es steht zuviel auf dem Spiel. Denn wenn die ZEIT bisher vielleicht mehr Erfolg hatte als andere Zeitungen, so wirklich nicht deshalb, weil unsere Redaktion soviel intelligenter wäre als andere, sondern wirklich deshalb, weil alle soviel Spaß an der Sache haben.

Ich wäre dankbar, wenn Sie mir einmal Ihre Gedanken dazu schreiben würden. Hier sind wir beide immer so in Hetze, daß eigentlich Brione der sehr viel geeignetere Platz für solche Überlegungen sein sollte.

Ihnen und Ebelin von Herzen alles Gute

stets Ihre [Marion Dönhoff]

Hamburg, 26. August 1969
(An Gerd Bucerius in Brione)

Lieber Buc,

ganz rasch ein paar Bemerkungen zu Ihrem Brief [vom 22. August], der heute hier einging.

Das Bild von Princess Anne: Ich glaube, unsere Leser hätten sich ganz schön gewundert, wenn wir am Donnerstag das Bild von diesem Mädchen gebracht hätten, das am Freitag der vorangegangenen Woche in allen englischen Zeitungen war. Ich frage mich, ob Sie manchmal vergessen, daß wir eine Wochenzeitung sind, und sich darum wundern, wenn das, was Sie am Donnerstag in Brione lesen, in der ZEIT, die Sie am Freitag bekommen, nicht enthalten ist.

Wir ließen systematisch das Herz aus dem Spiel? Ich frage mich, warum ich dann regelmäßig jede Woche Briefe von Gefängnis-Insassen und Verrückten bekomme, die überzeugt sind, ich könnte all ihre Sorgen wegblasen. Auch verstehe ich nicht recht, was der Satz bedeutet, »die Politik muß mehr auf die Einfalt der Menschen zugeschneidert sein«. Ich dachte, wir lebten im Zeitalter, da es um Ratio, Aufklärung und Bewußtmachung geht, und machten eine Zeitung, deren Leser gerade dies von uns erwarten.

Wenn es wirklich soweit gekommen ist, daß wir uns an Bertelsmann ein Beispiel nehmen sollen, dann, glaube ich, vergeht jedem einzelnen in dieser Redaktion die Lust am Arbeiten, und das ist gerade das, was wir bisher vor anderen voraus hatten.

Sie sagen mit Recht, daß man möglichst viel news bringen müßte; aber das ist nun einmal in einer Wochenzeitung, die sechs Tage in der Woche unaktuell sein muß und es nur mit einem 16-Stunden-Tag schafft, am 7. aktuell zu sein, äußerst schwierig. Wir müßten dann an den wesentlichsten Punkten im Ausland eigene Korrespondenten haben und nicht in Untermiete beim Funk sein, und wir müßten einen ganzen Stab von Rechercheuren in der Zentrale haben. Kurzum, die Redaktion würde mindestens das Doppelte von dem kosten, was sie heute kostet.

A propos Polanski: Auch mein Informationsbedürfnis ist keineswegs mit dem, was Karasek schrieb, gestillt; aber so geht es auch dem Untersuchungsrichter in Hollywood und sämtlichen US-Zeitungen. Was also sollen wir da tun?

Und Gresmanns »Fernseh-Gericht«. Sie sagen: »Jeder möchte wissen, ob Merseburger wirklich immer fälscht und ob er diesmal gefälscht hat.« Ja, wer will das entscheiden? Da müßte man sich drei Tage lang hinsetzen und alle Panorama-Sendungen noch einmal ablaufen lassen und dann jene Aussagen mit dem vergleichen, was sich inzwischen an Fakten ergeben hat. Und selbst dann wären sicherlich beide Aussagen gleichermaßen diffizil – sowohl die Feststellung, »er hat gefälscht«, wie die, »er hat nicht gefälscht«.

Und schließlich Zorza. Alle sind sich einig, daß der Zorza-Artikel das Fundierteste war, was zu dem chinesisch-russischen Konflikt überhaupt in den letzten drei Wochen geschrieben worden ist. Übrigens auch das Informativste – oder hatten Sie die Zahl 500 Tote schon irgendwo gelesen?

Ich finde es ein bißchen traurig, daß der Verleger, der 20 Jahre lang Geld in die ZEIT gesteckt hat, ohne je zu fragen, ob man sie billiger machen könnte, ohne je auf Anzeigenkunden Rücksicht zu nehmen oder den Lesern nach dem Munde reden zu wollen, jetzt, wo die Zeitung endlich balanciert oder sogar etwas abwirft, nach dem Publikum zu schielen beginnt. Jetzt soll die ZEIT plötzlich mehr auf die Einfalt der Menschen zugeschnitten sein, das heißt doch wohl, ihr Niveau senken, sich an Herrn Bertelsmann ein Beispiel nehmen, nackte Mädchen bringen, kurzum: Mit allen Mitteln die Auflage steigern; also genau das tun, was der Verleger bisher an seinen Kollegen so verabscheute.

Wenn die Zeitung schlecht gemacht würde oder langweiliger wäre als früher, dann müßte man von morgens bis abends überlegen, was man ändern könnte, aber das ist ja, wie auch Sie meinen, nicht der Fall. Sie stagniert, weil die Leute aus irgendeinem Grunde zur Zeit nicht so gern lesen – darum mühen wir uns ja auch, immer wieder besondere Dinge zu bringen: so den Husák in der Politik, Peter Handke im Feuilleton, Salins brillante Betrachtung zwei Tage nach der Franc-Abwertung. Wir tun also auf ZEIT-adäquate Weise, was irgend möglich ist.

Ich glaube wirklich nicht, Buc, daß Sie oder wir nervös werden

sollten – damit verderben wir nur alles, was bisher geschaffen
wurde. Ich garantiere Ihnen, daß die Sache bis zum April wieder
läuft.

Ein wenig betrübt
Ihre Marion

Husák
> Gustáv Husák, Nachfolger des gescheiterten tschechoslowakischen
> Reformkommunisten Alexander Dubček, hatte bis 1960 fast zehn Jahre als
> Verräter am Sozialismus im Gefängnis gesessen. Die ZEIT veröffentlichte
> am 15. August 1969 eine bewegende Petition, in der der überzeugte Kom-
> munist nach seiner Haftentlassung um Rehabilitierung gebeten hatte.

Peter Handke
> »Ah, Gibraltar! – Die 19. Internationalen Filmfestspiele Berlin 1969«
> (Nr. 28 vom 11. Juli 1969, S. 13)

Salins brillante Betrachtung
> Edgar Salin: »Rüsten für die nächste Krise« (Nr. 33 vom 15. August 1969,
> S. 28)

27. August [1969]
(handschriftlich)

Liebe Marion,

wie sich die Gerüchte escalieren: groteske Idee, daß Nannen bereit sein könnte, ein Magazin für die von ihm so geliebte ZEIT
(für Weihnachten) zu machen. Weil Ihr eine Nummer zu Weihnachten ausfallen lassen wollt, habe ich *Bezold*, und niemanden
sonst, gebeten zu prüfen, ob sich schon zu Weihn., gewissermaßen als Probe, ein Magazin als Weihnachtsgeschenk für die Leser
machen ließe. Und *der* ist doch wohl zuständig? Mit Euch zu
verhandeln nämlich, denn allein kann er es nicht machen.
Zur Zeit passiert eines, und nur das: Bezold und Uecker prüfen:
was kostet die Herstellung eines Magazins, wieviel Anzeigen
sind zu erwarten, wieviel Geld bleibt dann für die Redaktion, so
daß wir (auf die Dauer) dabei nichts verlieren.
12–15 neue (zusätzliche) Redakteure werden nie »drin« sein.

Aber die braucht Fleckhaus (freilich der größte deutsche Gebrauchsgrafiker, er macht alle Umschläge für Suhrkamp) gerade, um eine der kompliziertesten deutschen *Monats*zeitschriften zu machen (*twen*).

Warum überhaupt ein Magazin?

1. In wenigen Jahren werden alle Zeitungen farbig sein. Sie waren schon einmal ganz nervös, als es hieß, die *Wams* [Welt am Sonntag] wolle ein farbiges Magazin machen.

2. Das Magazin hat *Sunday Times* und *Observer* zu starken Auflagesprüngen verholfen. Ich weiß: ohne daß es dort einen *Stern* gibt (die anderen deutschen Illustrierten zählen nicht). Aber der *Stern* kann bei weitem nicht alles bringen, was das ZEIT-Magazin bringen könnte.

3. Ein Magazin macht einen Teil der ZEIT handlicher. Ich fürchte, die meisten Leser legen die »Bücher« doch nicht so auseinander, wie wir das gern möchten. Das Magazin wird sicher »extra« gelesen.

4. Das optische Denken nimmt immer mehr zu. Dem kann sich eine moderne Zeitung nicht entziehen – warum sollte sie es auch. Nun gibt es für unsere Leser kein Blatt, mit dem sie zufrieden sein können: den *Stern* ein wenig, *Epoca* (langweilig) ein wenig, *Capital* mäßig, Burdas neues *M* – wohl kaum. Eines Tages wird diese Lücke gefüllt werden. Wenn wir es nicht tun, hat die ZEIT das Nachsehen.

5. Stoffe gibt es mehr als genug. Bildmaterial ist überwältigend. Architektur, bildende Kunst, Länderreportagen, Raumfahrt, Technik überhaupt. Alle Fotografen Deutschlands werden sich um uns reißen.

6. Natürlich ist damit kein Geld zu verdienen. Schon, weil wir jahrelang jeden Pfennig immer wieder ins Blatt einpflügen werden. Aber ich glaube: es wird die ZEIT zu einer wirklich einzigartigen Zeitung machen.

7. Man braucht (wahrscheinlich, so sagen mir jedenfalls einige

befragte Agenturen) nicht wöchentlich zu beginnen; monatlich am Anfang, zu Anzeigenschwerpunkten (also Ostern bis Pfingsten, Sept.–Oktober).

8. Anzeigenchancen: nach Auskunft der (nicht viel) befragten Agenturen sehr gut. *M* hat – zu niedrigem Tarif – für Monate im voraus Anzeigen. Es fehlt ein überregionaler farbiger »Werbeträger« zu vernünftigem Preis. Die ganze Seite farbig in ZEIT und *Welt* ist zu teuer.

9. Was ärgert Sie am *Stern?* Daß er zu den guten Sachen (für Sie:) vielen Ballast bringt. Daher lesen Sie ihn gar nicht; und viele andere auch nicht. Stellen Sie sich ein Blatt ohne diesen Ballast vor.

10. Wer macht's? Rost möchte offensichtlich gern; gefragt habe ich ihn freilich nie, aber ungefragt sagt er ähnliches. Er ist ein großer Redakteur geworden, vielleicht gerade weil er das Differenzierte, Sophistische ablehnt, das ein ZEIT-Magazin auszeichnen müsste.

Ach, da ließen sich noch 1000 Dinge sagen. Stünde ich nicht unter dem Eindruck eines unwiderstehlichen Zwanges, etwas für die Weiterentwicklung des Blattes zu tun, würde ich mir diese Last nicht aufladen. Bei Springer sitzt eine Gruppe (unter Kremp), die »*Die Welt* von 1972« komponiert. Kremp ist schon einiges zuzutrauen. Farbe wird sicher eine wichtige Rolle spielen. Man kann in der Tat nicht am Zukunftsmarkt vorbeiproduzieren – und das Farbfernsehen wird die Gewohnheiten noch mehr prägen.

Am Anfang aber steht die Kalkulation. Ich hoffe, daß Bezold ein Stück weiter ist, wenn ich nächste Woche zurück bin.

Für den geplanten classified Stellenmarkt habe ich jetzt endlich jemanden gefunden, der die Firmen (mindestens 100) besuchen kann, die ersten 20 mit mir und der Ebelin. [...]

Viele Grüße
Immer Ihr Buc

»Bücher«
die einzeln herausnehmbaren Teile einer Zeitung, meist gegliedert nach
Ressorts

Brione, 29. August 1969

Liebe Marion,

Ihr Brief vom 26.8.69 ist so bitter, dass ich schon zögerte, ihn zu beantworten. Aber wir müssen uns doch unsere Sorgen vom Herzen reden können, ohne dabei Schelte zu bekommen. Und gescholten haben Sie mich nun wirklich.

Bild von Prinzessin Anne: Weil mir Abdruck oder Nichtabdruck eines solchen (nicht gerade dieses) Bildes für die redaktionelle Auffassung der ZEIT wichtig schien, fragte ich also, ob die ZEIT ein solches Bild wohl bringen würde. Den genauen Wortlaut meiner Frage weiß ich nicht mehr (der Brief war handgeschrieben).

Ihre Antwort:

Das Bild von Prinzessin Anne fand ich auch sehr zu Herzen gehend, aber das konnten wir nun wirklich nicht bringen, ohne allergrößtes Staunen zu erregen und manche Rüge einzustecken.

Das bezog sich doch gewiss nicht nur auf den Veröffentlichungstermin. Der Abdruck in englischen Zeitungen ist gleichgültig, nur ein v. H. Ihrer Leser sehen die überhaupt. Außerdem übernehmen Sie regelmäßig Artikel aus dem Sonntags-*Observer*. Und verdienen *Welt* und einige Tage später, glaube ich, FAZ Erstaunen und Rüge nicht?

Es war also doch wohl keine Schuld von mir, wenn ich »zu Herzen gehend« und »manche Rüge einstecken müssen« in einen Zusammenhang brachte.

Mir scheint die ZEIT wirklich ein wenig zu herbe. Das ist nun gewiss nicht böse gemeint. Man *kann* eine Zeitung so machen,

Theo Sommer mit Marion Dönhoff. Er ist ihr engster Vertrauter und wichtigster Mitstreiter (1970).

aber ich glaube, man *muss* sie nicht so machen und gewinnt vor allem unter den Frauen und der überwältigenden Zahl der nun einmal etwas einfältigeren Leser, um die man sich auch kümmern muss. Und ich glaube, dass Sie das Denkvermögen Ihrer Leser bei weitem überschätzen.
Natürlich soll sich die ZEIT nicht an *Bertelsmann* ein Beispiel nehmen. Freilich wird es schwer sein, Bertelsmann etwas wirklich Schlechtes nachzuweisen, dagegen kommt auch manches Gutes aus dem Hause. Was ich hatte sagen wollen: wenn Bertelsmann in der ZEIT mit hübschen Mädchen wirbt, dann tun sie es, weil sie Wünsche und Vorstellungen der ZEIT-Leser genau kennen. Ein Bild von Prinzessin Anne also ...
News: In der Tat müssen wir wohl unseren Stab um zwei gute

Reporter vermehren. Die schicken uns dann News aus Deutschland und von den Nachbarn. Einen Reporter hatten wir ja schon beinahe.

Fernsehgericht: Kremp hat in der *Welt* (ich schickte Ihnen den Auszug) damals und heute (Samstag) das versucht, was ich meine. Er hat wiedergegeben, was Strauß gesagt hat, er hat wiedergegeben, wie Merseburger das Zitat gekürzt und (wie Kremp meint) dadurch verfälscht hat. Heute beschreibt er genau einen weiteren Beschwerdepunkt: eine unzulässige Aneinanderreihung von Bildern, die einzeln nichts beweisen, zusammen aber dem (nun nicht einmal geschulten) Beschauer ein Bild suggerieren von etwas, was in Wirklichkeit nicht existiert. Daran schließen sich dann Kommentare, die mich nicht interessieren, weil sie in der *Welt* und nicht in der ZEIT stehen. Aber ich finde auch: Kommentare ohne Sachverhalt frustrieren.

Muss man sich wirklich drei Tage hinsetzen und alle Panoramasendungen ansehen und alle Panoramasendungen ablaufen lassen? Jeder politische Redakteur hat zahlreiche dieser wichtigen und viel gesehenen Merseburger-Sendungen gesehen, er weiß also Bescheid. Außerdem: bevor ich die Chefredaktion des *Monats* ordnete, habe ich mir in der Tat 5 Stunden lang je vier Sendungen von Harpprecht und von Gaus im Studio Wandsbek vorspielen lassen. Das hat das ZDF in wenigen Tagen für mich arrangiert.

Zorza: Ich fand die Chinaseite ja gut und habe das (meine ich) auch gesagt. Mir fehlte nur die Karte, die ich und – der Schluss ist gewiss erlaubt – daher viele andere Leser auch brauchen. Noch immer aber ist mir der Satz, die Sowjets ließen sich »die chinesischen Ansprüche in Sinkiang nicht gefallen« (nach dem Gedächtnis zitiert), nicht klar. Übersetzungsfehler?

Also: Die ZEIT soll weder ihr Niveau senken noch sich an Herrn Bertelsmann ein Beispiel nehmen (es gibt übrigens keinen, der Alleininhaber heißt: Mohn), noch ohne Anlass nackte Mädchen bringen (als die Keeler Anlass gab, tatet Ihr es, ohne »allergrößtes Staunen zu erregen und manche Rüge einzustecken«).

Ich möchte auch nicht »mit allen Mitteln die Auflage steigern«. Ich sehe nur die Stagnation und höre immer wieder (bitte glauben Sie mir, Marion, immer wieder), die ZEIT sei eine außergewöhnliche gute Zeitung, die letzten Nummern habe man aber leider nicht gelesen. Das passierte eben vor einem Jahr nicht. Und ich suche mit Ihnen nach den Ursachen.

Mitten in diesen Brief hinein kommt die neue Nummer der ZEIT (also schon Freitagmorgen mit Streifband hier auf meinen Berg): ganz ausgezeichnet. Imponieren weil informieren tun besonders zwei Beiträge, nämlich: Höfer/Heinemann und das ZEIT-Interview mit Helmut Schmidt. Bei letzterem hätte ich den oder die Interviewer genannt und möglichst mit abgebildet; der Leser möchte zu gern wissen, mit wem er sich unterhält. Bei Teds Leitartikel vermisste ich den Text des Prager Sondergesetzes, den er lang kommentiert – und fand ihn dann auf Seite 8. Da wäre ein Hinweis mitten im oder am Ende des Leitartikels richtig gewesen: nicht jeder, der den Leitartikel liest, liest auch die Seite 8. Aber das sind ja nur technica.

Anfang nächster Woche bin ich zurück, und hoffentlich finde ich Sie dann zartfühlend mit

immer Ihrem Buc.

Höfer/Heinemann
Werner Höfer: »Der Eid und andere Probleme. Gustav Heinemann über seine Erfahrungen und Erwartungen« (Nr. 35 vom 29. August 1969, S. 2)
ZEIT-Interview
»Protokoll einer Kreml-Reise. Ein ZEIT-Interview mit Helmut Schmidt« (in derselben Nr., S. 3)
Teds Leitartikel
Theo Sommer: »Eine europäische Tragödie. Prag im Würgegriff der Sowjets« (in derselben Nr., S. 29)

1. September 1969

Lieber Buc,

heute fand ich Ihren Brief in der Redaktion vor. Nein, ich wollte Sie nicht »schelten«: ich schrieb nur, es sei mir unverständlich, warum Sie gerade jetzt usw. ... Ich war »betrübt« und ein bißchen »traurig« – so steht es im Brief –, aber nicht bitter.

Sie finden die ZEIT zu »herb« und sagen, man *kann* sie so machen, aber man *muss* sie so nicht machen. Das ist ganz wahr: *man* kann auch anders – nur ich kann es nicht und in ihrer Majorität die Redaktion auch nicht. Daß wir jene Bertelsmann-Annonce mit dem kleinen nackten Mädchen, die in allen Zeitungen erschienen ist – und die auch für sie alle und nicht speziell für die ZEIT konzipiert war –, als Beweis dafür ansehen sollen, daß wir die ZEIT verändern müssen, weil »sie (die Bertelsmann-Leute) Wünsche und Vorstellungen der ZEIT-Leser genau kennen«, legt im Verein mit dem vorangegangenen Satz den Gedanken nahe, daß wir schnulziger werden sollen.

Der vorangegangene Satz: »Ich glaube, daß Sie das Denkvermögen Ihrer Leser bei weitem überschätzen.« Wenn Sie recht hätten, dann verstehe ich wirklich nicht, warum wir annähernd eine Million Leser haben. Was machen die denn eigentlich mit der Zeitung?

Und noch eins: Was, glauben Sie wohl, Buc, würden die Jungen bei uns, was das Feuilleton sagen, wenn unter solchen Auspizien die ZEIT gemacht werden soll.

Noch trauriger, ratloser und allmählich auch ein bißchen ärgerlich,

Ihre [Marion Dönhoff]

Hamburg, 17. Dezember 1969

Liebe Marion,
ich krümme mich wirklich vor Schmerz, wenn ich in der »ach
so langweiligen« FAZ dauernd Berichte über die aufregen-
den Vorgänge an der FU Berlin lese und in der ZEIT nicht ein
Wort.
Ihr [Gerd Bucerius]

*Am 2. Oktober 1970 erscheint die erste Nummer des neuen ZEIT-Ma-
gazins. Es schlägt weder bei den Lesern noch bei den Inserenten ein.
Nach vier Wochen schon löst Bucerius den aus dem politischen Ressort
stammenden Magazinchef Hans Gresmann ab. Diese Entscheidung ruft
unter den Redakteuren große Unruhe hervor und auch Verärgerung, weil
sie nur durch eine Meldung des Brancheninformationsdienstes »facts« davon erfahren.*

Hamburg, 27. Oktober 1970

Lieber Buc,
seit am Montagvormittag – kurz nachdem Sie mein Zimmer
verlassen hatten – *facts* auf meinem und einigen anderen Schreib-
tischen landete, gibt es nur noch Debatten, Versammlungen,
Unruhe in den Redaktionen. Alle sind gleich mir wie vor den
Kopf geschlagen: Jene acht Zeilen, die Sie an *facts* gaben, haben
Vertrauen, Sicherheit, Zuversicht stark erschüttert.
Da hat also der große liberale Verleger der ZEIT, für den die Redaktion durchs Feuer ging, die Öffentlichkeit wissen lassen, daß
der Chefredakteur des Magazins, der zu jenem Zeitpunkt noch
keine Ahnung von seiner Entlassung hatte, durch den aus Paris
zurückgekehrten Müller-Marein, der sein Kommen lediglich für
drei bis vier Wochen zugesagt hatte, ersetzt wird. Also, der eine

weiß nicht, daß er abgesetzt, der andere nicht, daß er eingesetzt wird.

Ich kann den Menschen Bucerius nicht verstehen, der ein langjähriges Mitglied der Redaktion (14 Jahre) in so schnöder Weise abserviert.

Ich kann den Juristen Bucerius nicht verstehen, der seine Kompetenzen nicht von denen der Chefredaktion abzugrenzen weiß und der einem Mann gegenüber vertragsbrüchig wird, den er selber vier Wochen zuvor auf Seite 1 der ZEIT als Chefredakteur des Magazins angekündigt hat.

Ich kann den Verleger Bucerius nicht verstehen, der mit jenen acht Zeilen auch noch Zorn und Unfrieden unter die verbleibende Magazin-Redaktion streut, indem er die Grafik dilettantisch nennt und durch namentliche Hervorhebung von zwei Redakteuren alle anderen zu Trotteln stempelt.

Die Redaktion, die durch Ihre verschiedenen Bemerkungen: »Aus der Stiftung wird nichts«, »in zwei Jahren sind wir pleite«, »ich verkaufe die ZEIT« schon in Unruhe versetzt worden war, ist durch dieses letzte Ereignis in zornige Resignation und besorgten Defaitismus verfallen: Niemand hat mehr Lust, einige diskutieren die Notwendigkeit eines Statuts, das uns vor der Willkür des Verlegers schützt, andere, die seit Jahren hier sind und es bisher für unnötig hielten, sich vertraglich zu sichern, sind zu Bezold gegangen und haben die Ausstellung eines Vertrages beantragt. Was soll das werden?

Ich glaube, Sie müssen die Redaktion einmal ein paar Wochen ganz in Ruhe arbeiten lassen, sonst bricht einfach alles auseinander. Ohne Passion und Engagement kann man nun einmal keine Zeitung machen.

Was das Magazin anbetrifft, darf ich Ihnen nach Absprache mit allen Kollegen folgenden Vorschlag unterbreiten:

a) ein Gremium sollte sich am Freitag dieser Woche mit Müller-Marein zusammensetzen und – am besten bei Ihnen und mit

Titelblatt des ersten ZEIT-Magazins. Inhalt und Form führen zu heftigen Auseinandersetzungen zwischen Verleger und Redaktion (1970).

Ihnen – noch einmal durchdenken, wie man die Devise »Fortsetzung der ZEIT mit anderen Mitteln« in eine konkrete Konzeption umsetzen kann;
b) eine Gruppe aus Angehörigen der verschiedenen Abteilungen steht Müller-Marein allwöchentlich ein- bis zweimal zur Verfügung; nach Möglichkeit wird in jeder Magazin-Nummer der Beitrag eines Mitgliedes der Hauptredaktion erscheinen.
Voraussetzung für diesen vorbehaltlosen Einsatz der ohnehin überbeanspruchten Hauptredaktion ist:
1. Keine Entscheidung von grundsätzlicher Bedeutung kann ohne Zustimmung der Chefredaktion getroffen werden.

2. Die personalpolitische Zuständigkeit liegt selbstverständlich bei der Chefredaktion.

3. Es darf zwischen dem Hauptteil und dem Magazin keine Diskrepanz entstehen. Wir alle sollten die Möglichkeit haben, uns mit dem Magazin identifizieren zu können.

Dieses ist nicht die Machtergreifung der Chefredaktion, sondern der Versuch, in einer äußerst gefährlichen Krisensituation wieder festen Boden unter die Füße zu bekommen.

Ihre

Marion Dönhoff

28. Oktober 1970

Liebe Marion,

Ihren Brief haben Sie ja gewiss nicht geschrieben ohne Mitwirkung derer, die Sie »die Chefredaktion« nennen. Es gibt keine Chefredaktion: es gibt den Chefredakteur, der vom Verleger bestellt und ihm verantwortlich ist. Und Sie haben natürlich auch nicht geglaubt, dass ich einen solchen Brief hinnehmen würde.

Vorgeschichte: Sie wissen, dass mich seit etwa sechs Monaten die (nicht von der Redaktion verschuldete) Kostenentwicklung bestürzt; dass ich Zweifel habe, ob eine intelligente Zeitung mit notwendig kleiner Auflage im Massenzeitalter bestehen kann; dass ich – wie Sie genau wissen – unter letztem persönlichen Einsatz gearbeitet habe: am rubrizierten Stellenteil und am Magazin; von beiden erhoffte ich neue Einnahmen und vor allem neue Leser. Beim ersteren war ich auf Sie nicht angewiesen; der Stellenteil hat Erfolgschancen. Vom Magazin droht uns Gefahr. [...]

Warum war es so wichtig, dass jedermann, darunter die Anzeigenkunden, sah: wir selber wissen, dass *dies* Magazin mangelhaft ist? Auf die bloße Nachricht hin, dass wir ein Magazin machen, hat die Werbewirtschaft für 1970 noch 140 Seiten Anzeigen blind gebucht. Jetzt ist sie enttäuscht. Nur wenn sie sieht: Die ZEIT selbst erkennt die Mängel, kann ich vielleicht noch einmal meinen und der ZEIT Kredit in Anspruch nehmen und um Anzeigen für 1971 bitten – darüber wird in diesen Tagen bei den Agenturen entschieden. Ich schrecke allerdings nachts hoch bei dem Gedanken, vor den Graphikern, Layoutern und Textern der Agenturen das bisher Geleistete vertreten zu müssen. Ich habe immer gern unsere Kunden besucht; dieses Mal habe ich Angst.

Anmerkung: Sie und einige Kollegen neigen zur Unterschätzung der Anzeigenkunden. Aber von dem 20-Mio.-Umsatz 1969 brachten die Leser 8 Mio., die Anzeigen 12 Mio. Ich – nein: Sie für sich und Ihre Kollegen – mussten die Inserenten rechtzeitig wissen lassen, dass wir mit dem Produkt Gresmann unzufrieden waren und daher 1971 Besseres zu erwarten war. [...]

Ich habe nie gesagt: »aus der Stiftung wird nichts« – das Gegenteil konnten Sie am 30. 9. in fast allen deutschen Zeitungen lesen. [...] Ich wollte nämlich auf alle Fälle spätestens mit 70 Jahren von der Verantwortung für die ZEIT befreit werden. Hoffentlich haben die Redakteure an einem Stiftungskuratorium mehr Freude als an einem doch wohl leidenschaftlich bewegten Verleger.

Ich habe nie gesagt: in zwei Jahren sind wir pleite. Da aber niemand in der Redaktion bereit war, von der harten Wirklichkeit Kenntnis zu nehmen, habe ich mit steigendem Nachdruck (der meiner steigenden Sorge entspricht) wiederholt dargelegt: Die ZEIT setzte 1969 20 Mio. um. Die Kosten steigen jedes Jahr um 5 bis 8 v. H., also um 1 bis 1,6 Mio. DM. Woher nehmen, wenn die Auflage seit zwei Jahren stagniert? Vertriebs- und Anzeigenpreise erhöhen kann man ja wohl nicht immer. Mit dem Stellenteil und dem Magazin hoffte ich neue Leser zu gewinnen. Aus der Redaktion kam keine Hilfe, nur Herr Gresmann. [...]

Zu den »Voraussetzungen« – Seite 3 Ihres Briefes – erwarten Sie wohl keine Antwort. Ich habe freilich den Eindruck, dass Sie es sind, die Ihre Autorität gegenüber der Redaktion einsetzen muss. Sie werden diese Zeilen mit der Bitterkeit lesen, die mir Ihr Brief zufügte. Trotzdem bleibe ich

herzlichst

immer Ihr Buc

Haben Sie Kopien verteilt? Dann möchten Sie gewiss auch meine Antwort weitergeben. Dafür zwei Kopien anbei. – Ich gebe niemandem eine Kopie.

Hamburg, 30. Oktober 1970

Lieber Buc,

ich denke, Sie erlauben mir, Ihren Brief nicht zu beantworten – unsere Korrespondenz dient, so scheint mir, weder einer freundschaftlichen Zusammenarbeit (bald feiern wir silberne Hochzeit!) noch der ZEIT, und die ist im Moment nun einfach das wichtigste.

Sie sollten sich nicht soviel Sorgen machen, Buc. Früher, als Sie nichts hatten, waren Sie viel unbesorgter. Wie oft haben Sie uns angefeuert, auf Inserenten keine Rücksicht zu nehmen. Jetzt, wo Ihr Vermögen viele Nullen hat, werden sie mit einem Mal unsicher.

Neulich haben Sie mir gesagt, der September weise bei der ZEIT einen Fehlbetrag von 170 000 DM aus, und ergo müsse man mit einem Minus von 1,2 Millionen in diesem Jahr rechnen.

Gestern bekam ich den September-Abschluß: die ZEIT schließt mit plus minus null ab – die rote Zahl ist, wie Dr. Güssefeld nachweist, durch das Magazin und die classified ads entstanden, und das sind ja schließlich Investitionen, die sich hoffentlich eines Tages rentieren werden. Dagegen, daß sie der ZEIT angelastet werden, habe ich mich von vornherein gewehrt und darum verlangt, daß eine getrennte Buchführung erstellt wird. [...]

Mit herzlichen Grüßen

Ihre Marion

In der Redaktion liegen die Nerven blank. Das »Verleger-Wort« an die Leser der ZEIT vom 6. November 1970 hat die Unruhe der Redakteure eher noch verstärkt, denn Gerd Bucerius lässt darin keinen Zweifel, dass er auch in Zukunft Entscheidungen treffen werde, wenn die Redaktion sich dazu nicht in der Lage sehe. Ein handschriftlicher Brief von Gerd Bucerius an Nina Grunenberg, der in der Redaktion die Runde macht, sorgt für weitere Aufregung. Bucerius hält ihn für ironisch, die Redaktion nimmt ihn ernst. »Liebe Nina«, beginnt er, »da nun einmal Krach im Hause ist, will ich meinen Ärger auch gleich überall loswerden. Sie wissen – denn dumm sind Sie nicht –, dass mich Ihre Berichte über unsere Universitäten wirklich unglücklich machen. Besonders in Erinnerung an meine schönen, seelenvollen Jahre in Freiburg, Berlin und Hamburg, bei Professoren, die ich stets verehrt habe. Sie aber halten es mit den Studenten und vor allem Assistenten. Bitte überlegen Sie sich Ihre künftige Haltung genau.« Er fügt diesem Brief eine Heiratsannonce aus der ZEIT bei, in der ein Uni-Assistent eine »wohlbehübschte Individualistin« mit Geschmack und »Halblinksigkeit« sucht.

17. November 1970
Persönlich

Lieber Buc,

ich bin eigentlich recht ratlos: Ich hatte gehofft, das »Verleger-Wort«, von dem ich mit Recht befürchtet hatte, es werde Ihnen und uns viel Ärger bereiten, würde, wenn es dann doch gegen allen Rat und alle vorgebrachten Argumente veröffentlicht wird, einen Schlußstrich unter die ganze Angelegenheit ziehen. Aber nun ersehe ich aus dem Brief, den Sie an Nina geschrieben haben, daß Sie den – wie Sie sagen – »Krach« offenbar kultivieren wollen, und das macht mich sehr besorgt.

In der Redaktion ist während der letzten drei Wochen derart viel Unruhe entstanden, daß ich nicht weiß, wie auf die Dauer bei dieser allgemeinen Seelenverfassung eine gute Zeitung herauskommen soll. Es gab unter den Jungen eine ganze Reihe, die über das »Verleger-Wort« so empört waren, daß ich mehrere Stunden gebraucht habe, um alle wieder zu beruhigen. Und nun kommt dieser Brief, der die Berichterstattung der für die Hochschule zuständigen Journalistin offenbar aus politischen Gründen kritisiert und sozusagen auch noch eine Drohung enthält: »Bitte überlegen Sie sich Ihre künftige Haltung genau …« und mit der Maßgabe, Nina müsse ja wissen, was Sie von ihrer Berichterstattung halten: »Denn dumm sind Sie nicht …« Ich weiß nicht, ob Sie sich vorstellen können, wie ein solcher Brief in einer Redaktion einschlägt.

Was hätten Sie, was hätten wir alle wohl gesagt, wenn Springer eines Tages einen solchen Brief an Bernd Nellessen geschrieben hätte? Wir haben uns doch schon mit Recht ungeheuer aufgeregt darüber, daß der Chefredakteur einen Journalisten wegen einer Buchrezension aus politischen Gründen kritisierte. Aber der Verleger?

Bisher war bei uns alles so harmonisch wie wahrscheinlich in keiner anderen Zeitung, und wir waren so gewohnt, Sie als einen befreundeten Anreger und kritischen Beobachter zu sehen und nicht als verlegerischen Brotgeber, daß sich die Konturen zwischen den Kompetenzen oft verwischten. Manchmal haben Sie mich Entscheidungen treffen lassen, die anderwärts nur der Verleger trifft, und ich habe – ohne je das Gefühl gehabt zu haben, in meiner Kompetenz beeinträchtigt zu werden – oft zugesehen, wenn Sie Entscheidungen trafen, die eigentlich dem Chefredak-

In dem Leitartikel »Ein Kreuz auf Preußens Grab« schreibt Marion Dönhoff am 20. November 1970 über den schmerzhaften, wenngleich notwendigen Prozess, den endgültigen Verlust ihrer Heimat Ostpreußen zu akzeptieren. Ein Thema, über das sie mit dem Verleger nicht korrespondiert, aber oft gesprochen hat.

teur zustanden. Ich fand diesen Zustand in all den Jahren großartig und in jeder Beziehung fruchtbar; wenn aber jetzt die Hebel auf »Krach« geschaltet sind und bleiben sollen, dann müssen wir in Zukunft die Kompetenzen sehr genau abgrenzen.

Darum möchte ich Sie bitten, alle Wünsche, die Sie an die Redaktion haben, und alle Anordnungen, die Sie diesbezüglich treffen wollen, über mich zu leiten und sie nicht mehr an einzelne Redakteure heranzutragen.

Ich hoffe, Sie sehen darin keine Aggression, sondern spüren, daß dies dem Bemühen entspringt, Konflikte zu vermeiden und zusätzliche Momente der Beunruhigung von der Redaktion fernzuhalten.

[Marion Dönhoff]

wenn Springer eines Tages
Nellessen war Leiter des Ressorts Kulturpolitik der *Welt* und damit zuständig auch für den Hochschulbereich, den in der ZEIT Nina Grunenberg bearbeitete.

wegen einer Buchrezension
Im Herbst 1969 hatte der Chefredakteur der *Welt*, Herbert Kremp, seinen Bonner Korrespondenten Paul Lersch brieflich gerügt, weil dieser zwei Bücher mit Aufsätzen und Reden des Bundespräsidenten Gustav Heinemann wohlwollend besprochen hatte. Der *Stern* hatte das Schreiben im Februar 1970 veröffentlicht.

21. November 1970
(handschriftlich)

Liebe Marion,
zu Ihrem Brief:
1) Ich werde auch in Zukunft mit jedem Redakteur sprechen, wie es mir beliebt. Anweisungen habe ich nie gegeben.
2) Ich werde an Redaktionskonferenzen teilnehmen, wie ich das seit 25 Jahren tue.

3) Ich werde auch weiterhin Witze machen, wie es mir beliebt. Daß Ihr alle – wirklich? – meinen Brief nicht als Scherz erkannt habt, ist schlimm für Euch. Ihr kommt mir in solchen Augenblicken vor wie ein Sack hohler Nüsse, die laut rascheln.

4) Ihr habt, pflichtvergessen, das Magazin versaut und es mir überlassen, das Notwendige zu tun. Als ich es getan hatte, habt Ihr begonnen, laut auf mich zu schimpfen. Ich habe hart und erfolgreich für Euch gearbeitet, und Ihr habt mich erniedrigt.

Ich muß krank auf die Anzeigenreise. Bevor das Magazin startete, konnte ich der Redaktion 140 Seiten Anzeigen als Morgengabe mitbringen. Eure schlechte Leistung gibt den Inserenten recht, die sagen: das lesen die Leute nicht, darin brauchen wir nicht zu inserieren. Das muß ich jetzt reparieren. Ich erwarte aber, daß mich die Redaktion nicht noch einmal in die Lage bringt, redaktionelle Geschäfte erledigen zu müssen.

Ich zähle also auf Sie, daß Sie mit Jupp und Peter Knapp eine Equipe aufstellen, die die jetzige Qualität des Magazins halten kann. Beide haben mir versprochen, auch in Zukunft ein Auge auf das Magazin zu halten, wenn Ihr bessere Lösungen nicht findet.

    Viele Grüße

    Ihr Buc.

P.S. Wenn Sie diesen Brief grob finden, dann lesen Sie bitte den Ihren.

SIEBTES KAPITEL

Im Wechsel: Streit und Versöhnung

»Sie küssten und sie schlugen sich« − *mit diesem leicht abgewandelten Filmtitel lässt sich das Verhältnis des Verlegers Bucerius und seiner Chef-redakteurin Marion Dönhoff zuweilen beschreiben. So auch im Jahre 1972: Erst streiten sie erbittert um eine Werbe-Beilage (von der wir heute leider nicht mehr wissen, was sie zum Inhalt hatte und wie sie gestaltet war). Die Gräfin schlägt trotzig vor, »daß ich am 1. Mai ausscheide«, Bucerius donnert zurück, »daß ich unter solchen Umständen nicht mehr Verleger der ZEIT sein mag. Bitte betrachten Sie dies als endgültig.« Aber zum Jahresende, als Marion Dönhoff die Chefredaktion an Theo Sommer übergibt, liegen sie sich wieder in den Armen − und wissen gar nicht, wie Bucerius anmerkt, was eigentlich passiert ist. »Wer so eine Zeitung liest«, schreibt er ihr, »weiß gar nichts von den Spannungen und den Freuden derer, die sie machen. Vor allem Ihnen danke ich diese Freude, die jetzt meine Tage erfüllt.« Sie bedankt sich im Gegenzug bei ihm für »Ihre warmen Worte, Ihre guten Gedanken und Ihre Freund-schaft, die gar nicht ›sprunghaft‹, sondern von großer Beständigkeit ist«. Ein halbes Jahr später kreuzen sie aufs Neue die Klingen.*

Gerd Bucerius feiert seinen 65. Geburtstag in seinem Haus in Brione. Die Spitzen des Blattes fliegen zu ihm: Marion Dönhoff und Diether Stolze, Theo Sommer, Rudolf Walter Leonhardt und Jochen Steinmayr (von rechts, 19. Mai 1971).

23. Juli 1971
(handschriftlich)

Lieber Buc,

Als Sie am Freitag bei mir hereinschauten, war ich so in China vertieft, daß ich ganz vergessen habe, Ihnen zu sagen, wie sehr ich mich gefreut habe über eine Mitteilung, die mich gerade erreicht hatte: Das Füllhorn Ihrer Tantiemen-Güte ist wirklich in so reichem Maße über mir ausgeschüttet worden, daß ich das Gefühl habe, in goldenen Nullen zu waten. Tausend Dank dafür.

Auf bald
Marion

Mit besonderem Interesse liest der Verleger die Wissenschaftsseite. Ihm fehlen dort häufig knappe Informationen. Wieder und wieder mahnt er diese an. Thomas von Randow, verantwortlicher Redakteur der Seite, kommt dem Wunsch des Verlegers nicht immer nach.

Brione, 6. Januar 1972
(handschriftlich)

Liebe Marion,

wann immer Sie mit Randow sprachen: für ein paar Wochen kamen dann einige kurze Stücke in die »Wissenschaft«. Nie bekam ich, was ich haben möchte, nämlich eine Übersicht kurzer Informationen. In der Politik haben wir sie, in der Wirtschaft auch. Das Feuilleton hat eine gute Form gefunden.

Ich habe wieder einmal aus einer Donnerstag-Ausgabe der FAZ einige längere Meldungen gerafft. Eine zusammenhängende Reihe solcher Meldungen möchte ich in jeder Ausgabe der ZEIT sehen.

Bitte: die Meldungen dürfen nicht aus der FAZ abgeschrieben

sein – ich tat's, weil mir das Primär-Material fehlt. Randow hat's en masse.

Randow hält diese Methode wohl mit seinem wissenschaftlichen Ruf nicht für vereinbar. Natürlich: niemand kann ihn zwingen, etwas gegen seine Überzeugung zu tun. Nur: er hat keinen Anspruch, dann bei der ZEIT zu bleiben. Die Form der Zeitung bestimmt der Verlag; vorherige Diskussion mit der Redaktion ist selbstverständlich. Hier aber habe ich das Gefühl, an der Nase herumgeführt zu werden.

Sonst kommen recht gute Nachrichten aus Hamburg (Auflage, Anzeigen). Zwar sind wir noch nicht über den Berg, aber ...

Herzlichst immer

Ihr Buc

Telex

[Januar 1972]

liebe marion,

[...]

mit der neuesten zeit konnte ich erst gestern nacht um ein uhr anfangen. sie [hat] mich bis halb vier festgehalten. aber ich habe ja immer gewusst, dass mir die zeit den schlaf raubt.

ob es am Urlaub liegt? jeder artikel excellent.

herzlichst immer ihr buc

Telex

21. Januar 1972

lieber buc,

tausend dank fuer das fernschreiben, hab mich riesig darueber gefreut, nur wegen des geraubten schlafes schlechtes gewissen.
[...]

gruesse an ebelin und auf wiedersehen in der naechsten woche
herzlichst ihre marion

26. März 1972

Liebe Marion,

Donnerstag – nicht Freitag, wie ich am Telefon meinte – zeigten mir die Werbeleute Bender und Mielke in Düsseldorf (sie kommen aus einer der besten deutschen Agenturen) einen Entwurf, bestimmt als Beilage für mehrere von der Werbewirtschaft gelesene Nachrichtendienste; Auflage etwa 5000. Die Inserenten sollen ja sehr auffallend auf die (für uns höchst wichtige, die Anzeigenkunden aber nicht gerade umwerfende) Tatsache hingewiesen werden, dass die ZEIT-Auflage jetzt über 300 000 ist. Ich habe von Düsseldorf aus veranlasst, dass die Unterlagen nach Hamburg geschickt und kalkuliert werden. Für morgen (Montag, also am ersten Arbeitstage nach meiner Rückkehr aus Düsseldorf) war ein Gespräch mit Ihnen vorgesehen.

Es gibt gewiss für und gegen den Entwurf viel zu sagen.

Sie fragten: woher man das Recht nähme, in einer Werbung Ihren Namen ohne Ihre Zustimmung zu verwenden. Meine Antwort: es handele sich um einen Entwurf, der selbstverständlich mit Ihnen zu besprechen sei. Sie fragten: woher man denn das Recht nähme, Ihren Namen in einem Entwurf zu verwenden. Meine Antwort: der Verlag habe ganz gewiss dieses Recht. Sie sagten: »Ich kann mir nicht vorstellen, dass irgend jemand außerhalb der Apo ein solches Recht beansprucht.« Ihr Ton ließ keinen Zweifel, dass Sie das ernst meinten.

»Außerhalb der Apo« also, mit der ich demnach zu vergleichen bin.

Die Redaktion will ja nun ganz gewiss keinen Verleger, den sie der Apo zurechnet. Sie werden verstehen, dass ich unter solchen Umständen nicht mehr Verleger der ZEIT sein mag. Bitte betrachten Sie dies als endgültig. Vielleicht unterrichten Sie vertraulich die »Käse-Konferenz« und besprechen mit ihr mögliche Lösungen. Ich muss Ostern und am 12. April in Ischia sein – Sie wissen, warum. Bis dahin stehen Dr. Güssefeld und Herr Röpert zu Ihrer Verfügung. Mitte April können wir uns über die Abwicklung unterhalten. Mit dem Betriebsrat möchte ich dann gern selbst sprechen.

Dass mir das alles nicht leicht fällt, brauche ich Ihnen nicht zu sagen. Aber seit unserem Briefwechsel in Sachen Gresmann hätte ich wissen müssen, was Sie und die Redaktion von mir halten. Ich hätte damals die Konsequenz ziehen und gehen müssen; Jupp [Müller-Marein] hat mich daran gehindert. – Die ZEIT ist wohl zu schön und zu kompliziert, als dass sie überleben könnte; trotz fürchterlicher Opfer.

Ihr Buc.

Hamburg, 26. März 1972

Lieber Buc,

ich war in der Tat über den Entwurf und die Vorstellung, daß er an diverse Nachrichtendienste verschickt werden sollte, so entsetzt, daß mich dies über Gebühr erregt und erbittert hat.

Für mein Gefühl ist er allenfalls *Abendblatt*-adäquat, die ZEIT (und mich mit) gibt er dem Spott dieser Dienste preis, und das hat ja schließlich niemand gern. Außerdem stand ich unter dem Eindruck, daß er – hätte ich ihn nicht rein zufällig [in den Räu-

Das Pressehaus in Hamburg, Speersort 1. Hier im sechsten Stock hatten Gerd Bucerius und Marion Dönhoff ihre Büros (1970).

men der Verlagsleitung] im 7. Stock entdeckt – wohl ohne mein Wissen gedruckt worden wäre.

Als Sie am Telefon sagten, Sie hätten vorgehabt, am Montag zusammen mit Frau Behrends-Wagner zu mir zu kommen, um mir diesen Entwurf zu zeigen, wurde mir klar, daß Sie ihn gut fanden, denn wenn Sie ihn ebenso indiskutabel gefunden hätten wie ich, dann hätte sich das ja erübrigt. Dies wiederum hat meinen Zorn, der mich eine Nacht lang nicht hatte schlafen lassen, von neuem angeheizt, und so kam der Satz von der »Apo« zustande, der mir im Licht des nächsten Tages ganz sinnlos, aber nicht beleidigend erscheint.

Da diese ganze Sache mit der Redaktion nicht das Geringste zu tun hat und es höchst ungerecht wäre, ihr meine Äußerung anzulasten, ich aber aus Ihrem Brief ersehe, daß Sie mit mir nicht

länger zusammen arbeiten wollen, schlage ich vor, daß ich am
1. Mai ausscheide. Ich wollte ja ohnehin in diesem Herbst auf-
hören [die Chefredaktion an Theo Sommer übergeben] – und
dann ist es so am besten.

Schade, jetzt haben wir 26 Jahre miteinander gearbeitet, viele
Freude geteilt, eine Menge Sorgen und verglichen damit ganz
wenig Ärger – nun hätten wir die letzen sechs Monate auch
noch durchhalten können. Aber was mich anbetrifft, so bin ich
ohne Bitterkeit, mir werden immer die 26 Jahre vor Augen sein
und nicht die sechs Monate, die fehlen.

Ihre Marion Dff.

Den Wechsel Theo Sommers in die Chefredaktion nimmt Gerd Buce-
rius zum Anlass, Marion Dönhoff einen Brief zu schreiben, der in der
ZEIT vom 7. Dezember 1972 abgedruckt wird. Sie liest die Fahnen die-
ses Brief-Artikels auf dem Flug in die USA. Marion Dönhoff, soeben
63 Jahre alt geworden, ist von nun an – bis an ihr Lebensende – Heraus-
geberin der ZEIT.

[Datiert »7. Dezember 1972«,
aber vor dem 6. Dezember geschrieben]

Liebe Marion,
wenn man zurückschaut, gibt es Tage, die einem Wärme und
sogar ein bißchen Stolz geben; damals aber hat man vor Sorge
und Erregung gezittert. Ein solcher Tag war der 10. April 1957.
Freunde, die politisch andere Wege gehen wollten, hatten uns
aus der ZEIT herausgedrängt. An diesem Tage konnte ich sie –
nach gewonnenem Prozeß – Ihnen und Müller-Marein zurückgeben. Müller-Marein wurde Chefredakteur der ZEIT, Sie wurden im Amt als verantwortlich für Politik bestätigt. Damals
schon kannte die Branche die begabte Journalistin. Heute liegt

Ihre Arbeit vor der Nation, ja doch wohl auch ein bißchen vor der Welt ausgebreitet. Mit tiefer Wirkung? Ich meine: ja. Ihre Freunde und mehr noch Ihre Gegner versichern es jedenfalls. Nachzuweisen ist die Wirkung auf die Auflage, siehe die Kurve (oben). Vor der Währungsreform druckten wir (und verkauften natürlich) 75 000 Stück; dafür reichte die Papierzuteilung durch die englische Lizenzbehörde. Für kurze Zeit stieg die Auflage (1950) auf über 80 000 Stück, dann sank sie bis 1954 auf 45 000. Noch heute suchen mich jene Jahre im Traum heim: jede Woche 200 Exemplare weniger verkauft. Es waren nicht mal 210 und mal 190 weniger, sondern eben Woche für Woche 200; ein Gefühl wie in der Garotte. Warum kam das? Die Zeitung war wohl nicht mehr so gut wie in den Tagen Samhabers, des ersten Chefredakteurs. Der Ruf, den sich die ZEIT auch unter Chefredakteur Tüngel durch die Auseinandersetzungen mit den Besatzungsmächten erworben hatte, verging; da hatte die ZEIT wohl auch falsche Freunde gewonnen. Dann gab es Konkurrenz: die (damals liberale) *Welt* kam unter deutsche Leitung. Viel zu schaffen machte uns die neue *Frankfurter Allgemeine Zeitung*; sie war schon von Beginn an so excellent wie heute. – Nun, jetzt verkaufen wir jede Woche 320 000 Stück. Bitte Marion: Ihre Leistung; wobei wir Freund Müller-Marein gewiß nicht vergessen. Ich weiß, Sie halten mich nur für einen mäßigen Kaufmann; »zu sprunghaft«, sagen Sie. Aber würden Sie mir dieses eine Mal zugeben, daß meine Entscheidung, Tüngel abzulösen, Marion Dönhoff und Müller-Marein dagegen zu berufen, auch kaufmännisch richtig war?

Wie haben wir uns diese 15 Jahre vertragen? Liberal, das sind wir wohl beide. Aber was heißt das? Vielleicht, daß wir jederzeit bereit waren, das eben Erreichte auf seine Tauglichkeit für morgen zu prüfen. Lange Zeit konnte ich Sie auch für meine Ansicht gewinnen, daß Adenauer ein großer Kanzler, Erhard ein brillanter Wirtschaftsminister sei. Vielleicht hielten Sie meine Neigung zu beiden für übertrieben. Als es dann aber einmal darauf ankam (vor den Bundestagswahlen 1957), schrieben Sie (22. 8. 57):

>Wenn die SPD den Wahlkampf verliert – und es sieht so aus –, dann sollte sie sich darüber klarwerden, daß dies ganz allein an ihr liegt und nicht an der Finanzkraft der CDU oder den Ränken des Bundeskanzlers oder weiß Gott an was sonst ... Konrad Adenauer hat nie einen Moment lang einen Zweifel darüber gelassen, wofür er steht und was er will.

Drinnen wie draußen hat er an seiner Einstellung und seinen Grundsätzen nie einen Zweifel aufkommen lassen. Auf diese Weise hat er die Hoffnungen der Wähler auf sich konzentriert, die Sorgen der Franzosen ausgeräumt und sich die Achtung der Russen verdient; wer außer ihm hätte wohl damals in Moskau gewagt, auf jene schneidende Begrüßungsrede Chruschtschows: ›Sie waren Gewalttätige, Mörder und Brandstifter, die deutschen Soldaten‹, zu antworten: ›Es ist wahr, Schreckliches ist geschehen, aber auch ihr ...‹

Dieser Wahlkampf ist vor allen anderen charakterisiert durch den höchst eigenartigen Umstand, daß die Regierung ständig im Angriff, die Opposition längst in der Defensive ist, und nicht umgekehrt. Dafür scheint es nur eine Erklärung zu geben, nämlich daß die Politik der Regierung bisher richtig war.«

Es war eben die Zeit der Reformen, von einer Größe, wie sie dieses Land kaum mehr erleben wird: Der Lastenausgleich, welcher den 20 Millionen Vertriebenen und Bombengeschädigten ein Drittel des Vermögens der Nation gab; das Gesetz über die Mitbestimmung; das Betriebsverfassungsgesetz; die dynamische Rente; der Wiederaufbau aus der Zerstörung; der Friede mit den demokratischen Ländern. Nicht Ihr Urteil, die Umstände haben sich seither geändert. Erhard scheint uns heute ein groteskes Zwischenspiel. In ihm habe ich mich geirrt, und Ihre Zweifel waren richtig – damals habe ich gelitten, wenn Sie meinem

Freund Erhard immer wieder zu Leibe rückten. Seither beherrschen Poltergeister die Szene, nicht immer sehr lustige. Mit dem Sieg Brandts und seiner Koalition haben wir beide gerechnet; Sie haben ihn sich sehr gewünscht – ich zweifelte ein bißchen und habe wie viele Unentschlossene FDP gewählt. Daß Brandt/Scheel so viel gesiegt haben, dürfte wiederum Ihnen auch nicht behagen.

Wir waren uns also keineswegs immer einig. Oft sogar war es ein schwarzer Tag, wenn mittwochs, spät abends, die ZEIT aus der Rotationsmaschine kam. Auch wenn er Monate keine Zeile im Blatt geschrieben hat, fühlt sich der Verleger verantwortlich.

Wie haben wir das überstanden? Nun: Sie sind großherzig, frei von jedem Egoismus. Gibt es das: jemand, der den größten deutschen Besitz im Osten verliert und nie ein Klagewort sagt? Nur Ihr Blick wird ein wenig fester, wenn Sie von der Heimat sprechen. Sehr geholfen hat mir, daß Sie Entscheidungen, wenn sie dann getroffen werden mußten, so folgten, als seien es die Ihren gewesen. Ein bißchen preußisch, nicht wahr?

Ja, gekracht haben wir uns auch, und Briefe geschrieben über die lächerlichsten Sachen. Die politischen Spannungen waren oft so groß, daß ich nicht darüber sprechen konnte. So zankten wir uns also: ob man in der so ernsthaften ZEIT Tony Armstrongs Bild der jungen, hübschen Princess Anne bringen dürfe; als das Magazin nicht gut wurde (Sie hatten Ihre Bedenken unterdrückt), um Formfragen bei der Neubesetzung des Magazin-Chefs; eine Werbe-Anzeige für die ZEIT, die ich (darf ich das gestehen?) sehr witzig fand, die Sie aber für *Hamburger Abendblatt*-Qualität hielten. Bei solchen Gelegenheiten haben Sie mir Ihren Rücktritt (»... daß ich am 1. Mai ausscheide ...«) und ich Ihnen die Zeitung angeboten (»... daß ich unter solchen Umständen nicht mehr Verleger der ZEIT sein will ...«). Nach dem letzten Streit fielen wir uns in die Arme und wußten gar nicht, was da eigentlich passiert war.

143

Wer so eine Zeitung liest, weiß sicher gar nichts von den Spannungen, den Leiden und den Freuden derer, die sie machen. Vor allem Ihnen danke ich diese Freude, die jetzt meine Tage erfüllt. Darf ich Sie umarmen, Marion?

Immer Ihr Gerd Bucerius

6. Dezember 1972
(handschriftlich)

Buc, es ist Mittwoch – Ted hat mir die Fahnen von Ihrem Brief mitgebracht, weil die Zeitung noch nicht fertig ist, und nun lese ich ihn zwischen Himmel und Erde, zwischen Europa und Amerika schwebend. Eigentlich ist das auch der rechte Ort dafür, denn so ein bißchen freischwebend fühlt man sich schon angesichts einer nicht ganz gewissen Zukunft, obgleich von Ungewißheit eigentlich keine Rede sein kann, nachdem Sie in so großzügiger und liebevoller Weise mir einen Heimathafen in der ZEIT eingerichtet haben. Ich finde es richtig schön zu denken, daß man einstweilen noch in Verbindung bleibt mit dem, was bisher mein Leben ausgemacht hat.

Lieber Buc, ich finde Ihren Brief unbeschreiblich nett – mir wird ganz warm ums Herz und auch ein bißchen wehmütig. Ja, wir haben viel erlebt zusammen, ein gutes Stück deutscher Geschichte und dann das Werden und Entstehen eines Unternehmens, das nicht nur privat, sondern zugleich auch etwas Allgemeines darstellt. (Dahrendorf sagte neulich einmal, »wissen Sie, in Brüssel spüre ich doch sehr deutlich, das Bild der Bundesrepublik wird draußen ganz stark durch die ZEIT geprägt«.)

Sie haben meinen Anteil am Gelingen jenes Unternehmens weit, meilenweit überschätzt. Was da alles zusammenwirken muß, damit so etwas gelingt, kann wohl niemand wirklich beurteilen, aber ganz sachlich betrachtet – soweit ich in diesem Moment zu sachlicher Beurteilung in der Lage bin – würde ich meinen, es gibt eine ganze Menge guter Journalisten, aber gute Verleger sind rar – und auch ein noch so sorgfältig ausgewähltes Curatorium kann den nicht ersetzen.

Sie haben ganz recht, wir haben allerlei Spannungen und Querelen überstanden, ohne daß die Achtung füreinander dadurch Schaden genommen hätte – was eigentlich ganz erstaunlich ist. Ich glaube, das war nur möglich, weil wir beide mit ganzem Herzen an dem Gelingen des Unternehmens ZEIT hingen, und der gelegentliche Streit nie über einen von uns ging, sondern immer um das, was richtig oder falsch, gut oder nicht gut für das Gemeinsame sei.

Jeder Abschied ist wie eine Amputation. Ich habe im Laufe dieses Jahres oft über diesen Schmerz nachgedacht und so die Trennung gewissermaßen auf Raten vorgenommen. Jetzt findet eigentlich nur noch der Vollzug statt, und der ist dank Ihrer Vorsorge ein sehr sanfter Übergang von einem Aggregatzustand in einen anderen.

Ich weiß, Buc, daß dies auch für Sie ein entscheidender Abschnitt ist: Nun ist von der alten Crew keiner mehr da, aber vielleicht ist dies das Erstaunlichste an der Gemeinschaft, die wir da zusammengebracht haben, daß die alte Substanz ausgereicht hat, um auch die jeweils Neuen zu integrieren. Wenn ich Sie in der Käsekonferenz zwischen all den Jüngeren sitzen sehe, dann finde ich dieses Bild jedenfalls so selbstverständlich, als sei es nie anders gewesen.

Buc, ich danke Ihnen für Ihre warmen Worte, Ihre guten Gedanken und Ihre Freundschaft, die gar nicht »sprunghaft«, sondern von großer Beständigkeit ist.

Stets und immer
Ihre Marion

Nach ihrem Ausscheiden als Chefredakteurin schenkt der Verleger Marion Dönhoff das Haus am Pumpenkamp 4 in Hamburg-Blankenese, in dem sie bislang zur Miete wohnte. »Wenn ich denke, daß dies nun alles mir gehört ...«, schreibt sie an den großzügigen Verleger und bedankt sich für »ein Stück Heimat«, das er ihr gegeben hat.

Am Pumpenkamp 4, 31. Mai 1973
(handschriftlich)

Lieber Buc,

Ich wußte ja von Ihrer Absicht mit dem Haus – Sie hatten es mir einmal gesagt, und dann war eines Tages auch ein Makler da, durch den ich erst so recht erfahren habe, um was für ein riesiges Wertobjekt es sich bei der ganzen Sache handelt. Darum habe ich niemandem gegenüber je ein Wort davon gesagt, weil ich dachte, Sie sollten sich nicht durch eine gelegentliche Mitteilung oder flüchtige Erwähnung gebunden fühlen.

Nun aber kam mir gestern eine Notiz von Röpert auf den Tisch, in der zu lesen steht, daß die Kasse angewiesen wurde, ab 1. Juli nicht mehr die Miete für das Haus am Pumpenkamp einzubehalten. Diese lapidare Mitteilung – ein typisch Buceriussches understatement – scheint mir anzuzeigen, daß ich das generöseste Geschenk meines Lebens empfangen habe und nunmehr Haus- und Grundbesitzer in Blankenese geworden bin.

Ich sitze an meinem Schreibtisch, Buc, blicke in den frühjahrlichen Garten, in dem die Rhododendren blühen und der Goldregen, der Rasen in diesem Jahr besonders prächtig ist, die große Birke und der alte Birnbaum sich eben wieder auf jugendlich zurechtgemacht haben – und es kommt mir vor, als ob all diese vertrauten Gegenstände mich (oder ich sie?) heute liebevoller betrachten denn je zuvor.

Wenn ich denke, daß dies nun alles mir gehört, daß ich an diesem Platz, an dem ich die letzten 11 Jahre zugebracht habe und

6. XII 72

Auf dem Flug in die USA liest Marion Dönhoff den in Briefform gehaltenen Artikel, den Gerd Bucerius aus Anlass ihres Ausscheidens als Chefredakteurin geschrieben hat. Sie bedankt sich für die »warmen Worte« und eine Freundschaft, die »von großer Beständigkeit ist« (1972).

mich zu Hause fühlte, bleiben werde, ihn nicht zu verlassen brauche, dann ergreift mich wirklich ein großes Gefühl der Rührung und Dankbarkeit.

Es ist merkwürdig: ich hatte immer geglaubt, für mich existiere die Kategorie »Eigentum« nicht, weil es mir ganz gleichgültig sei – und bisher war das auch immer so –, ob etwas mir gehört oder ich es nur verwalte, aber nun stellte ich zu meiner Verblüffung fest, daß dies offenbar gar nicht stimmt. Wie gesagt: ich glaube, ich habe dieses Haus und diesen Garten noch nie so geliebt wie jetzt, da ich weiß, daß sie mein eigen sind.

Buc, ich wünschte, ich wäre im Stande zu artikulieren, was ich empfinde, und Ihnen zu sagen, wie glücklich ich bin – aber das geht über mein Vermögen. Vielleicht ahnen Sie am ehesten, was mich bewegt, wenn ich sage, daß Sie mir ein Stück Heimat gegeben haben, obgleich ich doch dachte, daß es diesen Begriff für mich nie mehr geben würde.

Ich danke Ihnen und umarme Sie

Marion

22. Juni 1973
(handschriftlich)

Lieber Buc,

des Dankens ist kein Ende: Gestern erhielt ich die Mitteilung, ich bekäme auf Ihr Geheiß für 1972 die Sonderzahlung von DM 20 000 abzüglich Steuern noch in diesem Monat überwiesen. Ich hatte damit überhaupt nicht mehr gerechnet – traute meinen Augen nicht, dachte, für 72 hätten wir im vorigen Jahr bekommen. Eine so unerwartete, umfangreiche Zahlung, das gibt ungeahnte Möglichkeiten, große Freude und viele Pläne.

Tausend Dank

Ihre Marion Dönhoff

Die Buchhaltung des ZEIT-Verlags weist Marion Dönhoff anstelle ihres bisherigen Redakteursgehalts ein monatliches Honorar an.

31. Juli 1973

Lieber Buc,

als ich am Sonntag zurückkam, entdeckte ich zunächst in den Bankabrechnungen eine mir rätselhafte Überweisung des Verlages, meine Beiträge betreffend. Gestern in der Redaktion fand ich dann Ihre Notiz und damit die Aufklärung. Ich muß sagen, daß ich eigentlich recht erstaunt war.

Ich kann nicht verstehen, daß man jemanden, der 27 Jahre Mitglied der Redaktion war, ohne auch nur ein Telefongespräch mit ihm zu führen, kurzerhand zum freien Mitarbeiter macht und ihn damit in die Kategorie Ben Witter einordnet.

Ich finde dies aus zwei Gründen ärgerlich:

1. scheint es mir zu zeigen, daß die Herausgeber-Idee, die ich eigentlich recht ernst genommen habe, nur eine Farce ist; denn ein Herausgeber, der freier Mitarbeiter ist und nicht seinen Platz bei der Redaktion hat, ist ja wirklich eine Absurdität.

2. trifft es nicht zu, daß, wie Sie sagen, sich dadurch für mich nichts ändert: Von den rein steuerlichen Auswirkungen einmal abgesehen (die monatlichen Zahlungen des Verlages müssen auch noch umsatzversteuert werden, die Journalisten-Pauschale fällt weg, das Auto wird fragwürdig), liegt es doch auf der Hand, daß ein Redaktionsmitglied einen anderen Status hat als ein freier Mitarbeiter. Wenn es dem Herrn über Tod und Leben – der ja zuweilen kuriose Entscheidungen trifft – einfallen sollte, mir eine längere Lebensdauer einzuräumen als Ihnen, würde ich Herrn Mohn gegenüber als freier Mitarbeiter begreiflicherweise nicht viel mehr gelten als eben Ben Witter!

Ich kenne die Gründe nicht, die Sie zu jenem Schritt veranlaßt haben, aber nachdem ich Ende vorigen Jahres darum gebeten hatte, ob nicht das derzeit bestehende Verhältnis jetzt doch vertraglich festgelegt werden könnte, war ich natürlich überrascht, statt eines Vertrages jetzt diese Blitzregelung vorgesetzt zu bekommen.

Dies der Grund für meine etwas ärgerliche Reaktion.

Stets Ihre

[Marion Dönhoff]

Hamburg, 2. August 1973

Liebe Marion,

wir machen es natürlich sofort rückgängig.

Herzlichst Ihr

gez. Bucerius

ACHTES KAPITEL

Wenn die Nachtgespenster kommen

Nach dem Wechsel in der Chefredaktion am 1. Januar 1973 verstärkt Bucerius den Druck auf die Redaktion. Die ZEIT *spielt für ihn in der öffentlichen Debatte eine zu geringe Rolle, wird vor allem im Vergleich zum »Spiegel« zu selten zitiert. Er will mehr Nachrichten, mehr Hintergrund, mehr Aggressivität, eine robustere Personalpolitik. An den neuen Chefredakteur Theo (»Ted«) Sommer schreibt er oft zwanzig Seiten lange Briefe. Marion Dönhoff bleibt daneben die bevorzugte Adressatin seiner verzweiflungsvollen Ausbrüche.*

Wie Karl-Heinz Janßen in seiner Geschichte der ZEIT *schrieb: »Bucerius entwickelte sich in den siebziger Jahren zum besten Blattkritiker, den die* ZEIT *je hatte. Wenn er die Sonde an einen Text anlegte, kannte er keinen Respekt vor großen Namen oder verdienstvollen Journalisten, ausgenommen Marion Dönhoff, Theo Sommer und Diether Stolze, deren Stil und Schreibtalent er aufrichtig bewunderte; an Sommer störten ihn lediglich ›die Papierblumen‹. Der Inhaber las sein Blatt mit dem geschulten Blick des Juristen, der an den klaren, logischen Aufbau eines Schriftsatzes gewöhnt ist.«*

Die Unzufriedenheit mit dem eigenen Blatt wird zur taktischen Dauerattitüde des Verlegers. Kaum ein Magazin, kaum eine Zeitung, die er seinen Redakteuren nicht als Vorbild hinhält. Die Munition für seine Klagen liefern wie immer die Auflagenzahlen und das Anzeigenaufkommen der ZEIT, *die in der Wirtschaftsrezession nach der Erdölkrise leicht zurückgehen.*

16. Dezember 1975
An: Herrn Becker, Gräfin Dönhoff, Herrn von Kuenheim,
Herrn Dr. Leonhardt, Herrn Dr. Sommer, Herrn Stolze,
Herrn Zimmer

Liebe Freunde,

in der vorletzten Käsekonferenz (der letzten, an der ich teilnahm)
hatte ich wieder einmal meinem Herzen Luft gemacht: die ZEIT
müsse mehr hinter »Nachrichten« her sein, die in Presse und
Fernsehen zitiert würden. Als letztes Beispiel sprach ich von dem
(im *Spiegel* veröffentlichten) Binder-Bericht, der immerhin die
SPD und Bürgermeister Koschnick zu Aufsehen erregenden Er-
klärungen veranlaßt hatte.

Die Wirkung: Man vermutete, ich wolle Skandale aus dem
Privatleben von Brandt in der ZEIT gedruckt sehen; ich sei »ungerecht«, weil mir scheint, daß unsere Bonner Redaktion zu
»professoral« sei, um entsprechende Nachrichten »zu empfangen«. – Ich kam mir vor, als ob ich die Pest ins Blatt hätte ein-
schleppen wollen.

Jetzt der neueste Fall. Montag morgen stand im *Spiegel* die Geschichte von den in Ost-Berlin erzwungenen Adoptionen. Schon
Montag morgen berichtete die *Welt* darüber auf der ersten Seite
unter Zitierung des *Spiegel*. Montag um 21 Uhr im Zweiten Programm: Goppel lehnt es ab, [den Leiter der Ständigen Vertretung der DDR in Bonn] Kohl zu empfangen, weil der die Geschichte nicht dementieren will; Goppel, im Fernsehen selbst
auftretend, zitiert den *Spiegel* zweimal. (Er leistet sich übrigens
einen urkomischen Versprecher.) Danach Bölling: Der vom *Spiegel* behauptete Tatbestand sei der Regierung aus zwei Fällen bekannt. – Alles war auch im Ersten Programm. – Ich weiß: Ihr haltet Werbung für herausgeschmissenes Geld. Aber *diese* Werbung
ist überhaupt nicht zu bezahlen: eine »rührende« Geschichte,
große Publizität. Ich weiß: große politische Grundsätze werden
nicht berührt. Für Euer »Katheder« sind das alles Bagatellen.

An den Redaktionskonferenzen teilzunehmen, ist für den Verleger (Kopfende) Pflicht und Vergnügen. Rechts neben ihm argumentiert Diether Stolze, verantwortlich für den Wirtschaftsteil (1972).

Aber nicht für die Auflage. – Da mit Änderungen mangels Zustimmung oder Einsicht der Redaktion nicht zu rechnen ist, haben Sie es mit einem entmutigten Verleger zu tun. Falls Sie das interessieren sollte.
Die Auflage sinkt. Sie wissen, daß ich seit Monaten quengele. Ergebnis: siehe oben.
    Herzlichst immer
    Ihr Buc.

Binder-Bericht
    David Binder war sechs Jahre lang Bonn-Korrespondent der *New York Times*. In seiner 1975 veröffentlichten Brandt-Biografie »The Other German. Willy Brandt's Life & Times« lieferte Binder unbekannte Details über das Verhältnis zwischen Brandt und Herbert Wehner und zitierte eine Reihe von herabsetzenden Äußerungen, die der SPD-Fraktionsvorsitzende über den Bundeskanzler gemacht hatte. Der *Spiegel* veröffent-

lichte Auszüge aus dem Buch in seiner Ausgabe vom 17. November 1975.
Auf dem Mannheimer SPD-Parteitag hatte der Bremer Bürgermeister
Hans Koschnick das Zerwürfnis der beiden Politiker öffentlich einge-
räumt.

Geschichte von den ... Adoptionen
In der Nr. 51 vom 15. Dezember 1975 berichtete der *Spiegel*, dass in der
DDR zurückgelassene Kinder von »Republikflüchtlingen« zwangsweise
zur Adoption freigegeben würden.

4. Mai 1976
Für Marion, Ted [Sommer] und Diether [Stolze]

Liebe Freunde,
sollten wir nicht wieder einmal über die Zeitung nachdenken?
Die letzte Stagnation, 1969–1971, haben wir durch das Magazin
überwunden. Es hat uns mehr, vor allem aber andere Käufer gebracht; insbesondere Frauen, von denen wir annehmen, daß sie
nun wieder bisher nicht lesende Männer angebracht haben. Das
Magazin hat wohl manchen auch davon überzeugt, daß die ZEIT
gar nicht so schwer zu lesen ist.
Jetzt stagnieren wir wieder seit einem Jahr. Genauer: ohne Son-
derverkäufe verkaufen wir heute weniger als vor einem Jahr. Es
muß bald [etwas] geschehen. Änderungen heute wirken sich erst
in vielen Monaten aus.
Dazu haben wir in FAZ und *Spiegel* Konkurrenz bekommen.
Der *Spiegel* ist, meinen seine Leser, ernsthafter geworden – er ist
es wohl nur wenig. Aber da er ständig zitiert wird (und aufs Zitiertwerden Gewicht legt), wirkt er wichtig; er erzeugt die wichtige Nachricht. Das kann man, wenn man ehrlich und anständig
bleiben will (worauf Augstein kein Gewicht legt), nur beschränkt nachmachen. Aber mit dieser Einschränkung muß man
es dann auch tun. – Die FAZ ist wirklich besser geworden. Hervorragende Mitarbeiter schreiben hervorragende Artikel. Wäre
nicht der politische Unterschied, käme man mit der FAZ aus –

und immer mehr ZEIT-Leser fangen an, das zu glauben, scheint mir. Sogar der *Stern* hat jetzt oft Themen, die der ZEIT ebensogut anstünden.

Einiges wäre erreicht, wenn das geschieht, worum ich seit zwei, drei Jahren barme: nämlich die Gesellschaft auf ihre Grundlage [hin] zu untersuchen. Sie erinnern sich, daß ich vor fast sechs Jahren vorschlug, man solle bei den Lehrern umfragen, ob und wie sie von ihren Schülern terrorisiert werden. So hieß es damals jedenfalls, und in der Zeit der Studentenrevolte wird es ja auch so gewesen sein. Vor zwei Jahren, als der Numerus clausus virulent wurde, vermutete ich, daß nun umgekehrt die Unterdrückung der Schüler begonnen habe. Inzwischen weiß das jedermann und redet darüber; nunmehr auch die ZEIT (vom 16. 4.) mit einer Reportage als Interview. Das Interview wäre vor zwei Jahren eine Sensation gewesen, heute klappen wir einfach nach. – Was ist eigentlich aus der Untersuchung der Pinneberger Schule und der Hamburger Gesamtschule geworden, die mir seit Monaten versprochen wurde?

Oder: Vor sechs, acht Jahren war die Bundeswehr verstört. Soldat wurde man nicht, weil man sich schämte. Die Disziplin war schlecht. Warum? In der ZEIT: kein Wort darüber. Jetzt hat die Bundeswehr Weltruf. In der ZEIT: kein Wort darüber. In den Straßen sieht man jeden Tag Hunderte von Kindern in Wehrmachtsblusen (Parkas) mit schwarz-rot-goldenem Zeichen am Arm. Mir scheint das revolutionär. Eine Revolution waren auch die Bundeswehr-Hochschulen. Der *Stern* schildert sie (Heft 17), Gott sei Dank wenig journalistisch. Warum gibt es sie, wie arbeiten sie? Was lehren sie, was kosten sie? Wie ist überhaupt das Leben der Soldaten? – Eine Million Eltern und Kinder sind unmittelbar betroffen.

Strafvollzug: Marions Artikel war schon ein Anfang, wenn mich auch die Polemik vom Thema ablenkte. Ich möchte wissen: Sind Täter resozialisierbar? Wenn ja: wie? Umgeworfen haben mich die beiden Fotos im *Stern* (Nr. 13): zwei höchst komfortabel eingerichtete Zellen. Der Abschreckung (auch sie sei Strafzweck, habe ich noch auf der Universität gelernt) dienen sie sicher nicht. Aber ist Abschreckung überhaupt richtig?

Außenpolitik: *Mir* reichen die Berichte und Diskussionen um die Kommunisten in Italien nicht aus. – Was exakt bedeuten eigentlich die Vorwahlen in den USA?

Die alte ZEIT-Methode wäre nun, prominente Reformer und Gegenreformer wichtige Artikel schreiben zu lassen, voll Theorie. Ich kann Ihnen meinen Schrecken nicht beschreiben, als neulich – man hatte mir eine Serie über die Schule versprochen – als erstes [Hellmut] Becker das Wort bekam, also der, der den Schlamassel angerichtet hat. Hätte die Serie wenigstens mit dem letzten Stück (Interview mit der Schule) angefangen, hätte Becker sich rechtfertigen müssen. Sicher braucht man Beckers Meinung. Aber er fesselt 10 000 Leser, nicht 750 000 (von unseren 1 200 000). Verblüffend, daß die Redaktion wirklich glaubte, Beckers Fachartikel habe die Auflage gesteigert. Wir wissen, daß er weniger gelesen wurde als diese meisten anderen Artikel auf Seite 3.

Krankenkasse und Sozialversicherung: Piels Artikel vor zwei Jahren, das hätte dem Ruf der ZEIT entsprochen.

Mit den vorhandenen Mitarbeitern ließe sich all das nicht machen? Gut, dann müssen neue her, wenn wirklich die vorhandenen nicht besser eingesetzt werden können. Man muß Nina [Grunenberg] wohl verdreifachen (wo schreibt jetzt eigentlich ihre Schwester? Kürzlich las ich sie in der FAZ). Leo könnte es, hat aber sein eigenes Gebiet, das auch wichtig ist.

Personalpolitik: Es war ein absurdes Theater, als wir uns von Steffahn trennten, weil er nicht ausreichte. Seit zwei Jahren verspricht mir Ted, Hayo Matthiesen müsse sich ändern oder gehen. M. ist schuldig an unserem Informationsdefizit Schule. Herrlich die Szene neulich in der großen Konferenz: Matthiesen behauptete, der aufsichtsführende Schulleiter erkenne sofort, wenn ein »radikaler« Lehrer mit den Schülern Unsinn mache (worüber, bemerkenswert, Hans Schueler sich beklagte). Worauf (von Ted befragt) Jürgen Werner sagte: Der Direktor kommt alle fünf Jahre in die Klasse, nach vorheriger Anmeldung. Jeder ernsthafte Journalist hätte nach dieser Decouvrierung das Schlachtfeld geräumt.

Gabriele Venzky schreibt ja jetzt besser. Aber kann man dieser Nachwuchsredakteurin anvertrauen, daß sie uns mit freundlichem Lächeln das »Thema der Zeit« ankündigt? In Heft 17 entdeckt ein schwarzer Bischof, die afrikanische Kirche müsse eine neue Gesellschaft »zu formen suchen und verwirklichen« (Pleonasmus), in der der Mensch im Mittelpunkt stehe. Das soll nun der Leser noch ernst nehmen. Übrigens widersprechen die Bilder dem Artikel.

Ted meinte neulich, die ZEIT habe noch nie einem Redakteur gekündigt; das sei nicht ZEIT-gemäß. Macht nur so weiter. Dann ist in fünf Jahren die ZEIT so schmalbrüstig wie die *Deutsche Zeitung*. Aber dann bitte ohne mich. Dem Chefredakteur ist ein großes Unternehmen (und eine gute Zeitung) anvertraut, mit fast 200 Mitarbeitern. Wenn wir das Blatt in fünf Jahren wegen rückläufiger Auflage einstellen müssen, trifft Euch der Fluch derer, die Gutes geleistet haben.

Ich begreife nicht, daß Ted sich Leistungen wie die von Strothmann gefallen läßt. Reicht Michaelis aus? – In der Politik hatte ich gehofft, Becker würde für besser redigierte Artikel sorgen. Aber er scheint eine Bremse geworden zu sein. Mit ihm müssen Sie ein ernstes Wort reden. Er könnte für die Interviews mit Politikern sorgen; das muß notfalls angeordnet werden. – Ja, so ist es. Chefredakteuren wird nichts geschenkt.

Die *International Herald Tribune* hat in jeder Nummer einen, oft zwei, drei Artikel, die Sie wirklich übernehmen könnten. Mehrmals habe ich Ted gefragt: Dürfen wir das? (und habe Artikel mitgeschickt). Darauf kriege ich nicht einmal eine Antwort. Die IHT könnte Euch in der großen Politik entlasten und mehr Zeit für die Detailuntersuchungen verschaffen. Bitte studieren Sie die IHT genau: sie ist vorbildlich. Turnen am hohen Reck – Eure wichtigste Beschäftigung – gibt es da auch. Aber schon auf der ersten Seite findet man da die Petersilie zu den Kartoffeln. Human touch ist in der ZEIT fast verpönt. Die IHT-Spalte »People« lese ich (fast) immer. Man wagt nicht, sie Euch vorzuschlagen, obwohl nicht Tausende, sondern Hunderttausende sie lesen würden. Ohne small talk aber turnt Ihr über den Leser hinweg.

Witz und Subjektivität sind in der ZEIT nicht so recht gefragt. Das habe gerade ich zu spüren bekommen. Ein Artikelchen hatte ich überschrieben: »Bravo Strauß« – weil er genau das tat, was ich nicht gebilligt, aber erwartet hatte (Beschimpfung von Soares). »Bravo Strauß« hätte viele Leser angezogen, weil in der ZEIT verblüffend. »Lob für Soares« halbiert die Leserzahl. Ich hatte, sehr subjektiv, geschrieben: Soares wird die Wahlen verlieren. Ihr korrigiert: ». . . könnte die Wahl verlieren«. Als ob der Leser nicht beides als Prognose erkannt hätte.

Mein Gott, würden doch die Leser so lachen wie Ihr in der Konferenz. Aber nein, Ihr wollt Ernstmacher, keine Spaßmacher sein.

Es war schon eine gute Idee, Dieter Piel mal den Leitartikel schreiben zu lassen. Aber so? Die Überschrift [»Mehr Milliarden für mehr Straßen?«] gibt mir keinen Hinweis. Die Unterzeile [»Trotz Osterärger: Zweifel an Bonns Verkehrsplanung«] verwirrt mich. Im ersten Absatz stimmen die Tempi nicht. In den drei ersten Absätzen wird der Leser zunächst auf den falschen Weg geführt, vielleicht sogar absichtlich. Plötzlich erfährt man: es sollten weniger Straßen gebaut werden – das hätte in der Überschrift stehen müssen. Daß Straßen gebaut werden, »die oftmals den öffentlichen Verkehrswegen Konkurrenz machen«, dazu brauche ich mindestens zwei Belege. Daß »die Konkurrenz der Straßenbauer« die Bahn näher an den Ruin treibt, scheint mir unglaubhaft. Ich weiß gar nicht, was der Artikel nun fordert. Schmidt soll Impulse geben. Welche? Nur den Straßenbau einzustellen, ist ja wohl nicht genug. Ich schätze: 500 000 enttäuschte Leser.

Das wär's für den Anfang. Nichts für ungut (oder: Ungut).

Immer Ihr

Buc

Heute berichten einige Blätter über die Reaktionen von Arbeitern (nicht Druckern) auf die Forderungen der Drucker und den Ausfall der Zeitungen. – Berichterstattungen aus der Arbeitswelt hat die ZEIT fast nie.

nunmehr auch die ZEIT
»Der Leistungsdruck macht mutlos‹. Die Betroffenen haben das Wort: Heinz Ludwig Arnold sprach mit Göttinger Abiturienten« (Nr. 17 vom 16. April 1976)

Marions Artikel
Marion Gräfin Dönhoff: »Kampagne gegen den Fortschritt. Mit Lug und Trug versucht ›Bild‹, alte Vorurteile neu zu beleben« (Nr. 12 vom 12. März 1976, S. 3)

als erstes Becker
Mit Hellmut Beckers Artikel »Planer, Lehrer und Behörden« (Nr. 3 vom 9. Januar 1976, S. 3) begann eine Serie zur Frage »Bildungsreform gescheitert?«

mit dem letzten Stück
Gemeint ist das oben genannte Interview »Der Leistungsdruck macht mutlos ...« (siehe oben).

schwarzer Bischof
Henry Okullu: »Ein Kontinent, der nur kopiert? Afrikas Kirchen haben keine andere Wahl: Sie müssen für die Unabhängigkeit streiten« (Nr. 17 vom 16. April 1976, S. 50)

widersprechen die Bilder
Das Foto zeigt bewaffnete Kinder-Soldaten beim Schreibunterricht.

»Lob für Soares«
Bucerius' Artikel trug den Titel »Plädoyer für Soares« (Nr. 17 vom 16. April 1976, S. 6).

Piel ... Leitartikel schreiben zu lassen
Nr. 18 vom 23. April 1976

Mit dem Stift in der Hand und vor sich die ZEIT. Die Lektüre ist nicht immer ein reines Vergnügen. Der Verleger in seinem Büro (1975).

Die kommende Ausgabe, die vom 4. Februar 1977, will Bucerius wieder einmal zum Prüfstein dafür machen, ob die aktuellen politischen Diskussionen in der ZEIT angemessen analysiert und bewertet werden. Was bewegt die Medien gerade? Der Ständige Vertreter Bonns in Ost-Berlin, Günter Gaus, hat dem »Spiegel« vor wenigen Tagen ein Interview gegeben und damit viel Staub aufgewirbelt. Denn Gaus hat durchblicken lassen, dass die Bundesregierung den Wünschen der Ost-Berliner Regierung nach staatlicher Anerkennung weiter entgegenkommen könnte, wenn sich dadurch Verbesserungen im täglichen Verkehr zwischen beiden deutschen Staaten erreichen ließen. Botho Kirsch, der Leiter der Osteuropa-Redaktion der »Deutschen Welle«, sieht sich innerhalb des Senders »kaltgestellt« und macht parteipolitische Manöver sowie Pressionen aus Moskau dafür verantwortlich. Bundesverteidigungsminister Georg Leber steckt mitten in der so genannten »Generalsaffäre«. Er hat zwei

Generäle aufgrund von Äußerungen fristlos entlassen, die Herbert Weh-
ner auf eine Stufe mit dem Kriegshelden und rechtsradikalen Propagan-
disten Hans-Ulrich Rudel stellten.

Mittwoch [2. Februar 1977]
(handschriftlich)

Liebe Marion,

zu unserer Unterhaltung gestern: was ich in der ZEIT heute
brauche

1) Analyse von Gaus' *Spiegel*-Interview

2) dazu Darstellung des Streites in der SPD darüber, mindestens:
was denken oder sagen einige wichtige SPD-Leute

3) bei dieser Gelegenheit den Anlaß der Auseinandersetzung,
nämlich ob die Regierung stärker gegen die DDR auftreten sollte

4) endlich den seit Wochen schwelenden Streit um Kirsch.
Auch hier: Gibt die Regierung der DDR zu sehr nach?

5) Streit um Leber

Längerfristig:

1) Rüstungsparität West/Ost

2) Rückzug der USA aus Korea

Das wär' das Wichtigste. Ob wir es kriegen?

Immer Ihr

Buc.

[...]

7. Februar 1977

Liebe Marion,

zwei Stunden bevor der letzte Andruck kam, schrieb ich Ihnen,
was *ich* gern in der ZEIT lesen würde. Lassen Sie uns sehen, was
daraus geworden ist.

Mittwoch abend und Donnerstag morgen waren Presse, Fernsehen und Funk in höchster Bewegung. Voran der Fall Gaus. In der FAZ zunächst ein Bericht auf der ersten Seite; dann nimmt der Leiter Gaus zum Anlaß, über die Ostpolitik der Bundesregierung laut und vernichtend nachzudenken. Von der *Welt* reden wir erst gar nicht.

Und bei uns? Von Nawrocki nur ein paar fast nebensächliche Bemerkungen; nichts, was eine ernstliche, dem Thema angemessene Darstellung oder Reflektion wäre. – So haben wir Argumente also nur von der einen Seite bekommen. Da jeder, der politisch denkt, sich mit Gaus' erstaunlichem Vorstoß auseinandersetzen muß, wird der ZEIT-Leser im Stich gelassen.

Ich kann mir denken, was da passiert ist. Ted war noch in Japan (glänzender Artikel!); Becker werkelte an der USA-Sowjet-Rüstung (darüber später). »Nawrocki schreibt darüber«, sagte man sich. Als sein magerer Artikel dann vorlag, war's zu spät.

Donnerstag vormittag kam Lebers Sache in den Bundestag (!). Dazu: Aufmacher-Bericht in der FAZ, Leitartikel in der *Welt*. So heiß ist eine Debatte in der Bundesrepublik lange nicht gewesen. In der ZEIT: kein Wort; Marion: kein Wort.

Die Zeitung soll dem Leser helfen, a) über die Grundlagen (also langfristig) nachzudenken; da bedient ihn die ZEIT auf das beste. Sie soll b) ihm helfen, daß er über drängende Tagesfragen mitdenken und mitreden kann. Käufer, am Kiosk, kaufen die ZEIT aus diesen Gründen. Da kauft er diese Woche in der ZEIT ein Nichts.

Zu a): Bewundernswert Ted über Japan. Über »Japan weiß ich jetzt Bescheid«. Das mag falsch sein, aber ich bilde es mir eben ein, bin stolz und verdanke es der ZEIT. Wie Ted das fast unbewältigbare (gibt es das Wort?) Thema durch Anfang und Ende für jedermann dramatisch lesbar machte, das ist hohe journalistische Kunst.

Beckers Thema gehörte zu denen, die ich mir auch gelegentlich wünschte. Gut. Die Überschrift (»Blitzkrieg wäre Selbstmord«)

ließ mein Herz vor Freude schneller schlagen. Aber der Selbstmord kommt gerade im letzten Satz vor und wird da nicht begründet [»Ein sowjetischer Blitzkrieg – das wäre wohl nach wie vor Selbstmord«]. Wer der Überschrift vertraut hatte, merkte: das ist eine dramatische Sache, aber undramatisch geschrieben. Ordentlich geschrieben, korrekte Materialsammlung. Wieviel haben ihn zu Ende gelesen? Wer es tat, ist müde, für den Rest der ZEIT kaum noch zu haben. – Artikel dürfen so nicht ins Blatt – wenn Ihr überleben wollt. *Sie* haben in Ihrem ganzen Leben nicht einen so langweiligen Artikel geschrieben. Die ZEIT ist kein Buch, das man beiseite legt und weiterliest, wenn man wieder frisch ist. Sie muß in wenigen Stunden bewältigt werden. Leiter und erste Seite entscheiden, ob ich mir die Mühe mache. Beckers Artikel ist ein wunderschöner Kranz auf dem Grabe, das sich die ZEIT schaufelt.

Sie sagten mir: Journalistischer Glanz darf nicht auf Kosten der Richtigkeit gehen. Bitte: wo je hätte ich zu diesem Vorwurf Anlaß gegeben? Sagen Sie vielleicht auch anderen: Wir müssen aufpassen, daß Buc usw.? Verteidigen Sie vielleicht Becker damit?

Über den Fall Botho Kirsch wollte ich also lesen. Da treffen Publizistik, Meinungsfreiheit des Journalisten und das Urteil über die Entspannungspolitik in einem einzigen Fall zusammen. Die Quellen sind leicht zugänglich, man müßte mit Kirsch (Köln) sprechen, mit Ahlers telefonieren, Jaene telefonisch anhören und kriegte eine schöne Geschichte. Dazu der Fall »Nachfolge Lothar Loewe« in Ost-Berlin. – In der ZEIT: nichts. Bei Euch liegt die Fahne eines Artikelchens hierüber von [Wolfgang] Hoffmann; sie ging nicht in Druck, weil zu dürftig, reine Schreibtischreflektion. Keine Recherche, dafür ist Hoffmann sich wohl zu gut.

Ist der Brief bitter? Ich bin nicht bitter, sondern verzweifelt, so wie ich es seit zwanzig Jahren nicht mehr war. Vor dreizehn Monaten, vor Weihnachten 1975, sagte ich in der Käsekonferenz:

Wenn Ihr so weitermacht, dann werdet Ihr ein Jahr stagnieren, dann bröckelt die Auflage. Sie haben mich damals bös angenommen: »Sie wollen eine andere Zeitung, Buc!« und meinten, ich wolle Krach und Skandal. Ted, in Eurem sicheren Schutze, nahm die Nase noch ein wenig höher ...

Durch glänzende journalistische Leistung hat der *Spiegel* erreicht, daß er trotz der Preiserhöhung von zwei Mark auf 2,50 Mark kräftig Auflage gewann. Er verbessert seinen Apparat, kauft, was zu haben ist. Wir fallen ab. Damals sagte ich Ihnen voraus: Wir können zwischen *Spiegel* und FAZ zerrieben werden. Jetzt ist es so weit. Was damals fast mit gutem Willen zu machen war, das geht heute (vielleicht) auch noch, mit großen Anstrengungen der Redaktion und viel Geld. Bitte: das Geld gebe ich. Macht die Redaktion mit? Sie haben da eine Schlüsselrolle.

Dennoch: wenn's schiefgeht, Marion (und damit müssen wir rechnen), bleibt meine herzlichste Dankbarkeit, vor allem Ihnen. Für Jahre habe ich einiges von dem Glanz abbekommen, den Sie (und fast nur Sie) geschaffen haben. Ich wäre gerne damit in den Ruhestand gegangen. Aber so etwas Schönes muß ja nicht ein Leben lang dauern.

Immer Ihr

[Gerd Bucerius]

Von Nawrocki
Joachim Nawrocki: »Hektischer Kurs der SED« (Nr. 7 vom 4. Februar 1977, S. 2). In der folgenden Nummer vom 11. Februar 1977 schrieb Carl-Christian Kaiser: »Ging Gaus der Gaul durch? Der Staatssekretär wollte die Erstarrung auflockern, aber er wählte falsche Themen« (S. 3).

Ted über Japan
Theo Sommer: »Nippon – Untergang oder Anpassung. Hundertfünfzehn Millionen Japaner: eine Wirtschaft auf der Suche nach einer Rolle« (S. 4)

Fahne eines Artikelchens
Wolfgang Hoffmanns Text wurde nicht gedruckt. An seiner Stelle berichtete eine Woche später am 11. Februar 1977 Gunter Hofmann über die Sache: »Der Fall Kirsch. Wird der Leiter der Osteuropa-Redaktion gekillt?«.

Auch die nächste Ausgabe der ZEIT *nimmt Gerd Bucerius unter die Lupe. Kurt Becker behandelt in seinem Leitartikel das von den USA bekämpfte Geschäft der deutschen Wirtschaft, die zivile Kernkraftwerke nach Brasilien liefern will, und fragt: »Zwingt Carter Bonn in die Knie?« In »Sauer gegen Wehner« kommentiert Karl-Heinz Janßen einen Eklat im Bundestag. Der junge CDU-Abgeordnete Helmut Sauer hat mit einem Zwischenruf an die kommunistische Vergangenheit des SPD-Fraktionsführers Herbert Wehner erinnert und ihn unter dem Beifall seiner Unionskollegen direkt für den Untergang der Weimarer Republik verantwortlich gemacht.*

15. Februar 1977

Liebe Marion,

wie schön, über eines kann ich nun beruhigt sein: unsere 30jährige Freundschaft wird unter den Sorgen um die ZEIT nicht leiden! – Ich danke auch recht schön!

Darum riskiere ich auch, meine Meinung anhand der ersten Seite der Nr. 8 noch einmal zu schildern. Was ich für einen »Fehler« der ZEIT halte, wird dort deutlich.

Becker schreibt immer schwer. Er möchte in jedem Satz seine Zweifel am eigenen Wort deutlich machen. Das lähmt seine Aussage. Daraus entsteht dann seine Scheu, eine Lösung vorzuschlagen, ja für sie zu kämpfen. Im letzten Absatz lese ich: »Grundsätzlich«, aber »nicht grenzenlos«, keine »Konfrontation«. Mir scheint, er will Bonn empfehlen, sich zu widersetzen. Ganz sicher bin ich da aber nicht. Und was gäbe es Schlimmeres, als dass der Leser die Meinung des Autors nicht erkennt? Zur Not kann ich mir noch das offene Geständnis vorstellen: Ich (der Autor) weiß es nicht. Dann braucht der Leser wenigstens nicht zu fürchten, er habe den Artikel nicht kapiert.

Becker schreibt, nachdem er sich über die Grundlagen genau informiert hat. Das verführt ihn dazu, zuviel als bekannt vorauszusetzen. Dass *wir* beide den Artikel verstehen, beweist nichts. Der Leitartikel muss eine Million Leser finden, sonst belastet er das ganze Blatt.

»Sauer gegen Wehner«. Liebknecht hatte recht und wurde oft »zur Ordnung gerufen«. Sauer hat »ähnliches (wie Liebknecht) empfunden«; aber er hatte unrecht. Da bin ich gestolpert. Sauer wurde »in der Wehrdebatte gerügt«. Wie? Durch Ordnungsrufe, wie Liebknecht? – ich möchte immer zuerst über den Tatbestand kurz, aber genau informiert werden. In der Tat: die beiden letzten Absätze sind sehr gut. Aber wer kommt bis dahin? [...]

Drei schwache Seiten zum Anfang des Blattes? Das kann nicht gut gehen.

Außer der schwachen Auflage gibt es andere Zeichen, dass viele Leser der ZEIT müde werden. Das ist gefährlich. Darüber, was wir tun können, sind wir wohl verschiedener Meinung. Nur: wir müssen uns auf ein Verfahren einigen. Dies müssen wir geschlossen und mit Energie durchsetzen. Ziehen gerade wir beide nach verschiedenen Enden, dann geht's sicher schief.

Wenn die Nachtgespenster kommen, fürchte ich immer das Schlimmste. Tags bin ich dann wieder mutig.

Immer Ihr

[Gerd Bucerius]

11. März 1977

Liebe Marion,

zu unserem Gespräch auf dem Flur: Sie sagten, mein Artikel zu Maihofer sei schwer verständlich. Dann ist er gestorben. Ein Artikel auf der Seite 4 muss mindestens von 50 Prozent der ZEIT-Leser gründlich gelesen werden; das sind 600 000 Leser. Wenn aber Sie ihn schon schwer verständlich finden ...

Passiert es gar, dass der Leser auf mehrere ihm schwer verständliche Artikel stößt, dann wird er müde und findet die ZEIT »zu dick«. Wir merken das an der Auflage; auch wird es uns oft von Freunden bestätigt. Ein Mitglied des Kuratoriums sagte mir neulich: »Ich kann heute die ZEIT schnell durchlesen.«

Es hat mich eben niemand aufmerksam gemacht, als ich den Artikel ablieferte. Man liefert ja nie ein Manuskript so ab, wie man es sich vor dem Schreiben vorstellt. Die Gedanken entwickeln sich während der Arbeit; da bleiben Schlacken zurück. Andererseits ist dem Schreibenden manches so geläufig, dass er es dem Leser nicht klar genug macht. Beides ist mir wohl passiert; es mag auch anderen Autoren zustoßen. Diesem Mangel lässt sich nur abhelfen, wenn der Artikel nicht einfach redigiert, sondern gründlich gegengelesen wird. Wer ihn gegenliest, muss sich in die Rolle des unbefangenen, nicht unterrichteten Lesers versetzen. Er muss den Artikel in Gedanken auseinanderreißen, um ihn dann lesegerecht zusammenzusetzen.

Meinen Artikel habe ich früh (Montag) Kurt Becker abgeliefert. Ich bin doch wohl ein bequemer Autor und jedem Zureden offen. Becker hatte keine Mühe, mir die zweite Hälfte des Artikels (vorläufig) auszureden (er handelt vom Recht des *Spiegel*, die Geheimakte zu veröffentlichen). Wir haben kurzerhand den Anfang und die zweite Hälfte gestrichen. Becker hat dann redigiert und dabei kein Wort geändert. – Hier liegt, glaube ich, der entscheidende Fehler.

Nun verlangt Becker vom Leser viel. Das zeigt sich an seinen eigenen Artikeln. Sollten Sie auch Beckers Artikel hin und wieder schwer verständlich finden (so geht es mir), dann sollte man mit ihm offen darüber reden. [...]

Becker ist außergewöhnlich klug, seine politische Bildung ist umfassend, seine Allgemeinbildung wird von niemandem in der Redaktion übertroffen. Spricht er mit einem ungeduldigen Zuhörer, fallen alle Floskeln weg; er hält ihm sofort das Hauptargument hin. Dabei ist er liebenswürdig und gibt sich Mühe.

Ein vertrautes Paar. In der Wohnung von Gerd Bucerius am Leinpfad (siebziger Jahre).

Aber was tun? Auf meine Notiz an Ted vom 15. Februar (Kopie bei Ihnen), man möge Becker ein wenig mehr zuhören, bekam ich von Ted viele wütende Briefseiten; er meinte, ich wolle Becker als Chef der Politik vorschlagen. Die Kommunikation ist in der Tat schwach geworden.
Ich weiß, Ihnen sträuben sich die Federn, wenn ich mit solchen Querelen komme. Aber ich bin an einem Punkt angelangt, an dem ich die Arbeit als Verleger nicht mehr leisten kann, wenn die Redaktion mir nicht zuhört. Wären wir Hayo Matthiesen losgeworden, hätte ich nicht zufällig im Flugzeug Ihnen zwei meiner langen Klagebriefe zeigen können? Wir fliegen zu selten gemeinsam!

Wenn ich sage, dass da Millionen auf dem Spiel stehen, mag das nicht viel bedeuten. Sie glauben mir ja auch nicht, wenn ich schwarz male. Aber hier eine Rechnung:

Wir haben 1976 etwa 55 Mio. DM umgesetzt; 1977 liegen unsere Kosten im Durchschnitt um 6 Prozent höher. Wir müssten also 3,3 Millionen mehr verdienen. Die Vertriebspreise können wir bei der leicht rückläufigen Auflage nicht erhöhen. Unsere mittelfristige Finanzplanung sah vor, die Anzeigenpreise um 8 bis 10 Prozent zu erhöhen. Bessert sich die Auflage nicht dramatisch, so können wir höchstens die Preissteigerungsrate draufschlagen, also 4 bis 5 Prozent. Die Differenz von 4 Prozent bezogen auf 25 Millionen Anzeigeneinnahmen sind aber schon eine Million DM. Dazu kommen Verluste aus der höheren Remission. Die haben wir immer, wenn die Auflage schwächer ist, weil wir die Zuteilung an die Händler nicht kürzen wollen. – Da kann dem für die Finanzen Verantwortlichen Hören und Sehen vergehen.

Nun ist mir schon wohler!

Herzlichst

Immer Ihr Buc.

mein Artikel zu Maihofer
Am 7. März 1977 erschien der *Spiegel* mit dem Titel »Lauschangriff auf Bürger T.«. Das Nachrichtenmagazin war in den Besitz von Geheimakten gekommen und enthüllte, dass der Verfassungsschutz mit Wissen von Bundesinnenminister Werner Maihofer die Wohnung des Atomwissenschaftlers Klaus Traube abgehört hatte.

15. März [1977]
(handschriftlich)

Lieber Buc,
Ein Nachtrag zu Ihrem letzten Brief:
»Mir sträuben sich die Federn« überhaupt nicht – ich möchte genau wie Sie, dass die ZEIT ein Erfolg bleibt und außerdem, dass Sie sich nicht mehr grämen als nötig.
Also: Stets zu Ihrer Verfügung.
Herzlichst Ihre
Marion

30. März 1977
An: Gräfin Dönhoff, Dr. Sommer, D. Stolze

Liebe Freunde,
Sonntagabend war ich fast vier Stunden bei Marion – nach einer Stunde so vergnügt wie in alten Zeiten. Sicher hat sie auf die eine oder andere ihrer Vorstellungen (wie das Blatt aussehen sollte) verzichtet; nun sollten es eben die anderen versuchen. – Montag morgen erzählte mir Diether dann, er habe sich auch vier Stunden mit Ted ausgesprochen; man könne alle Ärgernisse der letzten Monate vergessen. Zwei Stunden später schon hatten wir Pläne, um mit der Auflagenflaute fertig zu werden; bei der glänzenden Ausgangslage der großartigen Zeitung ja nicht schwer, wenn man nur wieder Courage hat.
Kurz nach drei Uhr kam dann Ted, so gar nicht vergnügt. Ich hätte zwar »zu 90 Prozent recht«. Aber er hielt mir alle meine Sünden vor; vor allem: ich verunsichere durch Katastrophenmeldungen »die« Redaktion. Beispiele? Er nannte schließlich meinen kurzen speech auf der Betriebsversammlung (23.3.). Nun kommen Anfang April die offiziellen, diesmal eben nicht günstigen Auflagenzahlen. Die sollten die Mitarbeiter nicht aus

der Zeitung, sondern von mir erfahren, zugleich mit den (berechtigten) guten Kommentaren. Ich sprach also von der »vollen Kasse« und dem »nicht angegriffenen Sparkonto von 10 Millionen«, kurzum: ich verbreitete Optimismus – zu viel, wie Röpert und Hilde von Lang meinten.

Die Auflage: Könnten, gab Ted zu bedenken, nicht meine Artikel die Ursache der Auflagenschwäche sein? Meinen ersten Schrecken erstickte er durch die herrliche Formel: »Früher schrieben Sie *komplementär* zur Redaktion, heute eher *konträr*.« Ich lachte laut und versuchte, ihn auf die echten Ursachen der Schwäche zurückzuführen. Außerdem war ich entschlossen, allen Ärger zu vergessen und mit dem großen Journalisten und in seinem Kielwasser neu zu starten.

Glücklicherweise hatte ich ein »Komplementär«-Thema. Ich hatte schon seit einiger Zeit in dem Knatsch bei der *Deutschen Welle* herumgestochert. Was da an Organisationsirrsinn und verbogener Menschlichkeit zu erleben ist, ist ein Stück der komischsten Mediengeschichte – die gerade Ted sich so sehr ins Blatt wünscht.

Ich bot ihm das also an. »Um Gottes willen, wir sind so knapp mit Platz dieses Mal.« Das Donnerwort kenne ich ja schon. Ted schlug mir dann eine Glosse vor. Ich zögerte, die Mediengeschichte schien mir so gut; aber ich ließ mir meine Absicht ausreden.

Eine Glosse also. Dann Ted: »Eine Woche ohne einen Bucerius; dann hätte ich es mit der Redaktion leichter!«

Das kam bedrückt, aus ehrlichem Herzen. Ich muss es also respektieren. Aber was, um Gottes willen, soll ich noch in einem Hause, das meine Artikel als Last empfindet? Wo jeder schreiben kann, ich aber meine Meinung nur vor mich hinbrabbeln darf? Da kann ich doch nur meine Sachen packen.

Immer wieder habe ich Ihnen und jedermann gesagt, auf mich könne die ZEIT verzichten; Ted dagegen sei in jedem Sinne unverzichtbar. Er hat gerade mit seinen letzten Artikeln eine neue Höhe seines Ansehens erreicht. Das habe ich ihm auch Montag gesagt, deutlich und mit Überzeugung. – Da fällt dann die Entscheidung nicht schwer.

Warum sollte ich leugnen, dass mich das schmerzt. – Eine kurze Information für die Leser schicke ich Ende der Woche aus Brione.

Vielleicht werde ich dann auch eines Tages erfahren, wer nun eigentlich meine Artikel nicht will. Marion? Diether? Becker? Leo? Jungblut? Nina oder Petra? Vielleicht Steinmayr, Prause oder jetzt Raddatz? Ihr solltet mich nicht lange grübeln lassen.

Herzlichst

immer Ihr Buc.

Der siebzigjährige Gerd Bucerius will sich zum 1. Juli 1977 als Verleger zurückziehen und sein »Amt« an Diether Stolze übergeben, den stellvertretenden Chefredakteur und Leiter des Wirtschaftsressorts, der seit 1971 auch schon Mitglied der Geschäftsführung ist. Indessen behält der Eigentümer Bucerius das letzte Wort.

30. März 1977
An: Gräfin Dönhoff, Diether Stolze

Liebe Marion,

lieber Diether,

vielleicht gibt Ted seinen Widerstand gegen unsere Reformpläne auf, wenn die nicht mehr von mir vertreten werden. Zur Zeit ist er nur Abwehr gegen jede Kritik. Sein großer, internationaler Ruf hindert ihn, die kleinen, aber doch gefährlichen Fehler zu sehen. – Zu mir ist er gerade noch knapp höflich. Keine Rede mehr von unbefangener Diskussion.

»Auch der Verlag macht Fehler«. Gewiß. Aber welche? »Die Redaktion bekommt den *Spiegel* erst Montag um 11 Uhr«, hielt er mir ehrlich bekümmert vor. Solche und ähnliche Dinge plagen ihn – unsinnig, sie lassen sich notfalls mit einem Kommando abstellen.

Nächste Woche will ich also in der ZEIT meinen Rückzug von den Geschäften und den vorläufigen Rückzug von der Schreiberei verkünden. Und Diethers Amtsübernahme unter Vorbehalt der (sicheren) Zustimmung des Kuratoriums. Diesem gegenüber sind wir nicht ganz loyal – sie müssten's eigentlich vorher beraten. Aber ich werde den Mitgliedern schreiben, weshalb ich mich so plötzlich entscheiden musste. Die bekannten Briefe geben dabei die beste Rechtfertigung.

Immer
Ihr Buc.

20. April 1977

Liebe Marion,

mein anliegender Brief [an Diether Stolze] beschreibt also meinen etwas gemilderten Abschied von der ZEIT. In einem schweren Augenblick.

Die letzte Nummer war schlecht, einfach langweilig; dieses Wort hören wir immer häufiger von unseren Freunden. An vier großen Artikeln habe ich im Brief an Stolze die Fehlerquellen dargestellt.

Natürlich kann ich nicht damit rechnen, dass jetzt in wenigen Wochen erreicht wird, worum ich fast zwei Jahre gekämpft habe. Aber: Als ich den Hanno Kühnert las, seufzte ich zwar; mal wieder so ein mühseliger Artikel. Einen Schlag bekam ich, als ich sah, dass die Redaktion diese Fehlleistung in die rote Zeile gesetzt hatte.

Will sie es wirklich noch nicht sehen?

Tief im Grunde liegt noch dies Unbehagen: Nach den Jahren der

Reform-Freude erleben wir – nun aber schon seit Jahren – eine Tendenzwende; mir fällt kein besseres Wort ein. Die Redaktion will sich ihr verweigern. Viele ZEIT-Leser werden ihr darin folgen. Die anderen gehören zu der Bildungsschicht, welche auf die gute Formulierung einer abweichenden Meinung angewiesen ist. Eine Chance also.

Die Redaktion aber findet die »Tendenzwende« so scheußlich, dass sie sie gar nicht sieht. Einige Monate vor den Bundestagswahlen sagte ich Ted: dieses Mal *könne* die CDU gewinnen. »Ausgeschlossen, die CDU ist noch nicht reif zum Regieren.« Als ob es darauf ankäme und nicht das Volk anders entscheiden könnte. Bitte lesen Sie einmal nach, wie die ZEIT auf den Paukenschlag in Hessen reagiert hat. In Frankfurt eine CDU-Mehrheit, Freund und Feind erschüttert. In der ZEIT gerade ein Satz bei Becker und ein maulender Artikel über Wallmann.

Unter dieser inneren Ausrichtung leidet auch die Bonner Redaktion. Bei allem Glanz von Zundel – auch er ist ein wenig beleidigt, dass die Gesellschaft sich nicht nach ihm richtet. Von Kaiser rede ich nicht – er trägt zum Blatt gerade Routine bei.

Nun ist es schon wieder ein Brief geworden. Quartier!

Immer

Ihr Buc.

den Hanno Kühnert
»Die Macht der dritten Gewalt. Können die Gerichte politische Konflikte schlichten?« (Nr. 17 vom 15. April 1977, S. 58)

Hamburg, 10. Mai 1977

Lieber Buc,

ich bin so verschreckt durch die italienischen Postverhältnisse, daß es mir nutzlos schien, den Dank für Ihren Brief an Ihre israelische [italienische?] Adresse zu schicken. Ich möchte aber doch gern ein Wort sagen, das Sie noch irgendwo unterwegs erreicht.

Zunächst zu Ihrer Blattkritik: Ich stimme Ihnen voll zu, finde Ihre Analyse durchaus gerechtfertigt. Zweifel hege ich bei der ja auch von Ihnen nur vage angetippten Idee, die erste Seite zu verändern. Erstens besteht unser Hauptkapital in dieser Trademark, die für so viele Leute so viele Erinnerungen heraufbeschwört – manche gehen zurück bis zur Besatzungszeit. Zweitens: sollte es Leute geben, die eigentlich nur auf einen Grund warten, um abzuspringen, weil die Zeitung sie langweilt, so wäre dies ein wunderbarer Vorwand: »Nun fangen die auch noch *damit* an ...« Drittens, eine Zeitung, die am Dienstag gemacht wird, am Donnerstag herauskommt und von vielen erst Freitag und Sonnabend gelesen wird, ist gar nicht imstande, die Leser mit Nachrichten zu frappieren. Ich habe es gerade während des Londoner Gipfels wieder gesehen, wie rasch man das Nachrichtenbedürfnis befriedigen kann: morgens Zeitung, Radionachrichten, Fernsehen um 19.00 Uhr, 20.00 Uhr und dann noch einmal um Mitternacht.

Ich hoffe, Sie fanden die letzten Nummern interessant. Mir scheint Nina ganz hervorragend geraten, auch die Investitions-Diskussion in der Wirtschaft. Ganz mies war nur der indiskutable Vorspruch im Feuilleton zu den CDU-Kulturstellungnahmen. Diese Art von voreingenommener Kettenhund-Mentalität ist unerträglich. Ich habe angeregt, daß in der Politik jetzt mehr grundsätzliche Analysen über die CDU erscheinen, beispielsweise eine unvoreingenommene Untersuchung, wie eigentlich die Regierung in Niedersachsen funktioniert. Auch über die Universitäten werden wir uns jetzt hermachen.

Und nun zu Ihrem Brief an Diether, vielmehr zu dem Markstein, den er setzt. Ich kann mir vorstellen, lieber Buc, daß dies – obgleich längst beschlossen – dann doch ein schmerzhafter und auch sorgenvoller Moment ist. Aber ich meine, Sie sollten diesen Markstein nicht zu sehr als Grenzstein, sondern mehr als Brückenkopf ansehen. Auch wenn Sie Diether jetzt walten lassen, ist doch Ihr Rat in tausend Dingen nicht nur bei den Anzeigen genauso unentbehrlich wie Ihre Diskussionsbeiträge und kritischen Bemerkungen (sofern sie nicht zu einer täglichen Einrichtung werden!).

Ich nehme an, wir werden uns hier noch sehen. Ich habe meine Reise verschieben müssen, weil es mir wirklich recht mies geht, ohne klare Aussicht auf Besserung. – Also auf bald!

Stets Ihre

Marion

der indiskutable Vorspruch
> Das ZEIT-Feuilleton hatte in der letzten Ausgabe sechs Parteigängern der CDU Gelegenheit gegeben, sich gegen die von Benjamin Henrichs in der ZEIT vom 8. April 1977 vorgebrachte These zu wenden, die Union verfüge über kein kulturpolitisches Programm. In dem von Fritz J. Raddatz unterzeichneten Vorspann zu den Stellungnahmen hieß es unter anderem: »Vertreter und Anhänger der CDU aber, und das ist das Frappante, haben sich in einem Anfall von furor teutonicus zu Worte gemeldet, statt der Nachdenklichkeit Platz zu geben. Der Frage, wieso um eine große Partei, die gar Volkspartei sein will, ein absolutes intellektuelles Vakuum besteht, wird die Redlichkeit schlicht bestritten [...] Genau das aber ist der Makel, von dem die Rede war: eine dialoglose Luftleere statt des kritischen Gesprächs« (Nr. 20 vom 6. Mai 1977, S. 41).

20. Mai 1977
(handschriftlich)

Lieber Butz,

From far away rings a bell und Ebelin bestätigt, daß in diesen Tagen Ihr Geburtstag war. Sicher kein Anlass für Gratulationsjubel in unserem Alter, aber doch für einen mitfühlenden Gruß. Und für ein paar Wünsche: Gesundheit, Freude am Leben und vor allem an der Zeitung. Ich denke, die letzten Ausgaben berechtigen dazu.

In ihr Haus in Forio auf Ischia zog sich Marion Dönhoff immer wieder gern zurück. Hier versammelte sie Verwandte und Freunde um sich.

Die ersten Tage hier waren schlimmer als Hamburg: Sturm, Regen, Kälte – aber seit heute ist es herrlich.
Ich tue viel für meine Gesundheit – nach den vielen Chemikalien, die ich in Hamburg verordnet bekam, habe ich mich hier einstweilen rustikaleren Mitteln zugewandt. Die Nachbarin hat aus Olivenöl und den Blättern einer geheimnisvollen Pflanze, die Aruta heißt, eine dunkelbraune, seltsam riechende Sauce gekocht, mit der Yvonne [Marion Dönhoffs Schwester] mich beschmiert – mal sehen, zu was das führt.
Meine Klagen provozieren von allen Einheimischen die Antwort: »Ja, Ischias oder Rheuma haben wir hier alle.« Der Name dieser Insel, den wir für einen Hinweis auf Heilung hielten, scheint also eher eine self-fulfilling prophecy.
    Buc, alles Gute
    Marion

Der neueste »Spiegel« ringt Bucerius wieder einmal jene Mischung aus
Bewunderung und Geringschätzung ab, die ihn bei der Lektüre des
Nachrichtenmagazins stets hin- und herreißt. Aufbauend auf einer Do-
kumentation von Schulaufsätzen, die im Herbst als Buch erscheinen soll,
hat der »Spiegel« die teilweise katastrophalen Kenntnisse der Schüler
über Hitler zu seiner Titelstory gemacht und damit erneut ein großes
Echo in den Medien erzielt. Die ZEIT konnte nur nachziehen.

24. August 1977

Liebe Marion,

natürlich ist die Diskussion mit den Schülern über Hitler in der
ZEIT besser als die *Spiegel*-Geschichte. Beim *Spiegel* hat man
nicht einmal so recht bemerkt, dass er im Grunde nichts weiter
tut, als einige Passagen aus einer fremden Arbeit abzudrucken;
sie erscheint demnächst als Buch, ist aber zuvor schon viel zitiert
und diskutiert worden. Der *Spiegel* tut das dann noch sehr propa-
gandistisch, übertrieben pointiert.

Aber wie hat der *Spiegel* an dem Thema gearbeitet! Schnell wieder eine Umfrage bestellt, die mir in der Tat wichtige Erkennt-
nisse vermittelt. Augstein kommentiert das Ganze.

Das alles ist sehr beachtet worden, und zwar positiv. Schon am
Tage nach dem Erscheinen des *Spiegel* berichtete die IHT auf der
ersten Seite über die Umfrage unter Nennung des *Spiegel.* Inzwischen hat der israelische Botschafter in Bonn (wohl) im Deutsch-
landfunk über den *Spiegel* berichtet. Noch am Sonntagabend
(also einen Tag vor dem Erscheinen des *Spiegel*) kam's im Fernsehen.

Nun fragt die Journalistin natürlich: »Was geht mich das alles an?«
Da sollte Ihnen aber der Ex-Verleger gestehen: Es geht jeden
Mitarbeiter an, wenn er Gewicht darauf legt, dass die Zeitung
überlebt. Unser Leid ist ja eben, dass der *Spiegel* fast jede Woche
zitiert wird, die ZEIT fast nie. Nun beruhigt es Sie natürlich, dass

Sie in Ihrem Freundeskreise immer auf die ZEIT angesprochen werden. Einmal muss man doch wohl Stimmen von Freunden etwas relativieren. Dann gehören zu Ihrem Freundeskreise natürlich nur die ganz intelligenten Leute. Ein Teil der ZEIT-Leser ist auch so intelligent, vielleicht 100 000 von der einen Million, die einen solchen Artikel lesen müssten. Die übrigen 900 000 aber sind guter, bemühter Durchschnitt. Für diesen Durchschnitt ist ein so langer Artikel nur dann verdaulich, wenn er mit kurzen Kommentaren, mindestens mit ausführlichen Zwischentiteln durch die zwei (!) Seiten geführt wird.

Wird dem Leser das vorenthalten, ist er wie ein Mann, dem ein Haufen ungeschliffener Diamanten vor die Füße geworfen wird; soll er doch sehen, was an Qualität daran ist.

Sie haben einmal gesagt: »Wir machen die ZEIT so, dass sie uns Spaß macht.« Das ist richtig, und dabei soll es auch bleiben. Aber sie muss auch einer außerordentlich großen Zahl vom Leben geplagter Mühseligen und Beladenen Spaß machen. Das tut sie nur, wenn ein solcher Artikel bis zum letzten daraufhin geprüft worden ist, ob ihn der Leser ohne große Schwierigkeiten versteht. Hat es die ZEIT daran nicht doch fehlen lassen?

Aber all das soll sich ja nun doch ändern. Sie wissen, dass der Verlag schon seit langem der Redaktion die nötigen Mittel hierfür angeboten hat.

Herzlichst

Ihr Buc

Diskussion mit den Schülern
»›So viele auf einem Fleck, für einen Hitler . . .‹ Berliner Schüler loben die Objektivität des Fest-Films und bemängeln seine Oberflächlichkeit« (Nr. 35 vom 19. August 1977)
aus einer fremden Arbeit
Dieter Boßmann (Hg.): Was ich über Adolf Hitler gehört habe . . . Auszüge aus 3042 Aufsätzen von Schülern und Schülerinnen der Bundesrepublik Deutschland, Frankfurt 1977.

Brione, 26. Februar 1978

Liebe Marion,
gestern nacht habe ich geträumt: ein Student hat auf Kreisky geschossen. Der sei ein Verbrecher, verteidigte sich der Täter, das habe in der ZEIT gestanden. − Verdrängte Tagesarbeit, ich weiß. Nach der ersten Mitteilung über Raddatz' Schuld- und Reuebekenntnis habe ich − erleichtert − nicht weitergedacht, eben nur geträumt. In der Tat: wir schulden Kreisky Wiedergutmachung. Er ist ein Staatsmann, die Welt hat nicht viele. Ganz am Rande und fast gleichgültig: Er hat auch so gute Manieren. Wir auch? Ted scheint ja getobt zu haben; aber das bleibt in Euren vier Wänden.

Noch einmal zu Voland. Die Orientierungsstufe (der 10−12jährigen) läßt sich theoretisch so gut begründen wie die Kollegstufe (der 17−19jährigen). Für mich, vor 60 Jahren also, wären beide eine heilsame Herausforderung gewesen. Ich kam mit Mogeln, Abschreiben und ein wenig Aufmerksamkeit immer gerade mit. In die Unsicherheit und den Wettbewerb geworfen, hätte ich mich vielleicht angestrengt. Was aber niemand weiß: Können die meisten Kinder diese Herausforderung bestehen? Gibt die »Reform« dem benachteiligten Arbeiterkind bessere Chancen? Oder setzt es [sie] gerade dieses Kind neuen Belastungen aus? Darüber gibt es sicher viel ausgesprochene oder gedachte Meinungen. Der Journalismus muß sie erforschen. Das kann man. Vor einiger Zeit hat sich Peter Brügge vom *Spiegel* vier Wochen lang in München hingesetzt und Tag für Tag mit Schülern über Kollegstufe und Numerus clausus diskutiert. So bekommt der Leser Stoff für sein eigenes Urteil. Viele Leser sind Eltern. Sie möchten mitdenken; nehmen uns gar nicht übel, wenn wir anderer Meinung sind. Aber wir lassen sie im Stich.

Voland kann nichts dazu. Er kommt aus der sozialdemokratischen Verwaltung. Für ihn ist das eine politische Frage; wird sie gegen ihn entschieden, schwächt das die Sache, für die er mit gutem Herzen streitet. Einen so festgelegten Mann hätte man nicht engagieren dürfen. Raddatz kann ihn nicht korrigieren, denn er weiß natürlich nicht genug von der Schule; er sieht nicht, wo es Voland fehlt.

Übrigens: Kollegstufe. Sie ist eine Idee der Reformer; *mir* gefällt sie. Ob sie der Chancengleichheit nützt oder im Gegenteil dem Stärkeren hilft, den Rücksichtsloseren mit größerem Rückhalt im Elternhaus (siehe oben), das weiß ich nicht, habe auch in der ZEIT nichts, überhaupt nichts, darüber gefunden. Jetzt lesen Sie bitte den Artikel von Prof. Narr (dem begabten linken Soziologen aus Berlin) in der ZEIT (liegt an). Da klagt er, man habe den Schülern sogar ihre vier Schulwände weggenommen (weil der Klassenverband ja aufgelöst ist). Eben; das hatte man nicht überlegt. So kommt es, wenn man das System hoch schätzt und den Menschen aus den Augen verliert.

Aber wo hat die ZEIT den Menschen im Auge? In der Schule? Bei der Bundeswehr? Auf der Uni? Am Arbeitsplatz? Im Krankenhaus? Beim kleinen Unternehmer – lesen Sie da mal, was sich Peter Brügge für den *Spiegel* (Heft 4) erarbeitet hat. Die ZEIT-Redaktion turnt – glanzvoll – am hohen Trapez. Das schaut man sich gern mal an; aber kann der Leser sich da wiederfinden? Die Lehrer lesen uns, sagen Sie immer (mit Recht). Aber wo liest der Lehrer über seine Kinder, über seine Sorgen. Einmal schrieb Katharina Zimmer, wie es in einer Schulklasse zugeht – das wurde als Kuriosität belächelt, nicht ermutigt. Voland blockt das nach der Politik für die ZEIT wichtigste Thema.

Weil der politische Teil so gut ist, wird die ZEIT von mehr als 1 Million jede Woche gelesen. Aber wenn Ihr überleben wollt, braucht Ihr jedes Jahr 50 000 Leser (10 000 Käufer) mehr. Die sind da. Aber Ihr bleibt bei der Formel, die vor 10 Jahren so erfolgreich war. Bitte Marion: Das ist der Weg in den Untergang. Täglich schwanke ich: Soll ich sagen, was geht mich das alles noch an? Wenn ich mich gerade dazu entschlossen habe, schüttelt mich wieder der Gedanke, daß dann von meinem Leben nichts übrig bleibt.

Aber was rede ich – Ihr mögt mir eigentlich gar nicht mehr zuhören; allenfalls beruhigen, damit ich die Redaktion nicht »verunsichere«. Und Ted hat Mühe, sein Mitleid mit mir zu verbergen.

Herzlichst immer

Ihr Buc.

Kreisky
Ausgelöst wurde Bucerius' Albtraum durch einen Text Thomas Bernhards, der im Feuilleton der vorletzten Ausgabe gestanden hatte. Es handelte sich um einen der bekannten Ausbrüche des Autors gegen alles Österreichische. Die Tirade enthielt folgende Passage: »Die Regierungen, die wir in den letzten Jahrzehnten gehabt haben, waren zu jedem Verbrechen an diesem Österreich bereit, und sie haben an diesem Österreich jedes nur denkbare Verbrechen begangen« (»Was Österreich nicht lesen soll. Die Kleinbürger auf der Heuchelleiter«, Nr. 8 vom 17. Februar 1978, S. 40).

Artikel von Prof. Narr
Wolf-Dieter Narr: »Die Generation der Ausgeschlossenen« (Nr. 4 vom 20. Januar 1978, S. 52)

Dem folgenden Brief legt Gerd Bucerius wieder einmal die Kopie eines »Spiegel«-Artikels bei. Das Thema sind die Gewerkschaften.

17. März 1978

Liebe Marion,

[...] Ich weiß, Sie halten den *Spiegel* für mies. Meinetwegen. Aber die ZEIT hat nichts Vergleichbares zum Streik gebracht, nur langweilige Riemen und einen sentimentalen Artikel.

Die ZEIT erfüllt nicht mehr die journalistischen Ansprüche an eine Wochenzeitung. Darüber klage ich seit fast drei Jahren. Erfolg: nur Spott. Ich sehe nicht den geringsten Ansatz zur Besserung.

Herzlichst

Ihr [Gerd Bucerius]

NEUNTES KAPITEL

Wer soll im Blatt das Sagen haben?

In der zweiten Hälfte der siebziger Jahre erlebt die ZEIT *einen rasanten Aufschwung. Die Auflage steigt auf 382 000 im Jahre 1980, der Seitenumfang wächst, die Zahl der Redakteure verdoppelt sich. Diese Entwicklung veranlasst die Führungsgruppe, sich Gedanken über eine Neugliederung der Redaktionsspitze zu machen. Bucerius' stetes Drängen nach neuen Konzepten, neuen Ideen, neuen Leuten führt zu Überlegungen, anstelle des Chefredakteurs nach dem Vorbild der »Frankfurter Allgemeinen Zeitung« ein Gremium von fünf Herausgebern zu bilden. Stolze ist dafür, weil er darin eine Chance sieht, die Macht des Chefredakteurs zu beschneiden. Sommer befürwortet den Plan, weil er hofft, auf diese Weise angesehene Autoren für das Blatt zu gewinnen; so will er zugleich die chefredaktionelle Wirkungskraft vervielfältigen und mehr Brillanz und Brisanz ins Blatt bringen. Gedacht ist an den Chefredakteur des Wirtschaftsmagazins »Capital« Johannes Gross, den Verleger Wolf Jobst Siedler und den Rektor der London School of Economics, Ralf Dahrendorf, aber auch an den Schriftsteller Günter Grass und an Günter Gaus, den ehemaligen »Spiegel«-Chefredakteur, der nun Ständiger Vertreter der Bundesrepublik in Ost-Berlin ist.*

Bucerius ist für den Plan, Marion Dönhoff sieht ihn aus Misstrauen gegenüber allen Superstars mit Skepsis. In der Redaktion löst das Vorhaben monatelang Unruhe aus. Am Ende zerschlägt es sich, weil die Kandidaten nicht zu gewinnen sind. Anfang November 1978 endet die Krise mit der Etablierung eines Gremiums von drei Herausgebern – Stolze, Sommer und Dönhoff. Die Position des Chefredakteurs bleibt

*drei Jahre lang unbesetzt; Stolze und Sommer führen die Redaktion ge-
meinsam, wobei Stolze seine verlegerische Generalkompetenz behält, während die Zuständigkeit für politische Richtungsfragen bei Sommer liegt.*

*Ganz glücklich ist niemand über diese Lösung. Auch lässt
Stolze nicht locker. Als Helmut Schmidt im Oktober 1980 den Ressort-
leiter der Politik Kurt Becker als Regierungssprecher nach Bonn holt und
Theo Sommer das politische Ressort interimistisch übernehmen will,
setzt Stolze die alte Herausgeber-Konstruktion erneut auf die Tagesord-
nung. Nicht nur dies: Er bringt neue Kandidaten ins Spiel, die zunächst
nur Kolumnen schreiben sollen, aber den Meinungsschwerpunkt weit
nach rechts verschoben hätten. So Ludolf Herrmann von »Publik«, der
über jugendliche Friedensdemonstranten schreibt, bei ihnen flattere »für
Momente der Massenerotik die kleine rachitische Seele aus dem Gefängnis des pickligen Körpers«. Bucerius stellt sich anfänglich hinter den
Plan, das Prinzip des »divide et impera« ist ihm nicht fremd. Sommer
sträubt sich. Gräfin Dönhoff legt Protest ein. Am Ende gibt Bucerius
klein bei und tut so, als habe er von dem ganzen Streit nichts gewusst.
1982 trennt er sich von Stolze, als dessen Ehrgeiz ihm auch in geschäftlichen Dingen zu weit geht.*

28. Juni 1978
(handschriftlich)

Lieber Buc,

Da wir vor meiner Abreise in die USA uns nicht mehr sehen werden, würde ich doch gern versuchen, einmal zusammenzufassen, warum mir die neuen Pläne undurchdacht, unzweckmäßig und lebensgefährlich erscheinen.

Das Charakteristikum der ZEIT ist doch, daß die Stellung der Abteilungsleiter von allem Anbeginn sehr stark und entscheidend war – wahrscheinlich waren ursprünglich dafür die Persönlichkeiten von Tüngel, Topf etc. verantwortlich. Diese Struktur hat sich in 30 Jahren bewährt, weil sie ein Maximum an challenge für die Beteiligten darstellte: Es war immer eine gewisse Rivalität, welcher Teil ist der beste. Die Aufgabe des jeweiligen Chefredakteurs war es, zu koordinieren und zu integrieren; er mußte das Schiff auf dem richtigen Kurs und die Besatzung bei guter Laune halten.

Nun sagen Sommer und Stolze, heute sei die Malaise, daß die Ressorts Wirtschaft und Modernes Leben unzulänglich geführt würden und überdies der Chefred[akteur] keine Gesprächspartner habe. Diesem Mißstand wollen sie aber nicht dadurch beikommen, daß zwei erstklassige neue Abteilungsleiter gesucht werden, sondern indem drei Generalisten als Co-Chefred[akteure] engagiert werden. Dahrendorf, Gross, Siedler – alle drei ungemein brillant und ideenreich, aber ihr Ehrgeiz wird sich vermutlich darin erschöpfen, eben diese Eigenschaften dem Publikum vorzuführen. Dies scheint mir schon darum unvermeidlich, weil keiner von ihnen eine bestimmte Aufgabe hat, beispielsweise den besten Wirtschaftsteil aller Zeitungen zu machen oder das Moderne Leben mit den richtigen Themen auszustatten und auf Hochglanz zu bringen.

Begründung für jenen Plan: Zentralisierung sei notwendig – also das Gegenteil von dem, was gewachsen ist! Mit anderen Worten, die Struktur der Zeitung soll von Grund auf verändert werden, was ich für ein ganz gefährliches Experiment halte. Diese Zentralisierung bringt für die schwachen Ressorts wenig Nutzen, und die Chefs der funktionierenden, wie Raddatz, werden auf diese Weise auch noch frustriert.

Frustration wird, fürchte ich, ohnehin zunächst einmal das einzig greifbare Ergebnis sein, denn unter den 50 Mitarbeitern wird es keinen geben, der sich nicht darüber ärgert, daß jeder der Neuen das 5fache von dem verdient, was die Alten haben. Das, was da entstehen wird, ist also eine Klassengesellschaft in einem zentralistischen, d. h. autoritär geführten Staat. Ich frage mich, wen das wohl freuen und mit Passion erfüllen soll?

Die finanzielle Seite dieser Umgestaltung vermag ich natürlich nicht zu beurteilen, aber es erscheint mir höchst merkwürdig, daß man eine Art artifizielles Defizit schafft, um auf diese Weise die Reserve anbrechen zu können, die doch als Auffangnetz für wirklich schwere Zeiten gedacht ist. Wenn das Engagement der drei Neuen insgesamt ca. 1,5 Mill. p[er] a[nnum] kostet und dann ja auch Verleger und Chefredakteur entsprechend ausgestattet werden müssen, kann man sich vorstellen, wie lange die Reserve reicht.

Ich sehe ein, daß etwas geschehen muss. Wenn *ich* mir die Lösung schminken könnte, wie sie mir am Einleuchtendsten erscheint, dann hieße sie: Sommer plus Stolze, aber das werden beide aus jeweils verschiedenen Gründen nicht wollen. Ich bin gespannt, was Sie entschieden haben werden, wenn ich zurückkomme.

Alle guten Wünsche und Gedanken begleiten diese Entscheidung.

Stets Ihre
Marion

6. Juli 1978
(An Marion Dönhoff in Aspen, Colorado, USA)

Liebe Marion,
darf ich gleich auf Ihren Brief vom 28. Juni antworten? Und
Ihnen dies sogar nach Aspen schicken? Wenn es Ihnen passt,
würden wir gern bald nach Ihrer Rückkehr über das Ergebnis
unserer Überlegungen mit Ihnen sprechen.

Sie schreiben: »Die Aufgabe des jeweiligen Chefredakteurs war
es, zu koordinieren und zu integrieren; er musste das Schiff auf
dem richtigen Kurs und die Besatzung bei guter Laune halten.«
Richtig. Aber wird diese Aufgabe zur Zeit erfüllt? Ted bewegt
sich wirksam und elegant auf dem Gebiete der großen Außenpolitik. Für die Gesellschaftspolitik hat er wenig Neigung; sein
Verständnis ist notwendigerweise lückenhaft. Das Ergebnis:
heftige Interventionen in den einzelnen Ressorts, ohne Konsequenz; er stößt die Leute vor den Kopf, erzieht sie aber
nicht.

Wir können dem genialischen Manne deswegen nicht gram sein;
er ist nun einmal so konstruiert, und wir wollen ihn nicht ent-
behren. Nur muß man sehen, daß er diese Hauptaufgabe des
Chefredakteurs nicht erfüllen will.

Diethers und meine schweren Sorgen ließen sich nur besänf-
tigen, wenn man uns einen anderen Chefredakteur vorschlagen
könnte. Haben Sie einen Kandidaten? Selbst auf den Posten zurückzukehren, haben Sie abgelehnt. – Sie möchten »zwei erstklassige neue Abteilungsleiter« suchen. Unsere Abteilungsleiter
sind nicht schlecht; aber sie sind nicht erstklassig, d. h. so gut, wie
wir sie brauchen. Aber glauben Sie, daß Sie unter einem Chefredakteur Ted Sommer »erstklassige neue Abteilungsleiter« bekommen?

Wer hat nur gesagt: »Zentralisierung sei notwendig«? Wir wollen
das Gegenteil. Zur Zeit ist alles bei Ted »zentralisiert«; nur

braucht er seine Befugnisse zu sporadisch. Es fehlt die kontinuierliche Arbeit an den einzelnen Ressorts.

Wer hat nur gesagt, daß »jeder der Neuen das Fünffache von dem verdient, was die Alten haben«? Alles, was wir tun müssen, ist, das Gehalt von Ted um 50 Prozent zu erhöhen [...] und den Neu-Engagierten die gleiche Summe zu geben. Dazu können wir allen eine Beteiligung am Gewinn versprechen.

Da hat sich, scheint mir, das Modell der FAZ bewährt: Eine Reihe hervorragender Herausgeber, die sich in der Leitung der Zeitung abwechseln. Dies scheint mir die richtige Mitte zwischen Zentralisierung und Dezentralisierung.

Sind wir uns darüber einig, daß die Zeitung in fünf Jahren nicht mehr leben kann, wenn die Auflage sich nicht (freilich mäßig) weiterentwickelt? Hätten wir heute 50 000 Auflage mehr, so könnten wir von den Anzeigenkunden vier Millionen Mark mehr erheben. Jede 10 000 weitere Auflage bringt uns eine Million. Damit würden wir über die Runden kommen. – Nun kann man natürlich sagen: Lasst es uns doch noch einmal zwei bis drei Jahre weiter so wie bisher versuchen. In der Tat: vielleicht geschieht ja ein Wunder. Nur: ich bin ein Beamtenkind und zu so verzweifelten Spekulationen unfähig.

Lese ich jetzt aber noch einmal den letzten Absatz Ihres Briefes, habe ich das Gefühl, wir seien uns fast einig. Ihnen erscheint nämlich Sommer plus Stolze die beste Lösung. Sie meinen: »Das werden beide aus jeweils verschiedenen Gründen nicht wollen.« So scheint es mir in der Tat, wenn auch fälschlich. Aber nun bahnt sich die Lösung an: Sommer plus Stolze plus Gross. Siedler fällt aus jenen persönlichen Gründen mindestens vorläufig aus. Dahrendorf steht allenfalls beratend, d. h. nicht in der Redaktion arbeitend, zur Verfügung.

Die Herausgeberzeile: Marion Dönhoff – Ted Sommer – Johannes Gross – Diether Stolze – wäre ja wirklich nicht schlecht. Oder? Diese Herausgeber könnten sich dann immer noch darüber schlüssig werden, ob sie auch noch Fest berufen wollen oder einen anderen. Den letzten großen Artikel von Fest schicke ich Ihnen. Er ist so gut, daß unser Feuilleton ihn ausführlich zitiert hat. Gross ist ein harter Arbeiter, aufs Detail versessen; bei *Capital* hat er Bedeutendes geleistet, nicht an brillanten Ideen (die hat er auch), sondern an der Gestaltung des Blattes – woran es bei uns so oft fehlt.

Wir dagegen: Wen außer Ihnen und Ted haben wir eigentlich als Leitartikler? Rolf Zundel ist sicher sehr gut. Aber in seinem letzten Leiter lese ich

einerseits:

> »Man muss sich schon einigermaßen anstrengen, wenn man die Steuerrebellion gleichermaßen als Krisensystem deuten will – etwa als Folge eines an vorsorglicher Überorganisation erstickten Staatswesens; ganz unmöglich ist es freilich nicht.«

Dann aber:

> »Auch Horst Ehmke hat die Studentenbewegung 1968 als Ausbruchsversuch aus der ›immer totaler organisierten und verwalteten Industriegesellschaft‹ charakterisiert.«

Recht verblasen also. Oder irre ich mich? Mit Gross und Diether sähe das schon anders aus.

Herzlichst

immer Ihr Buc.

großen Artikel von Fest
Joachim Fests Artikel in der FAZ vom 26. Juni 1978 glossierte während der Fußballweltmeisterschaft das »System der Entmündigung«, das der Chef des Deutschen Fußball-Bunds Hermann Neuberger im deutschen Fußball eingeführt habe, und das »altbackene Phrasengut aus Turnvaterzeiten«, dessen man sich beim DFB bediene.

in seinem letzten Leiter
»Der Aufbruch der Protestler« (Nr. 27 vom 30. Juni 1978, S. 1)

Ein ernsthafter Verleger inmitten seiner Redakteure Stolze, Dönhoff, Kuenheim und Sommer (von links, 1981).

An Bord des Lufthansa-Flugzeuges von Hamburg nach London [ohne Datum, Eingangsvermerk »7. Juli 1968«(!)] (handschriftlich)

Lieber Buc,
Ein kleiner Nachtrag zu meinem Brief: Ich habe den Verdacht, dass Sie die ZEIT jetzt immer mit einer geschwärzten Brille lesen. Die letzte Ausgabe war doch wirklich – besonders im politischen Teil – ganz ausgezeichnet.
Und neulich sagten Sie von dem Dossier über »Terrorismus«, Zundel hätte ganz dumm behauptet, dieser sei zurückzuführen auf die sozialen Ungerechtigkeiten des ersten Jahrzehnts der Bundesrepublik. Ich las es sehr gründlich, fand nichts dergleichen. Vielmehr war er sehr vorsichtig im eigenen Urteil und hat

eigentlich nur andere Leute resümiert. Wir beide kennen das alles, aber für die meisten Leser war das bestimmt sehr interessant und auch objektiv.

Ich meine nur, Sie sollten versuchen, die ZEIT als Sympathisant zu lesen und nicht mit schwarzer Brille.

Allerherzlichst

Marion

Dossier über »Terrorismus«
  Rolf Zundel: »Die Wege der Gewalt. Kernfrage eines Problems: Wie ist
  der Terrorismus entstanden? Wie läßt er sich bekämpfen?« (Nr. 24 vom
  9. Juni 1978, S. 9-12)

7. Juli 1978
(An Marion Dönhoff in Aspen, Colorado, USA)

Liebe Marion,

mein Gott: selbst auf dem Flug Hamburg-London plagt es Sie! – Aus Zundels Artikel meinte ich diesen Absatz:

> »Die ›formale Demokratie‹ war ebenfalls nicht nur eine heimtückische Erfindung der neuen Linken. Daß die formalen Rechte der Demokratie durch reale Möglichkeiten der Teilhabe, der sozialen Absicherung, des Einkommens ergänzt werden müssen, war das Credo aller sozialliberalen Reformer. Auch wer einräumt, dass die Reformer bei der Organisation dieser Möglichkeiten nicht immer eine glückliche Hand hatten, kann kaum bestreiten, dass eine Ordnung ständig daraufhin überprüft und auch korrigiert werden muss, wie weit demokratische Ansprüche und Rechte real existieren. Jede Ordnung ist dieses Maßstabs, dieser korrigierenden Utopie bedürftig, damit sie nicht verdirbt. Und genau darüber hatte man in den ersten fünfzehn Jahren der Bundesrepublik nicht mehr nachgedacht.«

»Nicht mehr nachgedacht«. Das muss ich lesen, nachdem ich mitgewirkt habe bei: Lastenausgleichsgesetz (der größten sozialen Umverteilungsaktion der Weltgeschichte); Dynamischer Rente (die kein Vorbild in der ganzen Welt hatte), Mitbestimmung, dem Betriebsverfassungsgesetz (die beide den Gewerkschaften bahnbrechende Rechte einräumen, an denen Ted heute schon zu brocken hat; einstweilen wütet er nur gegen den Betriebsrat). Wir – und nicht Zundel und die Seinen – haben die Bundesrepublik zu einem sozialen, zugleich effizienten Staat gemacht. Nirgends in der Welt wurde »Teilhabe« und »soziale Sicherung« so weit nach vorne getrieben. Welche Reformen verdanken wir denn seinen Freunden? Vielleicht bessere Universitäten? Sicher etwas bessere Ehegesetze, aber wirklich vergleichbar mit dem von uns geschaffenen? – Da wird dann ein ganzer Artikel Makulatur.

Ich bestreite ja gar nicht, dass die ZEIT eine gute Zeitung ist. Nur: Sie ist nicht mehr so viel besser als die immer glanzvoller werdende FAZ. Wie kommt es denn, dass ein Karl Klasen sagt: »Es kommt jetzt häufig vor, dass ich eine Nummer der ZEIT gar nicht lese«? Das höre ich nun von allen Seiten. Zugleich mit Ihrem Brief bekomme ich einen der Ebelin (jetzt auf Ischia). Sie hat einen Bekannten gesprochen, Böltz (früher hatte er eine Werbeagentur). Der hat ihr gesagt: »Manche ZEIT langweilt mich so, ich lege sie schnell aus der Hand.« Wenn man das von so vielen hört, dann nützt es wenig, wenn ich selbst die immer noch gute Zeitung bewundere.

Herzlichst

immer Ihr Buc.

7. Juli 1978
(An Marion Dönhoff in Aspen, Colorado, USA)

Liebe Marion,
meine Briefe sind dieses Mal ohne Ende. – Eben lese ich den anliegenden Artikel in der IHT [*International Herald Tribune*]. In
Aspen werden Sie sicher besser unterrichtet. Aber offenbar ist
doch der *Observer* gefährdet – mit 700 000 Auflage! Und wir haben genau die Hälfte.
Auch der *Observer* ist politisch die bessere Zeitung. Aber da kam
eben

»*The Sunday Times* and its inventive editor, Harold Evans,
who brought with him from northeast England new ideas
about investigative reporting, magazine-style makeup and
photographs.«

Wie hat die Redaktion der ZEIT sich gegen neue, die Form be-
treffende Wünsche gesträubt, sie mit Verachtung weggewischt.
Noch kann uns, glaube ich, das *Observer*-Schicksal erspart werden.
Herzlichst
immer Ihr Buc.

15. September 1978

Liebe Marion,
neulich, beim Abschied in der Tür, sagten Sie mir: Artikel so zu
verbessern, wie ich das gerne haben möchte, das könne man
nicht. Ich halte es für eine Überlebensfrage. [...] Als Sie mich
neulich an der Zimmertür mit jenem Satz verabschiedeten, habe
ich mich gefragt, warum ich mich eigentlich immer noch quäle.
Ich erwarte doch nichts Unbilliges. Aber mir wird nicht einmal
Verständnis zugewandt. – Was geschieht, wenn ich eines Tages
die Konsequenzen ziehe? Gibt es andere Verleger? Im Augen-

blick sehe ich nur zwei: Augstein oder Dr. Fischer (Gruner + Jahr). Beide werden sich das einige Zeit anschauen. Dann aber werden sie nicht lange fackeln und kurzerhand anordnen, worum ich seit Jahren bettle. Gerade der *Spiegel* kennt nämlich professionellen Journalismus. Dass ich ihn trotzdem unangenehm finde, hat damit nichts zu tun.

Herzlichst

immer Ihr Buc.

Brione s/M., 24. September 1978

Liebe Marion,

Jungblut entschuldigt sich lieb und wortreich. Aber wir sehen doch, wie die Artikel bearbeitet werden. Nämlich zuerst gar nicht und dann übereilt. Ich weiß: Jungblut gibt sich große Mühe, aber sein Apparat ist nicht eingerichtet für das, was mir für das Blatt nötig erscheint. Da schreibe ich also genau, welche Tabellen ich zu dem schwierigen Text haben möchte – und ich kriege sie trotzdem nicht. Abgeliefert habe ich am 11. Sept. für die Nummer, die am 20. Sept. gedruckt wird. – Aber warum sollen die Ressorts sich um den neumodischen Kram kümmern, den dieser verrückte Kerl haben will; es ist bisher doch auch gegangen.

Bitte, werfen Sie einen Blick in *Capital*. Da sorgt Gross für jene Präzision, die ein Blatt lesbar macht. Dazu gehört ein Stück Dressur, lästig, aber der Leser hat Anspruch darauf. *Capital* verkauft 20 000 mehr als vor einem Jahr.

Und wir?

Herzlichst

Ihr [Gerd Bucerius]

schwierigen Text
Gerd Bucerius: »Das Märchen von David und Goliath. Beim Streit um die Aussperrung setzen die Gewerkschaften auf eine neue Richtergeneration« (Nr. 39 vom 22. September 1978, S. 24)

Telex
[Ende September 1978]

liebe marion,
von allen moeglichen ueberschriften hat die redaktion wohl die
duemmste gewaehlt. da fuerchtet die fdp nach hamburg und
hannover auch in hessen und bayern herauszufliegen, die spd,
dass sie dann nicht mehr regieren kann – alle welt spricht seit
monaten darueber, und die erste seite der zeit versichert den leser: »die gruenen machen den parteien angst«. die cdu fuerchtet
die gruenen noch am wenigsten, wenn es (trotzdem) wenigstens
gehiessen haette: »alle parteien fuerchten die gruenen«.
richtig waere natuerlich die (ihre) ueberschrift: »kein frosch, kein
schmetterling«, darunter: »alle parteien fuerchten die gruenen –
nur fuer den wahlkampf?«
nun bittet der altverleger sie herzlich, den autor dieser ueberschrift zu ermitteln. ich fuerchte, es war wieder becker, der (so
tuechtig und redlich er ist) mit langeweile das blatt ruinieren
wird. er liegt wie ein stein auf der ›politik‹, ist so trocken, wenn
er die konferenz leitet.
immer noch wundert es mich, dass sie nicht auch mit aller kraft
leute suchen, die besser sind. man kriegt sie nur von oben her.
jetzt scheint auch gross verschreckt – kein wunder, wenn er aus
der redaktion gehoert hat – auf diese mannschaft kann die herausgeberin sich nicht verlassen.

herzlichst
immer ihr buc

»*Die Grünen machen . . .* «
Den so betitelten Leitartikel hatte Marion Dönhoff geschrieben (Nr. 40
vom 29. September 1978)

*Zum 1. Januar 1979 werden Chefredakteur Theo Sommer und der Ver-
leger Diether Stolze neben Marion Dönhoff Herausgeber der ZEIT.*

17. November 1978
persönlich/vertraulich

Liebe Marion,
der Verlag muss nun auch noch das Honorar der Herausgeberin regeln, die mit der Chefredakteursarbeit nicht belastet ist. Mein Vorschlag:
Ab 1.1.1979 (außer Ihren bisherigen Bezügen) für die Dauer Ihres Amtes DM 7500, wenn wir in dieser Höhe einen Gewinn haben, was freilich für die nächsten drei Jahre (fast) sicher ist.
Herzlichst
Ihr Buc.

14. Dezember 1978

Lieber Buc,
Sie schrieben mir, Sie wollten im Zuge der Umstrukturierung ab 1. Januar 1979 mein Gehalt erhöhen. Ich habe noch nicht dafür gedankt, weil ich gern auch etwas dazu sagen möchte.
Der von Ihnen genannte Betrag von 7500 DM ist, finde ich, nicht zu rechtfertigen, denn erstens will ich ja nicht soviel mehr tun, und zweitens möchte ich mich auch gehaltlich nicht so weit von denen entfernen, die ihre Zeit voll einsetzen.
Andererseits meine ich – vielleicht auch nur in ganz unangemessener Arroganz –, daß ich eher mehr für die ZEIT tue oder bin als Leo [Rudolf Walter Leonhardt], der ja auch keine Redaktionsarbeit mehr macht, und finde es darum nicht gerecht, daß ich im Gehalt erheblich niedriger eingestuft bin als er.
Darf ich darum vorschlagen, daß Sie mir in Ansehung dieser beiden Gesichtspunkte ab 1. Januar 3600 DM mehr und nicht 7500 DM mehr zahlen. Das fände ich sehr schön.
Herzlich grüßend
wie stets Ihre [Marion Dönhoff]

Brione, 30. Dezember 1978
(handschriftlich)

Liebe Marion,
ich meine: nach all der Aufregung war es ein gutes Jahr. Mit
einer guten Lösung. Vor allem, wenn *Sie* so entschieden mit dabei sind. Wir alle werden es Ihnen danken.

Es bleibt ja noch viel zu tun. Ted hat – zum neuen Jahr – einen
brillanten Artikel geschrieben (»Blick zurück in die Zukunft«).
Allen Glanz des Blattes (viel!), aber auch sein Elend (wenig!)
kann man daran ablesen.

In unserer Sitzung am Leinpfad (war gut, nicht?) hat Ted uns
schön von seinen Studien erzählt. Staunenswert, was der Mann
neben seiner harten Arbeit zu lesen Zeit findet. Dazu ein excel-
lentes Gedächtnis. Das zusammen macht Bildung und Aus-
druckskraft.

Nur: Was hat das Thema mit uns zu tun? Wer um Gottes willen glaubt an (fürchtet) eine »Kulturkrise«, »Zeitenwende«. Wo
herrscht »Weltuntergangsstimmung«? Man kann Teds Meinung
über die Gefahren (Gewißheitsverlust, Bindungsverlust usw.)
teilen. Aber der Bundesbürger (auch und gerade der ZEIT-Leser) hat kein Unbehagen, denkt nicht an eine »ganz neue Qualität der Krise«. Im Gegenteil: die Stimmung der Nation hat fast
wieder den höchsten Punkt erreicht seit Kriegsende, seit über
30 Jahren. »Große Zuversicht der Bürger« überschreibt die FAZ
ihren Bericht über die neueste Allensbacher Umfrage – und trifft
damit genau die Meinung der Bürger. Und darauf kommt es
beim Zeitungsmachen ja so sehr an.

Ted lebt in einem glänzenden Elfenbeinturm. Was in der Gesellschaft vorgeht, teilt er nicht. Er ist in der höchsten Etage der Politik zu Hause, ist um den ganzen Weltball einer der Unterrich-
tetsten. Seine geschichtliche Bildung ist makellos. Da kann man
nicht dankbar genug sein. Nur: wie will er die richtigen Leute

für Feuilleton, Modernes Leben, Wirtschaft, Magazin aussuchen, wenn ihn die Gegenstände jener Ressorts nicht interessieren? [...]

Da hat Diether schon eine Aufgabe. Seine Artikel vermisse ich – hoffentlich kommt er bald wieder ans Schreiben, scharf und witzig wie bis noch vor kurzem. Jeder kann natürlich nur nach seinem Maß messen: aber Diether spricht mich immer gerade auf die Sachen an, die mich interessieren. Also kann ich hoffen, daß sie demnächst auch im Blatt stehen. Freilich wird Verzehrendes von ihm verlangt. Redaktionen lassen sich nicht so leicht organisieren wie Industriebetriebe. Im Grunde muß man bereit sein, alles *notfalls* selbst zu machen. So hat Nannen sein Blatt zu Weltgröße gebracht: wenn immer ein Redakteur anders wollte als er, machte er es selbst, vom Leitartikel zur Notiz über Hildegard Knef, von der Justiz zur Medizin. Vom Umbruch ganz zu schweigen.

Die ganz große Lösung hätte uns einige gute Leitartikler gebracht. Aber wohl auch manche Unordnung. Freilich wäre dann auch Teds Wiedervereinigungs-Leitartikel wohl im Blatt, aber eben nicht auf Seite 1 erschienen – auch ein Fall weiter Entfernung vom Leser. Und doch ein großer Artikel!

Wenn man auf der Uni alle Scheine mit: »vollbefriedigend« gemacht hatte, kriegte man die Note: »gut«. 1978 war gut. Oder?

Herzlichst

immer Ihr dankbarer Buc.

brillanten Artikel
> Theo Sommer: »Blick zurück in die Zukunft. Kulturkrise und Zeitenwende – eine Neujahrsbetrachtung (Nr. 53/1 vom 29. Dezember 1978, S. 1)

Teds Wiedervereinigungs-Leitartikel
> Theo Sommer: »Deutschland – Traum oder Alptraum? Die nationale Einheit: Visionen und Illusionen einer unerwarteten Debatte« (Nr. 50 vom 8. Dezember 1978)

Brione, 6. Januar 1979
(handschriftlich)

Liebe Marion,
sicher brauche ich meinen Respekt vor der Leistung des Blattes
nicht mehr zu versichern. Aber um zu überleben, müssen wir
eben noch mehr leisten. Gibt es – eben angesichts jener Leistungen – überhaupt noch Lücken?
Es gibt sie. Die Ausgabe vom 5. Januar beweist es.
In dieser Woche gab es zwei Vorgänge von außerordentlicher
Bedeutung: den Stahlstreik und Persien. Vom ersten auf der
Titelseite: nichts – er betrifft zwar die Gesellschaft auf das tiefste,
hat aber mit der großen Bonner Politik nichts zu tun.
Über Persien: Teds glänzende Analyse. Sie will nicht mehr sein
als eine Deutung allgemein bekannter Tatsachen. Aber Gescheh-
nisse, die »Tanz am Abgrund« genannt werden, aus denen »eine
Weltkrise erster Ordnung (! Marion: erster Ordnung!) entstehen
könnte«, die lassen sich nun wirklich nicht mit einer glänzenden
Analyse erledigen. Da will der Leser dabei sein, an Ort und
Stelle. Da gehört (von der größten deutschen Wochenzeitung,
dem Blatt mit Weltruf) ein Mann an den Tatort. Haben wir denn
wirklich keinen Redakteur, der bereit ist, einige Wochen im Iran
zu pflügen; Dreck, Kälte, Aufruhr in Kauf zu nehmen und mir
dann zu schildern: wer ist nun eigentlich noch für den Schah?
Warum streiken die Ölarbeiter, Lohn oder Allah? Weshalb in aller Welt streikt der Bazar, der doch alles zu verlieren hat. Schon
vor Wochen haben Blätter, die Ihr für mies haltet (*Stern, Wams*),
Interviews mit dem Schah gehabt. Und ein Abgesandter der
ZEIT sollte nicht (mit Hilfe all der diplomatischen Unterstützung) an jedermann im Iran herankommen? Einige Tage gab es
hier weder die IHT noch engl. Zeitungen, da bin ich fast Nach-
richten-verhungert.
Ich glaube, wir müssen Diether begreifen, wenn er nach Repor-

tern ruft. Denn wer würde das Nötige leisten? Sehen Sie einen
von diesen: Leo, Buhl, Joffe sich durch Dreck, Elend und Aufruhr kämpfen? Churchill hat sich in Süd-Afrika nicht gescheut;
Sefton Delmer war (mit Rucksack) immer da, wo es krachen
würde – aber können Sie sich einen unserer eleganten Redakteure mit Rucksack vorstellen? E.E. Kisch, nun, den findet man
nicht gleich. Aber Ihr versucht es ja gar nicht.

Das zeigt sich auch im Stahlstreik. Da muß ein Reporter einige
Wochen ins Revier; im Arbeiterviertel wohnen, in den Kneipen
so lange Bier trinken, bis er die Leute versteht. Die wollen ja
reden; in *Welt* und FAZ hat man Einiges gelesen; Gutes, aber
eben nicht genug. Ihr macht so gern Grundsatzuntersuchungen;
aber nie im Urgestein; große Überlegungen, unübertrefflich for-
muliert: ja; Basisarbeit: nein.

Werden Sie mir glauben: Wäre ich zehn Jahre jünger, säße ich im
Iran oder an der Ruhr. (Wie Sie wissen, habe ich es 1946 ja gemacht.)

Möchte das Blatt dann auch noch gelobt werden? Das kann man;
es ist ja großartig. Freilich: die drei Glossen auf Seite 1 (5. 1.) waren non-valeurs. Drinnen war Ausgezeichnetes; ich mag schon
gar nicht mehr sagen, wieviel.

Sicher hat Ihnen auch der Zundel wieder gefallen. Er hat wohl
die schönste Sprache im Blatt. So liest man darüber hinweg,
wenn er (neulich) fröhlich auseinandersetzte: nach 1948 hätte
man die sozialen Reformen vergessen. Dieses Mal mißversteht
er Erhards »formierte Gesellschaft«. Der hat das oft genug erläutert: Eine Gesellschaft, in der der Staat alles erlaubt, muß sich
freiwillige Formen schaffen; sonst muß der Staat mit Gesetz und
Zwang antreten. Das ist für einen Sozialisten und einen Links-
liberalen selbstverständlich; nur klingt es falsch in seinen Ohren,
wenn's ein anderer sagt. Hat Erhard nicht recht behalten mit der
Parole »Maßhalten«? Das war wohl ganz schlecht? Eppler dagegen, wenn er gleich radikal sagt: »Wachstum wofür«, der ist sym-

pathisch. – Und bitte (Zundel, letzter Absatz): wie denn sollen wir »die politische Ordnung etwas besser, sinnvoller machen, damit sich die Menschen darin mehr zu Hause, wenn's denn sein muß: glücklicher fühlen«?

Nein: der Mann ist ein Priester. Gut, das Blatt braucht sie vielleicht auch. Aber (praktisch) als Chef in Bonn: gefährliche Fehlbesetzung.

Herzlichst

immer Ihr Buc.

Teds glänzende Analyse
> »Tanz am Abgrund. Im Iran steht viel auf dem Spiel« (Nr. 2 vom 5. Januar 1979, S. 1)

1946 ja gemacht
> Als die Bergleute im zweiten Jahr nach dem Krieg höhere Lebensmittelzuteilungen forderten, reiste Bucerius im Herbst 1947 (nicht 1946) für vier Wochen ins Ruhrgebiet, um sich in gemeinsamer Arbeit mit den Kumpeln unter Tage ein Bild von deren Arbeitsbedingungen zu machen.

der Zundel
> Rolf Zundel: »Kleines Glück und große Politik. Wie ein harmloser Begriff zum Zankapfel in der Union wurde« (Nr. 2 vom 5. Januar 1979, S. 2). Die in der CDU/CSU geführte Debatte entzündete sich an dem Begriff »Glück« in dem neuen Slogan der Union »Politik für die Freiheit – Glück für die Menschen«.

18. Januar 1979
Von: Dr. Bucerius (telefonisch v. Gran Canaria)
An: Gräfin Dönhoff

Liebe Marion,

wie gut, dass es doch die IHT gibt. Dienstag, 16. Januar, brachte sie einen längeren Bericht über den iranischen Bazar. Nun: da sind alle Fragen beantwortet, die ich hätte stellen können. Offenbar ist ein Journalist von der *Los Angeles Times* einige Wochen im Bazar herumgekrochen.

Auch der *Spiegel* scheint einiges gebracht zu haben; er wird in jenem Artikel zitiert (und nicht die so viel bessere ZEIT).

Verstehen Sie nun, warum ich manchmal recht traurig bin?

Herzliche Grüße

immer Ihr Buc.

Hamburg, 22. Januar 1979

Lieber Buc,

ich habe nicht früher auf Ihre Briefe geantwortet, weil ich selber erst in der vorigen Woche aus Ägypten zurückgekommen bin.

Ich möchte aber doch gern auch jetzt noch ein Wort dazu sagen dürfen. Ich hatte den Artikel in der *Herald Tribune* ebenfalls gelesen und mir dabei gedacht, das ist ein typischer Journalistentrick:

Der Mann wird dahin geschickt; er kann auch nur das schreiben, was alle längst geschrieben haben, darum greift er, um originell zu sein – pars pro toto –, einen Faktor heraus und bläst ihn auf. Die Redaktion tut dann ein übriges und macht ihn durch die Überschrift zur Monokausalität. Der Basar ist natürlich – wie alle Kaufleute in aller Welt – an Ruhe und Ordnung interessiert – wenn jemand dem Aufruhr abhold ist, so ist es der Basar, der sich ohnehin immer ängstigt, daß etwas passiert.

Ich habe auf Ihre Anregung hin noch einmal gelesen, was ich 1975 nach meiner Persien-Reise geschrieben habe, und finde eigentlich, daß das auch heute noch ganz zutreffend ist und im Grunde einleuchtender als die Basar-Theorie.

Ich denke manchmal, daß Sie, Buc, anderen Zeitungen mehr Glauben schenken als der unseren. Über die von Ihnen so gepriesene FAZ ärgere ich mich jeden dritten Tag, letzte Woche sogar jeden zweiten Tag. Um zu zeigen, was ich meine, füge ich

Ihnen drei Ausschnitte bei, nämlich drei Mal die Glosse oben rechts, die doch eigentlich die Visitenkarte der Zeitung ist und die in diesen drei Fällen wirklich absurd ist. Dieser Unsinn könnte bei uns nicht stehen.

Herzlich grüßend
Ihre Marion Dönhoff

was ich 1975 ... geschrieben habe
»Zündstoff im Aufsteigerparadies Iran. Die Kluft zwischen arm und reich wird größer« (Nr. 42 vom 10. Oktober 1975, S. 9/10)

24. Januar 1979

Liebe Marion,

mehr als ich es tue, kann man die ZEIT nicht loben – oder? Die Fehler der anderen interessieren mich nicht; richtiger: ich freue mich ein bißchen über sie. – Aus der FAZ schickten Sie mir kurze Kommentare, keine Berichte. Ich lasse Ihnen einmal zusammenstellen, was die Korrespondenten der FAZ ihrem Blatt aus dem Ruhrgebiet während des Stahlstreiks berichtet haben. [...]
Die FAZ setzt mich mit ihrer Nachrichtengebung und ihren Berichten in die Lage, mir selbst ein Bild zu machen. Kommentare der FAZ lese ich fast nie.

Sie haben (schon 1975!) über den Iran einen großen Artikel geschrieben. Um ihn schreiben zu können, waren Sie mindestens fünf Tage in Persepolis, in einem Kreis der besten Sachverständigen. Sicher sind Sie noch einige Tage im Lande gewesen, etwa in Teheran. Solche Tagungen sind Glücksfälle; sie lassen sich nicht beliebig produzieren, vor allem nicht in Krisentagen. In solchen aber gehört ein gewandter Journalist einige Wochen an die Front. Wo haben wir denn wirklich große Reporter?

Den IHT-Artikel haben wir sehr verschieden gelesen. Er beschreibt, wie aus dem Bazar (von den Armen und den Reichen dort) der Aufruhr *finanziert* worden ist. *Ich* habe mich immer gefragt, wie das möglich sei, weil natürlich »wie alle Kaufleute in aller Welt« der Bazar an Ruhe und Ordnung interessiert sein müßte. Der Artikel beantwortet eine Frage, die mich bedrängt hat. Vielleicht beantwortet er sie falsch. Aber wo könnte ich etwas Besseres finden?

Ich will dem Blatt einen genialen Reporter wie Sefton Delmer nicht vorhalten. Aber wo sind die Zeiten geblieben, als M.-M. [Müller-Marein] die Dinge für sich selber sprechen ließ? Es hat keinen Zweck, daß wir uns auf unseren Tugenden ausruhen. Gelingt es aber, die geringen Mängel zu beheben, bin ich bereit, dem Blatt Großes vorherzusagen. Da täusche ich mich ebensowenig wie mit meiner (von niemandem geglaubten, ja verhöhnten) Vorhersage von vor fast drei Jahren, daß die Auflage drastisch sinken würde, wenn das Blatt sich nicht ändere.

Haben Sie Hatschepsut bewundert? Liegt Ramses II. noch umgekippt im Wüstensand? Stehen die beiden Obelisken in Theben noch?

Herzlichst

immer Ihr Buc.

7. Februar 1979

Lieber Buc,

ich freue mich sehr, daß Sie wieder daheim sind, und schicke Ihnen etwas, was ich nach unserer letzten Unterhaltung habe ablichten lassen: 2 Reportagen über den Stahlarbeiter-Streik, die ich sehr aufschlußreich fand. Sie erinnern: Sie meinten, wir hätten nichts Vernünftiges dazu gebracht.

[Marion Dönhoff]

12. März 1979
An: Gräfin Dönhoff, Dr. Sommer, D. Stolze

Liebe Freunde,
darf ich aus Anlass des ZEIT-Extras vom 9. März: »Die afro-kubanischen Religionen in Miami« einige besorgte Zeilen schreiben?
1) Vor einem Jahr hat der Verleger mit Zustimmung des Verlags-
inhabers der Redaktion zusätzliche Mittel für ein ZEIT-Dossier
zur Verfügung gestellt. Die Absicht des Verlages war klar vorgegeben: Das schwer zu lesende Blatt sollte an einer wichtigen Stelle
durch Themen aufgelockert werden, welche sich interessant und
fesselnd darbieten ließen. Ein Kontrast-Thema also. Dies schloß
Ausnahmen nicht aus, solange die Grundlinie nicht verletzt wurde.
Die »afro-kubanischen Religionen in Miami« von Hubert
Fichte sind nun genau das Gegenteil. Der Autor zählt »zu den
eigenwilligsten und schwierigsten Schriftstellern der deutschen
Gegenwartsliteratur« (Beginn des Vorspanns). »Ein literarischer
Autor hat eine ganz eigene, komplizierte Form gefunden, magi-
sche Riten und Kulturformen mit der Sprache zu bannen ...
Eine literarische Arbeit nach mühevollen Studien, die ihrerseits
dem Leser zu Recht Mühe und Arbeit abverlangt.« »Zu Recht«?
Nein, an dieser Stelle ganz und gar zu Unrecht. Diese der Re-
daktion mit erheblichen Kosten zusätzlich gewährten Teile sollen der Entspannung dienen und nicht besonders schwierigem
Studium. Feuilleton und Literatur geben dem Leser so viel harte
Arbeit auf, dass ihm eine weitere Arbeit dieser Art nicht zuge-
mutet werden darf.
Hier wird also bewilligtes Geld ordnungswidrig verwendet. Dagegen muss ich Einspruch erheben. Die letzte Entscheidung
steht zwar Diether Stolze als dem Verleger zu. Aber ich bitte um
Verständnis, wenn ich bei dem jetzt zur Verabschiedung stehen-
den und bei künftigen Etats darauf achte, dass der mit dem Etat
vorgesehene Zweck auch erfüllt wird.

Anmerkung: Ich kann mir vorstellen, dass in diesem Falle Raddatz freundliche Zugeständnisse gemacht worden sind, als man
den komplizierten Text noch nicht kannte. Das kann vorkommen, darf aber in Zukunft nicht mehr vorkommen.

2) Schmerzen macht mir auch eine kurze Erörterung in der letzten Käsekonferenz. Offenbar soll nunmehr der Plan vollzogen
werden: Haug [von Kuenheim] wird Chef des Modernen Lebens; Frenkel Chef vom Dienst; und für die Wirtschaft wird ein
neuer, guter Mann engagiert. Was aber wird in diesem Fall mit
Prause? Es ist wohl geplant, ihm ein neues Ressort »Archäologie
und Sachbücher« einzuräumen. Nun wird mir seit Jahren vor-
gehalten, die ZEIT sei zu umfangreich. Trotzdem soll ein neues
Ressort geschaffen werden? Kosten: Gehalt Prause, Sachkosten
und Honorare: zwischen 150 und 200 000 Mark – eine große
Summe. Keiner weiß, ob Prause diese Aufgabe löst. Wenn er den
Wunsch hat, sich vom Modernen Leben zu lösen, so mag er
kündigen. Undenkbar, dass wir Probleme im Haus einfach dadurch lösen, dass die Redakteure, die eine Veränderung wünschen oder denen wir eine Veränderung zumuten müssen, auf
andere, nicht erforderliche Posten gesetzt werden.

Die Herausgeber dürfen in einem solchen Falle die Wirtschaft-
lichkeit des Unternehmens nicht aus dem Auge verlieren. Wenn
es uns im Augenblick auch recht ordentlich geht, so ist die Zukunft sehr unsicher. Bitte bedenken Sie auch, dass die Hälfte aller
dem Verlag entstehenden Kosten von der Gesamtheit der Mitarbeiter getragen wird (Gewinnbeteiligung).

Sollte man Prause mehr oder minder stillschweigend Zugeständnisse gemacht haben, so würde ich – zögernd und im äußersten Falle – die Mittel für eine vorübergehende (probeweise) Beschäftigung zur Verfügung stellen. Wir müssen bei Nichtge-
lingen das Experiment Prause/Archäologie-Sachbücher beenden
können. [...]

Für die Diskussion um die Struktur unserer Gesellschaft sind zwei Ressorts vorgegeben: Feuilleton und Modernes Leben. Das Feuilleton verzichtet darauf; die Einwände von links gegen unsere Gesellschaft werden fesselnd, ja oft brillant (Raddatz) dargestellt. Sie sind damit aber an den Rand des gesellschaftlichen Geschehens gerückt. Die Auseinandersetzung mit der konservativen Richtung findet im Feuilleton nicht statt. Es ist, als ob es jene Konservativen, die immerhin einige Punkte gewonnen haben und sicherlich auch beachtlich sind, überhaupt nicht gäbe. Das Moderne Leben hält sich an wenigen äußeren Dingen fest; sicher gibt es Ausnahmen. [...]

3) Bitte haben Sie Nachsicht, dass ich alle Beteiligten um Sparsamkeit bitte. Dies verlangt in den Beziehungen zu den Mitarbeitern Gradlinigkeit, Verzicht auf immer kostspielige Umwege. Gesetzgebung und Rechtsprechung legen uns heute soziale Verpflichtungen auf, die alles bisherige übersteigen. Wir können es uns auf die Dauer nicht leisten, Mitarbeiter zu halten, welche den Anspruch des Blattes nicht erfüllen. Wir klagen über eine gewisse Überalterung; das heißt, dass wir jüngere Leute nachziehen müssen. Aber aus welchen Mitteln? Der Verlag hat sich wirklich als großzügig erwiesen. Irgendwo aber ist eine Grenze gesetzt, im Interesse des ganzen Hauses. Immer wieder ist auch darauf zu verweisen, dass durch vermeintlich freundliches Verhalten gegenüber nicht geeigneten Mitarbeitern die Gewinnbeteiligung der anderen Mitarbeiter getroffen wird.

Mit den besten Grüßen

Ihr Buc.

Im Mai 1979 lässt der SPD-Parteivorsitzende Willy Brandt bei Marion Dönhoff sondieren, ob sie als Nachfolgerin von Walter Scheel für das Amt des Bundespräsidenten kandidieren würde. Sie fühlt sich überfordert und schlägt der SPD/FDP-Koalition vor, statt ihrer den angesehenen

Atomphysiker und Philosophen Carl-Friedrich von Weizsäcker zu no-
minieren, für den sie sich mit Verve einsetzt. Nach tagelanger Bedenk-
zeit lehnt dieser ab, weil er angesichts eines erkennbaren Übergewichts
der CDU/CSU-Opposition in der Bundesversammlung nicht »Zähl-
kandidat sein wolle, sondern von einer ›offenen Mehrheit‹« gewählt wer-
den möchte. Marion Dönhoff findet seine Haltung »erbärmlich«, schreibt
dies auch in der ZEIT und schickt Willy Brandt einen zerknirschten
Brief, weil sie sich für das Dilemma mitverantwortlich fühlt, in das die
Koalition durch die Absagen von Persönlichkeiten außerhalb der Politik
geraten ist. Auch an ihren Freund Richard von Weizsäcker, den jüngeren
Bruder von Carl-Friedrich, schreibt sie einen langen Brief, in dem sie
ihre »Motivation« darlegt. »Ich habe immer gewußt, daß Freunde das
Wichtigste im Leben sind«, beginnt sie und endet mit dem Wunsch:
»Richard, es ist mir sehr wichtig, daß Du mich verstehst und daß, wenn
es irgend geht, das Tischtuch zur Familie von Weizsäcker nicht für im-
mer zerschnitten ist.« Für die Regierungskoalition tritt schließlich die
sozialdemokratische Bundestagsvizepräsidentin Annemarie Renger an.
Am 23. Mai 1979 wählt die Bundesversammlung jedoch erwartungs-
gemäß den CDU-Politiker Karl Carstens zum Bundespräsidenten.

Forio, Ischia, 23. Mai 1979

Lieber Buc,

Sie waren nicht in Hamburg, als ich in Ischia, fern von aller Welt,
plötzlich vor der Notwendigkeit stand, gewichtige Entscheidungen zu treffen; darum würde ich Sie gern jetzt hinterher über das
orientieren, was in diesen Tagen geschah.

Am Dienstag, dem 15. Mai, rief mich am Vormittag Lattmann
vom Bundestag an und teilte mit, die Koalitionspartner hätten
sich nach langem Hin und Her darauf geeinigt, einen gemeinsamen Kandidaten für die Bundespräsidentenwahl vorzuschlagen,
sofern ich bereit sei, diese Kandidatur anzunehmen. Er betonte
besonders, dass auch die Fraktionsvorsitzenden, die Vertreter der

beiden Parteiführer, Wolfgang Roth und noch ein paar Leute, die offenbar befragt worden waren, zugestimmt hätten.

Ich war zunächst nur erschrocken. Obgleich das Ergebnis arithmetisch feststand und daher das Risiko verhältnismäßig klein erschien, musste man ja doch damit rechnen, dass einige Leute vielleicht ungültige Stimmen abgeben würden, um dem Kohl ihr Misstrauen auszudrücken. Ich sah Staatsbesuche, unendliche Reden, ewige Delegationen und Vereine vor mir und das ganze Leben von Gorillas und gesellschaftlichen Veranstaltungen überschattet. Keine ZEIT-Reisen mehr, in denen man alle Ecken ausleuchten kann, keine Zeit für Freunde, nicht selber Auto fahren können, wohin man will. Also subjektiv ein großes Opfer und objektiv, so schien mir, kein Nutzen, weil ich meine, für dieses Amt keinerlei Eignung zu besitzen.

Andererseits war mir klar, dass der Entschluss, einen Outsider zu nominieren, unbedingt honoriert werden müsse; denn ich fand, dass diese Entscheidung geeignet sei, die allgemeine Aversion gegen das angebliche »Gekungel« der politischen Parteien abzubauen und gleichzeitig dem Wunsch der Intellektuellen nach mehr Partizipation entgegenzukommen.

Da Eile geboten war – Lattmann sagte, Brandt und Genscher seien bereit, mich am Donnerstag an einem Ort meiner Wahl zu treffen –, bat ich ihn, am späten Nachmittag wieder anzurufen. Statt seiner war dann Egon Bahr am Apparat, der mir meine Bedenken auszureden versuchte.

Erfolg: ich bat noch einmal um Bedenkzeit und versprach, am nächsten Morgen Bescheid zu geben. Der fiel dann endgültig negativ aus, aber ich offerierte gleichzeitig einen Vorschlag, der mir absolut optimal erschien, nämlich C.F. von Weizsäcker – eine überzeugende Persönlichkeit, ein Mann, der eine große moralische Autorität darstellt. Die Reaktion war nicht sonderlich freudig. Immerhin rief Bahr mich am nächsten Abend wieder an und berichtete, Weizsäcker sei dagewesen, habe allen einen glänzenden Eindruck gemacht, sie hätten ihn auch noch zu Schmidt nach Hamburg geflogen und hofften nun, dass die Bedenkzeit am Sonntag abend mit einer positiven Antwort enden werde. Ich solle ihn, Weizsäcker, doch bitte noch anrufen und ihm zureden.

Dies tat ich dann einen Tag später, bekam aber zu meiner Verwunderung den Eindruck, dass er offenbar gar nicht so sehr an der Lage in Bonn interessiert war als daran, wie er seine Absage formulieren und der Presse mitteilen könne: »Ich habe für Sonntag nachmittag meine Sekretärin bestellt, die soll meine Antwort über Fernschreiber durchgeben, damit sie dann veröffentlicht werden kann.« Seine Argumentation erschien mir, wie ich ihm sagte, als reine »Scholastikerei« – er darauf: »Ich habe nur meine Argumentation an Ihnen ausprobieren wollen und bin noch nicht endgültig entschieden.« Ich bat ihn, mich am Sonnabend nachmittag nach seinem Gespräch mit Genscher anzurufen und mich zu informieren.

Sein Anruf kam abends um elf Uhr. Ich war empört; fand ihn unsäglich arrogant, seine Haltung erbärmlich und die Tatsache, dass er die Bonner vier Tage hatte warten lassen, wodurch die Regierungsparteien in eine noch peinlichere Lage geraten waren, wirklich indiskutabel. Darum rief ich am nächsten Morgen um acht Uhr Bahr zu Hause an und sagte ihm, unter diesen Umständen sei ich bereit zu kandidieren, wenn ihnen damit noch genutzt sei, denn ich fühlte mich für dieses Debakel in gewisser Weise verantwortlich.

Er hat dann dieses Angebot Brandt und Genscher übermittelt, aber Genscher hatte das begreifliche Gefühl, dass dies beim Publikum, das den wahren Sachverhalt nicht kenne, zu sehr nach einem zweiten Aufguss (erst Weizsäcker, dann Dönhoff) aussehe, und offenbar wollte er nicht zwei Kandidaturen gegen Scheel unterstützen. So fand denn diese Episode ein für mich ebenso erleichterndes wie beschwerendes Ende.

Natürlich könnten Sie fragen, wieso ich mich über Weizsäcker aufrege, wo doch die eigentliche Schuld mich treffe; aber ich meine, dass ich, die ich auf keinen Fall gewählt werden wollte, Angst vor einem echten Risiko geltend machen könne, während er ja gewählt werden wollte und es für ihn darum nur eine Prestigefrage war, die, wenn es um die Demokratie und somit um einen Dienst am Staat geht, nicht ins Gewicht fallen sollte.

Auf bald, lieber Buc, ich bin am 3. Juni zurück in Hamburg.

Herzlich grüßend

Ihre Marion

An dem Leiter des Feuilletons Fritz J. Raddatz reibt sich Gerd Bucerius immer wieder. Einerseits hält er ihn für einen großen Ästheten, brillanten Formulierer und zugänglichen Menschen, andererseits stößt er sich an der Nonchalance, mit der Raddatz Fakten und andere Meinungen behandelt. Unter der Überschrift »Ghostwriter gesucht« hat sich der Feuilletonchef in der ZEIT vom 6. Juli 1979 sprachkritisch mit der Antrittsrede des neuen Bundespräsidenten Carstens auseinander gesetzt und festgestellt: »Der sprachliche Gestus des Bundespräsidenten verrät ein Herrschaftsdenken der 50er Jahre: Ob Deutschlands ›landsmannschaftliche Vielfalt‹ unsere Nachbarn ›neidisch‹ macht (o perfides Albion), ob jemand ›grundlegende Aussagen‹ gemacht hat oder ein anderer ›uns bleibend vor Augen steht‹ – sprachlicher Sperrmüll. Eine genaue Analyse würde beweisen: Ein Oben-Unten-Mechanismus, ein Verabfolge-Ritual liegt dieser Sprachhaltung zugrunde; der da spricht, ist zutiefst ungerührt, ohne Emotion, gar Zögern oder Mitleid.« Bucerius hält dieses Verdikt für ungerecht und schreibt eine Erwiderung.

24. Juli 1979

An: Marion Dönhoff, Theo Sommer, Diether Stolze

Liebe Freunde,

Raddatz schickt mir, lieb wie immer, die »Seite« mit meiner Erwiderung auf seine bewundernswerte Carstens-Glosse. Mein Text war ursprünglich etwas länger. Raddatz hatte gekürzt; ich hatte einiges akzeptiert, anderes wieder aufgemacht.

Vor allem den letzten Absatz (Anlage). Den hat Raddatz nun wieder gestrichen. Bitte: geht das? Geht das ohne meine Zustimmung? Gerade jener Absatz sollte (doch wohl in der liebenswürdigsten Form) beweisen, dass politische Leidenschaft auch den Germanisten überwältigen kann. Das ist keine Schande; aber doch wohl auch für eine kritische Zeitung und deren Feuilleton interessant.

In dieser Zeitung habe ich mich vieler Rechte begeben. Eines habe ich mir vorbehalten: Immer, in jeder Nummer, an jeder von mir gewünschten Stelle, so ausführlich wie ich möchte zu schreiben. – Gab es je einen Artikel von mir, dessen die Herausgeber sich zu schämen hatten?

Bitte bestätigen Sie mir, dass meine Artikel in Zukunft unzensiert erscheinen werden. Vielleicht meinen Sie, das nicht zu können. Dann könnte ich mich entweder: zum Kampf rüsten, oder: mangelnde Liberalität beklagend, aus dem Hause zurückziehen – den Erasmus-Preis für eine liberale Zeitung werden Sie ja trotzdem bekommen.

Das alles belastet aber weder meine Freundschaft noch meine Wertschätzung, am wenigsten die für Fritz Raddatz, der ohne mein Plädoyer vor seinem Engagement vielleicht gar nicht im Hause wäre.

Herzlichst

immer Ihr Buc.

meine Erwiderung
»Kein Ghostwriter gesucht« (Nr. 31 vom 27. Juli 1979, S. 34)
letzten Absatz
Am Schluss seines Manuskripts rückte Bucerius eine von Raddatz spöttisch zitierte Passage aus der Rede des Bundespräsidenten in den Zusammenhang. Carstens, so Bucerius, »preist die Vorteile der ›landsmannschaftlichen und politischen Vielfalt und damit die Quelle eines geistigen Reichtums, um den uns viele unserer europäischen Nachbarstaaten beneiden‹. Mit einer köstlichen Seitenverschiebung der Feder macht Raddatz daraus: ... unsere Nachbarn ›neidisch‹ macht. Ziselierungen, die dem Germanisten sicher erlaubt sind; dem Juristen nie.«

Hamburg, 25. Juli 1979

Lieber Buc,

Sie wollen wissen, wie ich die Behandlung Ihrer Carstens-Glosse durch Raddatz finde. Wenn ich mit einem Wort antworten müßte, würde es lauten: empörend.

Platzgründe können nicht wirklich der Grund gewesen sein, denn erstens war ja offenbar eine Woche Zeit zum Disponieren, und zweitens dürfte es nicht von ungefähr sein, daß er ausgerechnet den Absatz strich, in dem ihm auf liebenswürdige Weise Manipulation attestiert wird.

Es ist mehr als ärgerlich, daß die Tradition der ZEIT, Widerspruch, Kritik, Einwände, Korrekturen immer, Lobhudeleien möglichst selten zu bringen, offensichtlich dem Stil von Raddatz nicht behagt.

Nach meinem Holocaust-Artikel geschah genau dasselbe. Ein junger Schweizer Autor hatte einen höchst interessanten Artikel geschrieben, in dem er meine Kritik an den Kritikern mit guten Beispielen bestätigte. F.J.R. konnte sich nicht entschließen, das Manuskript im Feuilleton zu drucken, was begreiflich schien, da es ca. 7 bis 8 Seiten lang war. Gemeinsamer Beschluß: Themenseite. Aber was geschah? Er stellte eine Glosse und zwei Photos dazu und schrieb auch selber noch einen Kommentar, so daß jener 7-Seiten-Artikel auf drei Seiten gekürzt und aller Pointen beraubt wurde. Den Autor wird diese Manipulation gewiß mit großer Bewunderung für die Liberalität der ZEIT erfüllt haben!

Mit herzlichem Gruß

[Marion Dönhoff]

meinem Holocaust-Artikel
Marion Gräfin Dönhoff: »Eine deutsche Geschichtsstunde. ›Holocaust‹ – Erschrecken nach dreißig Jahren« (Nr. 6 vom 2. Februar 1979, S. 1)
junger Schweizer Autor
Vermutlich ist der in Basel lebende Schriftsteller Dieter Forte gemeint, dessen Artikel »Geschichtstabu« zusammen mit einem Beitrag von Raddatz und einem Interview mit Heinrich Böll auf der Themenseite vom 9. März 1979 erschien.

Ein Auflagenrückgang von dreitausend Exemplaren (TEX = Tausend Exemplare, EVM = Einzelverkaufsmeldung) bei der letzten Ausgabe gegenüber der vorigen und ein Rückgang der Anzeigenaufträge beim Magazin geben Gerd Bucerius wieder einmal Anlass zu grundsätzlichen Erwägungen, auch über die politische Richtung der ZEIT.

**Telex von Walter Röpert an Gerd Bucerius
und handschriftlicher Brief von Bucerius auf
demselben Blatt an die Gräfin
5. Oktober 1979**

Lieber Herr Dr. Bucerius,

Die Auflage:

No. 36 – 367 TEX (3. EVM) – Vorjahr – 365

No. 37 – 366 TEX (2. EVM) – Vorjahr – 364

No. 38 – 365 TEX (1. EVM) – Vorjahr – 362

No. 39 – 366 TEX (Außendiensttest) – Vorjahr – 363

No. 40 – 363 TEX (Außendiensttest) – Vorjahr – 361

Fritz J. Raddatz brachte viel Leben ins Feuilleton. Ärger blieb nicht aus (1984).

Summe Auftragsbestand und erschienene Anzeigen
Magazin: 97,26 % des Vorjahres
  Mit freundlichen Grüßen
  Ihr Walter Röpert

Liebe Marion,
ob ich Ihnen mit meinen Sorgen wieder auf die Nerven gefallen bin? Die Zeitung ist ja sehr gut. Aber eben nicht so, wie die im Wettbewerb nötige Zahl der Leser sie haben will. Und ist es wirklich so schlimm, daß sich auch geistige Güter nach dem »Konsumenten« richten müssen? Wer eigentlich gibt z. B. Fritz Raddatz das Recht, nur in seiner Sprache zu reden – eigentlich reden zu lassen; denn er selbst weiß ja ganz verständlich zu schreiben. Aber unter seiner Stabführung sind ja auch Blumenberg und Petra [Kipphoff] in unerreichbare Höhen gerückt –

Blumenberg mag [man] gar nicht mehr anfangen zu lesen und tat es früher doch so gern.

Vor allem die großen Artikel leiden darunter, daß sie nicht mit der letzten Entschlossenheit geschrieben sind, es dem Leser ganz leicht zu machen. Die Redakteure bewundern einander sehr, das macht interne Kritik fast unmöglich,

Ein Kilo anstrengende Arbeit – das ist zu viel. Wo im Blatt kann der Leser sich entspannen? Einmal ein wenig flüchtiger lesen, wenn er müde ist?

Eine wichtige Leserschicht ist Euch böse, weil Ihr links steht – die wollen eben die CDU. Da habt Ihr das Schicksal aller Liberalen. Die sind besser als die Doktrinäre rechts und links und müssen doch immer ums Überleben kämpfen. Da hilft oft nur List. Auf die müßt Ihr schon sinnen. Ich weiß, daß die Zeitung das Potential hat. Es muß nur auf die richtige Weise eingesetzt werden – es geht um die Methode, nicht die Ziele!

Herzlichst
immer Ihr Buc.

Im Herbst 1979 verschärfen sich die Spannungen zwischen Gerd Bucerius und Fritz J. Raddatz. Ein Dossier über den Beginn der deutschen Nachkriegsliteratur »Wir werden weiterdichten, wenn alles in Scherben fällt« (Nr. 42 vom 12. Oktober 1979) sorgt innerhalb und außerhalb der ZEIT für Aufregung. Es wird in der FAZ von Marcel Reich-Ranicki heftig kritisiert, er spricht von »Denunziation«. Walter Jens hält die Argumentation des ZEIT-Feuilletonchefs ebenfalls für fragwürdig. Sein Beitrag sollte die Debatte eigentlich abschließen. Doch nach ihm ergreift noch einmal Günter Grass für den Gescholtenen Partei (»Kein Schluß-wort«, Nr. 48 vom 23. November 1979). Er fürchtet, die ZEIT wolle Raddatz loswerden, weil »der Kerl immer heiße Eisen anfaßt, ohne Netz auf dem Seil tanzt, über Brückner und Peter Paul Zahl schreibt und –

mit verantwortlich an Filbingers Sturz – noch immer nicht einsehen will, daß ausgerechnet Carstens Bundespräsident werden mußte«. Die von Bucerius verfasste Antwort an Grass erreicht zwar den Adressaten, wird in der ZEIT aber nicht abgedruckt.

20. November 1979

Liebe Marion,

Sie meinten, der Artikel von Jens sei unter der Zuständigkeit von Raddatz ins Blatt gekommen.

Meine Erkundigungen (bitte nachprüfen) ergaben: Den Artikel hat Leo bestellt und angeordnet, daß er unter seiner Verantwortung im »Forum« erscheint. Gleichzeitig war besprochen (und Raddatz bekannt), daß damit die Diskussion abgeschlossen sei.

Vorigen Freitag war nur eine Ansage-Konferenz der Ressort-Chefs – mit Raddatz. Er hat nicht angesagt, daß Grass schreiben würde. Nun kann der Artikel nach der Ansage-Konferenz, vor dem Satz des Feuilletons (Samstagabend? Die Nummer wurde vorgezogen), eingegangen sein. Dann wäre es wohl richtig gewesen, Sie zu benachrichtigen.

Wenn ich an all den Ärger denke, den Sie mir manchmal durch zornige Ausbrüche machen, kann ich von »Versteinerung« wenig spüren.

Ich diktiere gerade eine wütende Antwort auf Grass. Aber keine Angst: Sie kriegen sie Donnerstag erst zu lesen, also lange vor Erscheinen.

Immer

Ihr Buc.

Artikel von Jens
   Walter Jens: »Vom Geist der Zeit« (Nr. 47 vom 16. November 1979, S. 57/58)

»*Versteinerung*«
Grass hatte in seinem Artikel in direkter Anspielung auf Marion Dönhoff von »den durch inneren Widerstand versteinerten Herren und Damen« gesprochen, die sich durch den »erhabenen Taktstock des Herrn Furtwängler [hätten] Trost spenden und zu zeitlosen Gefühlen in barbarischer Zeit verhelfen« lassen.

21. November 1979
(handschriftlich)

Liebe Marion,

den anl. Brief möchte ich Samstag an Günter Grass schicken und nächste Woche im Blatt bringen.

Jetzt wird uns also vorgeworfen, Raddatz müsse gehen, weil er für Brückner und Zahl und gegen Carstens geschrieben habe. Grass mag das glauben – wissen sollte er es besser. Raddatz aber weiß, daß es nicht stimmt. Aber er druckt Grass ohne Kommentar ab; wohl auch, ohne es Euch vorher zu sagen? So erfahren wir aus dem Blatt, was für Lumpen wir sind. [...]

Sie wissen: Sie können mir Artikel ausreden. Dieses Mal werden Sie es schwer haben. Dazu sind meine Gedanken zu düster. Vielleicht – wenn Ihr so ganz anders denkt – ist es richtig, daß ich ganz meiner Wege gehe. Irgend jemand wird sich des Blattes schon annehmen – mit 10 Millionen Garantie im Hintergrund. Vielleicht haben die Kuratoren der [ZEIT-]Stiftung den Mut.

Vielleicht aber macht es Euch mein Brief/Artikel doch möglich zu handeln.

Herzlichst

immer Ihr Buc.

anl. Brief
In dem sechs Seiten langen Briefentwurf weist Bucerius Punkt für Punkt die von Grass gegen die ZEIT gerichteten Vorwürfe zurück und erneuert die seinen gegen Raddatz. Er schließt: »Lieber Herr Grass: Wenn es um die Meinung ging, hatte Raddatz immer den Schutz der Kollegen und des Verlegers. Seine Gleichgültigkeit gegenüber der Wahrheit kann man ihm nicht verzeihen.«

Am 2. Dezember wird Marion Dönhoff siebzig Jahre alt.

Zum 2. Dezember 1979
(handschriftlich)

Liebe Marion,

Sie reisen weg? Und sind für uns unerreichbar. Verstehen kann ich es; schade bleibt es. Wir hätten Sie so gern am 2ten Dezember in den Arm genommen.

34 Jahre immerhin haben wir es zusammen ausgehalten. Daß es Aussicht auf eine Reihe weiterer Jahre hat, macht mir das Herz warm. Da sind schon ein paar Leute, ohne die man sich an der Arbeit nicht mehr beteiligen würde. Ich weiß: Ted ist genial. Diether schlägt sich gut. Aber dann? Wer ist da, auf den man in den verbleibenden Lebensjahren nicht verzichten kann?

Und dann haben wir uns – zur Erinnerung an diesen Tag – ausgedacht, daß der Verlag Ihnen für jedes Jahr einen (echten) Tausendmarkschein verehrt. Nicht in bar – Sie sind ja weg, und die Steuer muß ja abgezogen werden. Die Steuern sind ja hoch, weil Ihr so sozial denkt und die reichen Leute schröpfen wollt. Nun, zum Glück gehören Sie ja auch zu den oberen Zehntausend. Und DM 70 000 minus Steuern, da bleibt doch noch einiges und steht Ihnen jederzeit auf Abruf zur Verfügung.

Lassen Sie sich auf das herzlichste umarmen
von immer Ihrem Gerd Bucerius

In einem Brief von sage und schreibe zwanzig Schreibmaschinenseiten Länge rezensiert Bucerius wieder einmal eine ganze Ausgabe der ZEIT im Detail. Über Artikel und Autoren fällt er scharfe Urteile. Die Wiedergabe an dieser Stelle beschränkt sich auf den allgemeinen Tenor der Analyse.

7. Januar 1980
An: Gräfin Dönhoff, Dr. Theo Sommer, Diether Stolze

Liebe Freunde,
wieder einmal möchte ich Sie mit einem langen – sehr langen –
Text belasten. Einerseits bedrückt mich die Lage des Blattes; andererseits sehe ich – bei dieser Redaktion – große Chancen. Die
Auflage ist ja (offenbar) in Bewegung geraten. Sie werden sich
erinnern, dass ich Ihnen das vor sechs Monaten vorausgesagt
habe. Aber es kann mit einfachen Mitteln mehr geschehen.
Leider müssen Sie, wenn Sie sich überhaupt mit meinen Sorgen
befassen mögen, jeden besprochenen Artikel (Nr. 51/79) zur
Hand nehmen und die Anmerkungen dazu lesen. Ob Sie mir
einmal die Aufmerksamkeit schenken, die Ihnen bei den Objekten der journalistischen Arbeit selbstverständlich ist?
Die Jahre der Überschüsse sind mit Sicherheit zu Ende. Ob wir
1980/81/82 ein paar Millionen verlieren, spielt für den Verlag
keine Rolle; wir haben ja als Rückendeckung die Ansprüche an
Bertelsmann. Die Mitarbeiter aber werden enttäuscht sein; kein
Gewinn heißt nämlich: keine Gewinnbeteiligung. Gewiß kann
das Blatt annehmen, daß mein Vermögen auch über die Bertels-
mann-Garantie hinaus für Defizite zur Verfügung steht. Aber
wäre es da nicht richtig, meine journalistischen Vorstellungen
mit mir zu diskutieren? – Briefe habe ich ja genug geschrieben
und bin doch eigentlich zurechtgewiesen worden: »Buc, Sie
wollen eine andere Zeitung«, das klingt mir noch hart in den
Ohren.

Die Mühe hätte ich mir die Jahre hindurch nicht gemacht, wäre
ich nicht immer sicher gewesen, dass die (nach meiner Überzeugung) beste deutsche Redaktion auch den zur Sicherung der
Existenz nötigen Rest leisten könnte. Das braucht allerdings ein
schmerzliches Umdenken; auch einen Verzicht auf das dem Leser
aus dem Blatt entgegenschlagende Gefühl der Überlegenheit,

manchmal sogar des Hochmuts. Wissend, dass sie die Besten sind, meinen die Redakteure, das Blatt könne nicht noch besser sein.

Ich werde zu beweisen suchen, dass (zu) große Teile des Blattes in einem veralteten Stil geschrieben sind, oft mit barocken Schnörkeln; nicht mit dem entschiedenen Willen, den Leser zunächst einmal schlicht zu unterrichten (über Tatsachen, Vorgänge). Dagegen werden Reflektionen von Redakteuren (auch zweiter Ordnung) umständlich ausgebreitet. Warum wohl finden immer mehr Leser die Artikel »zu lang«, die Zeitung »zu dick«? Es ist oft, als ob die Redaktion die Leser überzeugen wolle, wie bedeutend die Redakteure, nicht wie wichtig die Tatsachen sind.

Dabei geben uns englische und amerikanische Zeitungen Vorbilder. Präzision und Kürze, mit denen die *New York Times* (oft über die IHT) unterrichtet, sind unübertroffen. *Times*, *Sunday Times* und *Observer* haben einen – im Vergleich zur ZEIT – knappen Stil. Mehr Latinität brauchen wir; mehr Anglizität meinetwegen. Die Beschwerden der Leser würden dann bald verschwinden.

Die Herausgeber müssten meine Sorgen eigentlich teilen; denn sie selbst meiden diese Fehler. Marion Dönhoff schreibt eher knapp, karg, logisch. Ihre guten Ideen wirken umso brillanter. Diether Stolze, wenn er schreibt, ist ein leidenschaftlicher, aber disziplinierter Journalist. Man freut sich an ihm, auch wenn man anderer Meinung ist. (Seine Stellung als Mitherausgeber verlangt, dass er häufiger schreibt; und nicht etwa – schlimm – in der *Münchner Abendzeitung*.)

Ted Sommers scharfer Verstand schreibt immer deutlich. Seine Neigung zur Bildhaftigkeit verdeckt das manchmal. So hätte ich den »Pendelschwung der Geschichte« für eine etwas größere Änderung aufbewahrt (als für die Erholung vom Vietnam-Schock). Ted gehört zu dem kargen Dutzend großer deutscher Journalisten; ohne Papierblumen wäre er wirksamer. Aber kein Zweifel: Teds Intelligenz bügelt alles aus. [...]

Dass Günter Haaf schreiben kann, beweist er, wenn er im Magazin schreibt. – Da schreibt er ja »für die Minderbemittelten«. Im »Wissenschafts«-Teil aber beginnt er einen Artikel über Hochenergiephysik so:

>»Gibt es einen Unterschied zwischen Sophia Loren und dem Deutschen Elektronen-Synchrotron Desy in Hamburg? Im Prinzip keinen: Als Filmmutter ging Sophia Loren einst stets schwanger, um nicht ins Gefängnis zu müssen, als Physikmutter bemüht sich Desy um dasselbe, um nicht in den Kerker wissenschaftlichen Durchschnitts abzusinken.«

Das hätte ihm Nannen gestrichen ... Ted natürlich auch; aber welcher Herausgeber liest das denn noch? Wie wenig der Leser Haaf interessiert, sagt der letzte Satz. Desy verbraucht natürlich Strom, um die Partikel zu beschleunigen. Wieviel aber? »Vorerst aber konsumiert Desy jede Menge Strom: jährlich doppelt soviel wie die Hamburger Hochbahn.« Eine aufregende Feststellung; aber: wieviel Strom verbraucht die Hochbahn, wieviel Prozent unseres Stromverbrauchs in Hamburg ist das? Lohnt es wirklich, soviel Strom für eine wissenschaftliche Arbeit aufzuwenden? Muss man mir im Zeichen der Energieknappheit so eine Tatsache einfach vor die Stirn knallen?

Das wär's. Fühlen Sie sich belästigt?

Herzlichst

Immer Ihr [Gerd Bucerius]

Ansprüche an Bertelsmann
Bucerius besaß damals 10,7 Prozent Anteile an Bertelsmann.

17. März 1980
An: Gräfin Dönhoff, Herrn Dr. Theo Sommer,
Herrn Diether Stolze

Liebe Freunde,
in diesen Wochen müssen Sie die Gehälter überprüfen. Darf ich
das zum Anlass für einige Anmerkungen nehmen?
Immer habe ich die Redaktion ermutigt, sich neue, tüchtige
Mitarbeiter zu suchen. Als eine der besten deutschen Zeitungen
braucht die ZEIT die besten Redakteure.
Nun zeigt oft erst längere Zusammenarbeit, ob ein – vielleicht
vor Jahren engagierter – Redakteur die Erwartungen rechtfer-
tigt. Manchmal bleiben Mitarbeiter auch in ihrer Entwicklung
stehen; ihr Gehalt wächst aber weiter.
Das können wir uns nicht leisten. In dieser Redaktion erwarten
wir von jedem selbständige Arbeit. Artikel werden zwar redigiert. Aber kein Redakteur wird einem anderen so unterstellt (ist
sein zuarbeitender Gehilfe), wie oft bei *Stern* oder *Spiegel*. Da ist
ein Redakteur, der sein Soll nur zu 80 Prozent erfüllt, eine Last,
gegen die Sie nicht anarbeiten können.
Natürlich wird Soziales bei uns groß geschrieben. Aber kein Redakteur hat Anspruch darauf, an der besten Zeitung zu deren
hohen Gehältern zu arbeiten. Einige Jahre bei der ZEIT gewesen
zu sein, das ist schon eine Auszeichnung. Geringere Zeitungen
leiden genauso unter Mitarbeitermangel wie wir. Natürlich
heißt der Übergang dorthin für einen ZEIT-Redakteur – statt
eines Aufstiegs zu höheren Weihen – eine Statusminderung.
Aber wer hoch strebt, riskiert das. Das ist uns vieren doch nicht
anders gegangen [...]
Die ZEIT ist – und muss bleiben – eine strenge Schule. An der
Spitze des deutschen Journalismus zu stehen, das verlangt Disziplin – finanzielle und organisatorische. Nur wenn Sie die beweisen, haben wir die Sicherheit zu überleben.

Immer Ihr Buc

Im Oktober 1980 wird Kurt Becker, Leiter des politischen Ressorts und stellvertretender Chefredakteur, von Helmut Schmidt als Regierungssprecher nach Bonn geholt. Die austarierte Führungsspitze der ZEIT gerät dadurch unter Druck. Verleger Diether Stolze nutzt dies und will Kolumnisten engagieren, um das Meinungsspektrum des Blattes in konservativer Richtung zu erweitern. Marion Dönhoff lehnt dies in einem Brief an Theo Sommer ab, und auch die Redaktion bezieht vehement gegen eine Stärkung des Verlegers Stolze Position, der sich im Wahlkampf unverhohlen für Franz Josef Strauß eingesetzt hat.

13. Januar 1981
An: Gräfin Dönhoff, Diether Stolze, Dr. Theo Sommer

Liebe Freunde,

in den letzten Wochen haben Sie viele Briefe gewechselt, viele Unterhaltungen untereinander und im großen Kreis geführt – alles ohne mich. Mit Recht: Denn es ging um das Verhältnis Redaktion und Verleger. Da bin ich nicht beteiligt.

Allenfalls in »letzter Instanz«. Diether Stolze hat – Redaktionsstatut vorbehalten – als Verleger die Entscheidung auch gegenüber der Redaktion. Beispiel: Es kann niemand gegen seinen Willen eingestellt werden; er braucht keinen Redakteur zu dulden, den er für unfähig hält. Zwar kann der Eigentümer Diether abberufen; darüber sind er und ich einig. Das sollte aber nur passieren, wenn Diether schwere Fehler macht.

Das scheinen jetzt Marion und Ted anzunehmen. Argumente kenne ich nur aus (kurzen) Unterhaltungen mit jedem Einzelnen, also nur aus – auch noch widersprechenden – Bruchstücken. [...]

Diether habe gesagt, die ZEIT »müsse nach rechts geöffnet werden«. Ist das so? Wenn ja, käme es darauf an, was darunter zu verstehen ist [...]

Mir schien es aber gut, daß Diether vor der Wahl einen in Form und Sache großen Artikel über Strauß schrieb; wissend, daß Ted nächste Woche dagegen streiten würde. Beides hat die Entscheidungsfähigkeit der Leser verbessert. Wie kann man sich für Genscher entscheiden (wie wohl Ted und ich, vielleicht auch Marion) oder für die SPD (wie viele Redakteure), wenn man nicht vorher die Argumente für deren Gegner von einem hervorragenden Journalisten in einem wegen seiner Bemühung um Objektivität angesehenen Blatt hat lesen können?

Nur glaube ich nicht (und hätte Bedenken), daß Diether die Ausnahme zur Regel machen will – eine für die »Rechte« streitende ZEIT, in der auch mal jemand Schmidt oder Wehner preist. Die konservativen Gedanken zu: Schule, Universität, Ehe, Familie, Abtreibung lerne ich in der ZEIT freilich oft nur aus entrüsteten Widerlegungen kennen; ich möchte aber nicht gern auf die FAZ angewiesen sein. – Sollte Diether das meinen, hat er recht.

Daß das Spektrum breiter werden sollte, ist mir also nicht zweifelhaft. Es ist mir schon recht, wenn das Feuilleton die Marktwirtschaft leidenschaftlich beschuldigt; aber man muß es zwingen, nicht nur zu schelten, sondern mir Argumente anzubieten und sich mit der Sache auseinanderzusetzen. [...]

Rätselhaft ist mir die Diskussion über Kolumnisten. Kein Zweifel, daß das Blatt die besten Schreiber an sich ziehen sollte; ziehen muß, wenn es überleben will. Ich verstehe Marions Einwand nicht: Kolumnisten würden die Linie des Blattes verfälschen; die dummen Leser würden deren Linie für die der Zeitung halten.

Jahrzehntelang war der Konservative Walter Lippmann Kolumnist der demokratischen *New York Times* – die Leser hat's nicht gestört. William Safire, ghost-writer für Nixon und ein militanter Konservativer, schreibt unangefochten für die *New York Times*. Reston bleibt weit hinter der Härte zurück, die die *New York Times* in ihren Leitartikeln propagiert. Ich würde gern die brillanten Torheiten von Johano Strasser in der »Wirtschaft« lesen; mehr noch, wenn er sich mit [Wolfram] Engels (Frankfurt) bei uns streiten würde. Einen »Dahrendorf« regelmäßig im Blatt (was wir als Herausgeberlösung schon beschlossen hatten) würde uns gut tun − es gibt sicher Leser, die »ihren« Dahrendorf im Blatt suchen, wenn er regelmäßig schreibt. Weshalb sollte man dann den (ebenso als Herausgeber noch vor kurzem akzeptierten) Johannes Gross zurückweisen? Gross ist einer von dem knappen Dutzend großer deutscher Journalisten; Horst Krüger hat ihm gerade seine Brillanz in der ZEIT (Nr. 42 v. 10. 10. 80) bestätigt. Dieser unanfechtbare, noble Mann mit disziplinierter Argumentation täte der ZEIT gut. Gaus hat Brillantes geschrieben − wir brauchen solche Federn. [. . .]

Die »redaktionelle Haltung« einer Zeitung ist fast nicht definierbar; sie kann sich unmerklich im Laufe der Zeit ändern. Nur darf sie nicht beschrieben werden als die jeweilige Meinung bestimmter Redakteure. Die haben ja das Recht, ihre Meinung zu ändern; dem aber muß die Zeitung nicht unbedingt folgen. Neigung zur grünen Romantik etwa oder die Abneigung gegen eine entschlossene Verteidigung, auch wenn sie wegen der sowjetischen Waffen-Hybris teuer wird, wäre sicher nicht die vereinbarte »redaktionelle Haltung« des Blattes.

Die ZEIT-Leser haben Anspruch darauf, solche wichtigen Gedanken in der bestmöglichen, überzeugendsten Form (Synonym für: also etwa von Marion Dönhoff) zu lesen. Widerspruch muß aber nicht nur möglich sein. Er ist geboten [. . .]

Freundschaftlichst

Ihr Buc.

großen Artikel über Strauß
»Plädoyer für den besseren Mann . . . weil er die bessere Politik vertritt« (Nr. 40 vom 26. September 1980, S. 3)
daß Ted . . . dagegen streiten würde
Theo Sommer: »Ein Plädoyer für Helmut Schmidt« (Nr. 41 vom 3. Oktober 1980, S. 3)

Horst Krüger
»Ein Sonntagskind der Presse. Die politischen Kommentare des Johannes
Gross« (Buchbesprechung in der Literaturbeilage der ZEIT, S. 35)

23. Januar 1981

Lieber Buc,

die Tage nach meiner Rückkehr waren so turbulent für mich,
daß meine Absicht, ausführlich auf Ihren Brief vom 13. Januar
einzugehen, nicht zustande kam. Nun höre ich, daß Sie morgen
nach Japan reisen. Darum will ich nur ganz kurz zu einem Punkt
Stellung nehmen und erklären, warum ich die Kolumnisten-
Lösung falsch finde.

Der Begriff Kolumnist sagt aus, daß dies ein Mann ist, der seine
Ansichten in vielen Zeitungen kundtut: Lippmann hatte 200, Joe
Kraft hat über 100 Zeitungen, in denen seine Kolumne erscheint.
Das heißt, jeder Mensch, der heute Joe Kraft in der *Denver Post*
oder der *Chicago Tribune* oder der *Los Angeles Times* oder sonstwo
liest, weiß ohne Nachdenken, daß er Joe Kraft in his own rights
und als Individuum liest.

Bei uns in der Bundesrepublik gibt es keinen Kommentator,
der – außer in seiner eigenen Zeitung – noch in einem anderen
Blatt mit seiner Meinung erscheint. Daher sind die deutschen
Leser gewöhnt, die Kommentatoren mit ihren Zeitungen zu
identifizieren, das heißt, in der Verkürzung sagen sie: Die FAZ
schreibt. Oder: Die ZEIT schreibt.

Ich meine darum, daß wir uns betrügen, wenn wir von Kolumnisten in der ZEIT sprechen. Es sind eben keine Kolumnisten,
sondern es sind im Bewußtsein der Leser, wenn sie regelmäßig
schreiben, quasi Redakteure des Blattes; wenn sie hin und wieder dort erscheinen, sind es entweder Mitarbeiter oder Leute der
Öffentlichkeit, die gelegentlich Stellung nehmen.

Ich habe seinerzeit, als dieser Plan als Forderung auftauchte –
also Mitte Dezember –, an Ted einen Brief geschrieben, den ich
in der Anlage beifüge.

Herzlich grüßend

Ihre Marion

24. Januar 1981
(handschriftlich)

Liebe Marion,

da haben Sie mir nun jahrelang beigebracht, wie klug die ZEIT-
Leser sind: die verstehen sogar Artikel, mit denen ich nicht fertig
werde. Und jetzt können Sie einen Kolumnisten (»XY schreibt
seine eigene Meinung, die mit der der Redaktion nicht unbedingt übereinstimmt«) nicht vom Leitartikler unterscheiden!

Richtig: Lippmann und Kraft schrieben für viele Blätter. Aber
auch Reston (ziemlich links) und Safire (ziemlich rechts)? Sontheimer jedenfalls schrieb in der *Deutschen Zeitung*, und nur da,
oft anders als die Redaktion!

Ihr Brief an Ted (14. 12.) hat mich erschrocken. Er und Diether
waren einig, und ich konnte gar nicht verstehen, wie der immer
umgängliche Diether und der zu jedem vernünftigen Kompro-
miss bereite Ted plötzlich *so* aneinandergeraten konnten. Nach
Ihrem Brief blieb Ted ja wohl nichts anderes übrig. – Ich weiß:
Sie sind aufrichtig, zu Kampf und Opfern bereit, alles etwas
mehr als ich. Da aber haben Sie eine schwere Verantwortung
übernommen. Was wird denn, wenn Diether an jener Einigung
festhält? Er trägt die Verantwortung; also muß er sich ja wohl
durchsetzen.

Zumal er recht hat. Ob zur (weiteren!) Vitalisierung der ZEIT
überhaupt und gerade heute Kolumnisten gehören, darüber
kann man streiten. Ich finde die Idee gut. Wenn er es auch

meint, soll er es dann trotzdem lassen? Die Spitze des deutschen Journalismus muß in der ZEIT zu lesen sein.

1974 sagte ich Ihnen voraus: die Zeitung wird sich schwer tun – und so kam's. Heute sage ich: Ist die *Welt* zu Ende, bevor wir unseren Abstand zur FAZ um 50 000 bis 60 000 erweitert haben, kann es der ZEIT an den Kragen gehen.

Und Sie können den Erfolg haben; die ZEIT hat ihn auch verdient.

Wollen Sie wirklich statt dessen (mit) die Ursachen setzen für das Ende der ZEIT?

Herzlichst
immer Ihr Buc.

10. Februar 1981

Lieber Buc,

nachdem nun wieder Frieden in die Redaktion eingezogen ist, möchte ich doch Ihren Brief vom 24. 1. beantworten. Ich war offen gestanden recht verblüfft, daß Sie ganz offensichtlich unterstellen, es sei auf mich zurückzuführen, daß »der immer umgängliche Diether und der zu jedem vernünftigen Kompromiß bereite Ted plötzlich aneinandergeraten« sind.

Ich war verblüfft, daß Sie, der mir ein paar Tage zuvor erklärt hatte, er wisse gar nicht, worum es gehe, Sie seien ganz unorientiert und mischten sich nicht ein, nun plötzlich wissen, wer die Verantwortung für den Streit trägt.

Ich darf Sie daran erinnern, daß der Streit, der zwischen den beiden nach Kurt Beckers Weggang begonnen hat, entstand, weil Diether nicht wollte, daß Ted interimistisch die Führung des politischen Ressorts übernehme. Becker erhielt Mitte Oktober den Ruf nach Bonn, und seit Anfang November schwelt die Auseinandersetzung. Ich habe mich nach sechs Wochen zum ersten Mal eingemischt mit jenem Brief, den ich an Ted schrieb und den ich Ihnen neulich auf Wunsch zur Kenntnis gab. Er trägt das Datum vom 14. Dezember 1980.

Die Sache mit den Kolumnisten ist ja nur ein Nebenpunkt gewesen. Das eigentliche Problem war, wie gesagt, die Führung des politischen Ressorts.

Ich bin dagegen, daß man Schuldzumessungen vornimmt, aber wenn ich nach der Kausalität frage, dann muß ich sagen, daß dieser Streit nur deswegen entstanden ist, weil die alte, wie ich denke, sehr vernünftige Gewaltenteilung zwischen Chefredakteur und Verleger, die über dreißig Jahre gehalten hat, aufgehoben wurde. Wenn Diether nur Verleger wäre, wäre er sicherlich froh gewesen, Becker durch Sommer ersetzen zu können. Ich habe, wie Sie wissen, von vornherein dieses neue Modell, das jede Gewaltenteilung verwischt, mit großer Skepsis betrachtet – wir haben ja auch oft genug darüber geredet. Sie haben seinerzeit meinen Bedenken insoweit Rechnung getragen, als Sie mir sagten, in Ihrem Testament hätten Sie vorgesehen, daß sich Diether nach Ihrem Tode entscheiden müsse, ob er Verleger oder Herausgeber sein wolle.

Ich weiß, an dieser ganzen Konstruktion ist nun nichts mehr zu ändern. Ich erinnere nur noch einmal daran, damit Sie den Gram und Ärger verstehen, den Ihr Brief mir bereitet hat.

Herzliche Grüße
Ihre Marion

12. Mai 1981
Dr. Marion Gräfin Dönhoff, Dr. Theo Sommer,
Diether Stolze

Liebe Freunde,
unsere Auflage liegt 8000 unter der des Vorjahrs; die am Kiosk
verkaufte Auflage um 10 000. Letztere ist der Gradmesser; Rückgang am Kiosk zieht nach einigen Monaten Rückgang im
Abonnement nach. Das ist schon ernst, seit 1974 nicht mehr vorgekommen. Die FAZ stieg um 10 000. Damit ist unser Anzeigengeschäft bedroht.
Schon seit einiger Zeit scheint mir das Blatt nicht mehr in Ordnung. Seit Monaten haben wir kaum noch einen ganz großen
Leitartikel. Das Dossier ist verkümmert, ist oft langweilig; Joffe
allein kann es ja auch nicht machen, so gut er ist. Was bloß ist mit
der Zeitung los? Ich glaube: Die Krise kommt von draußen – die
Redaktion hat sie wohl nicht gesehen.
Als liberale Zeitung hatten wir bisher große Chancen. Wir
konnten – mit der Nation – hoffen, vieles Gute zu bewirken, die
Gesellschaft zu verbessern, Gerechtigkeit und Wohlstand zu
mehren, die Bildung zu verbessern, Lebensqualität zu schaffen.
Wir gingen stolz an die Arbeit, wussten uns den Konservativen
rechts und links überlegen. Das strahlte Kraft aus. Ein Blatt wie
[die] FAZ hatte es da schwerer: immer zu warnen, zu nörgeln,
wenn wir etwas Gutes, Neues ausprobierten, das schreibt sich
schwer.
Jetzt sehen wir skeptisch auf unser Werk: Die Universitätsreform
hat Mängel. Die »progressive« Assistentenschaft okkupiert die
Lehrstühle – oft ohne Qualität. Ist die permanente Diskussion in
der »Gruppenuniversität« den Zeitaufwand wert? Sollen wirklich
so viele auf Kosten der Gesellschaft studieren, für nicht gefragte
Positionen?
Fast immer waren wir – und mussten es sein – auf der Seite der

Vorwärtsdrängenden. [...] Überall habe ich mitgemacht und be-
reue nichts. Aber während die FAZ stolz auf ihre Warnungen
verweisen kann, müssten wir viel korrigieren. Einmal fürchten
wir dabei unsere Leser: Wenn wir sagen, die Nachrüstung diene
der Verteidigung, gibt es böse Briefe (wo die FAZ zustimmende
bekommt). Wenn wir zu Sparsamkeit und mehr Arbeit anraten,
schelten die Leser auf Diether Stolze (bei Piel im Wirtschaftsteil
fällt es nicht so auf). Und: Wir fürchten uns voreinander, die
älteren Redakteure vor den jüngeren. Übertriebenes zurück-
schrauben – ist das nicht vielleicht reaktionär? Erst eine drohende
Katastrophe würde uns frei machen. In Berlin war wahrscheinlich – wie die Dinge liegen – nur eine Wahllösung passabel:
CDU und FDP. Die Redaktion konnte sich zu einer solch
»reaktionären« Empfehlung – zu irgendeiner Empfehlung – nicht
durchringen. So erscheint das Blatt am Donnerstag vor zwei uns
tief angehenden Wahlen (Berlin, Frankreich) auf der ersten Seite
mit einem (schwer zu lesenden) Leitartikel über Namibia: die
journalistische Fehlleistung des Jahres. [...]
Ihr meint, Euer glänzender Name und unbestreitbar großer Verstand zieht die Leser auch ohne solche Arbeit an; die husten
Euch aber eins. Ted hat sich das Recht häufiger Abwesenheit er-
kämpft (zu häufiger freilich); also liegt der Zwang des Blatt-
machens bei Diether.
Kurzum: Die ZEIT muss ihren Standpunkt neu erklären. Mit
Entschuldigungen von Fall zu Fall kommen wir nicht weiter.
Wenn sie die Mietgesetze trotz allem für richtig hält, darf sie
nicht (nur) die »Spekulanten« schelten; sie muss darlegen, warum
die Marktwirtschaft außer Kraft zu setzen ist.
Wir sind keine Fachzeitung für Politik usw., von uns verlangt
man Grundsätzliches, eine Theorie der Gesellschaft, sogar eine
Lebensphilosophie.
Als strahlende liberale Zeitung haben wir es der konservativen
FAZ schwer gemacht und die konservative *Deutsche Zeitung* ver-

nichtet. Dreht sich das jetzt um? Zeitungen sind verletzlich; das
Ende kann schnell kommen, wenn man keine erkennbare und
akzeptierte Mission mehr hat. [...]
Wenn Sie mich weiter beim Blatt haben wollen, dann bestehe
ich darauf, dass die »aktiven Herausgeber« sich intensiv um die
Ressorts kümmern, durch ständige Diskussion so lange wie
möglich, durch Anordnung, wenn es anders nicht mehr geht.
[...] Ein bißchen könnte ich immer noch helfen, aber meine
Kräfte lassen nach – und (ich bitte um Nachsicht) auch meine
Lust. Die Zeitung ist durchaus zu retten. Das intellektuelle Po-
tential ist ja beträchtlich. [...]
>Freundschaftlichst
>immer Ihr Buc.

Am 19. Mai 1981 feiert Gerd Bucerius seinen 75. Geburtstag.

Hamburg, 19. Mai 1981
(handschriftlich)

>Lieber Buc,
Ihr Geburtstag im Jahre 1981 ist zugleich auch ein Markstein in
meinem Leben: 35 Jahre ist es her, seit Sie die ZEIT gründeten
und ich dort als Mitarbeiter auf Probe für 600 RM im Monat angestellt wurde. 35 Jahre, statistisch ist das eine Generation, fami-
lienrechtlich ein Mittelding zwischen silberner und goldener
Hochzeit. Bei solchen Gelegenheiten pflegen die Ehepartner
einander zu versichern, wie bewundernswert der jeweils andere
ist, daß er die Gemeinschaft so lange ertragen hat. Es gab eine
ganze Menge Gelegenheiten, wo jeder von uns geächzt hat. Sie
über meine Bockigkeit, wir – also nicht nur ich, sondern die
ganze Redaktion – über die Marotten des Verlegers, seine kriti-

schen, meist zutreffenden Kommentare, seine Verzweiflungsausbrüche nach schlaflosen Nächten oder die vorwurfsvollen Briefe, über die man sich am ersten Tag ärgerte und die man am dritten Tag eigentlich doch ganz beherzigenswert fand.

Was mich anbetrifft, ich möchte keines dieser 35 Jahre gemeinsamer Arbeit missen. Und ich denke, Sie können mit einer Befriedigung, die nicht jedem zuteil wird, und auch mit ein wenig Stolz auf das blicken, was da entstanden ist.

Lieber Buc, wir alle, die ganze Redaktion, hätten sie gerne heute bei uns, [da] aber nun Sie – begreiflicherweise – geflüchtet sind, gehen unsere Gedanken und Wünsche zu Ihnen in die Ferne, in großer Herzlichkeit, Freundschaft und Bewunderung. Ich bin sicher, daß sich dies nie ändern wird.

Wie immer

Ihre Marion

Forio, 22. Mai 1981

Lieber Buc,

in Ihrem Brief vom 12. Mai schreiben Sie »was bloß ist mit der ZEIT los?« Am Ende vieler Vorwürfe heißt es dort: »Die Zeitung ist durchaus zu retten ...« Vor zwei Monaten sagten Sie: »Die ZEIT war noch nie so gut.« Ich kann da nur fragen, was ist bloß mit Buc los?

Seit 1977 – ich habe es gerade jetzt beim Durchblättern der letzten zehn Jahre wieder gesehen – ist der Wirtschaftsteil voll mit kritischen Artikeln über die kostspieligen Reformen, die gefährliche Verschuldung, im politischen Teil war immer mal wieder Skeptisches zu der Reform-Euphorie zu lesen. Vor der Wahl im Oktober 1980 gab es zwei ausgezeichnet dokumentierte Dossiers: superkritisch über Erziehung, Wirtschafts- und Sozialpolitik. Es stimmt also doch gar nicht, dass wir, sozusagen kopflos und von edler Begeisterung erfüllt, stets auf der Seite der »Vorwärtsdrängenden« waren, und darum brauchen wir jetzt auch nicht in den Chor derjenigen einzustimmen, die alle Schuld bei den Liberalen suchen.

Wir waren und sind für Entspannung im Ost-West-Verhältnis, für liberales Strafrecht und gegen überzogene Antiterror-Gesetze, und das werden wir hoffentlich auch weiterhin sein. Wir hätten keine erkennbare Mission mehr? Gerade jetzt, wenn alle umfallen sollten – was ich übrigens nicht glaube, ich finde nicht viele Leute, die sich nachträglich wünschen, Strauß und die Union hätten an die Regierung kommen sollen –, müssen wir dem Gesetz treu bleiben, nach dem wir angetreten sind.

Sie schreiben: »Wenn Ihr mich weiter beim Blatt haben wollt, ...« Ich kann nur antworten, wenn Sie auf meine Mitarbeit Wert legen sollten, dann ist diese nur gewährleistet, wenn die politische Linie nicht langsam der FAZ angeglichen wird. Denn das, so fürchte ich nach der Lektüre Ihres Briefes, scheint Ihr eigentliches Ziel zu sein.

Erst dieser letzte Brief vom 12. Mai lässt mich erkennen, dass die Kolumnisten-Idee, die Johannes Gross und Ludolf Herrmann durch einen Seiteneingang in die ZEIT einschleusen wollte, von Ihnen stammte. Daher – eben weil ich diese Idee torpedierte – Ihr gänzlich ungerechtfertigter zorniger Vorwurf, ich sei schuld an dem Krach, der nach Beckers Weggang entstand. Übrigens: Wenn Sie damals eingegriffen hätten, als drei Monate lang sich alle gegenseitig entnervten, dann wäre die allgemeine Erschöpfung danach vermutlich nicht so groß geworden. [...]

Und Berlin? Eine Ermunterung für Weizsäcker und die FDP, eine Koalition einzugehen, wäre ganz unrealistisch gewesen (wie ja jetzt auch demonstriert worden ist) angesichts der Tatsache, dass das Gros der FDP in Berlin weit links von der SPD steht. Außerdem haben wir noch nie *vor* einer Wahl Koalitionsvorschläge gemacht, und bei dieser, deren Ausgang so ungewiss war wie kein anderer, wäre es besonders unzweckmäßig gewesen. Hätte Weizsäcker die absolute Mehrheit erreicht, was mir in der Woche vorher viele in Berlin als durchaus möglich schilderten, hätte ein Vorschlag zur Koalition hinterher auch nicht besonders sinnvoll gewirkt.

Nein, das Thema jener Woche war natürlich der haushohe Zorn über Begin, von dem ausnahmslos alle ergriffen waren, und das war, so meine ich, durch meine Glosse mit dem schönen Nahum-Goldmann-Zitat optimal abgedeckt. Ein Leiter dazu hätte nur den antisemitischen Anti-Israel-Leuten Wind in die Segel geblasen. Ich würde sehr gern einmal die Verkaufsergebnisse jener Ausgabe im Vergleich zu vorher und nachher sehen, um zu wissen, ob sie wirklich einen Tiefpunkt darstellt.

Ich kaufte am Montag, also nach den Ereignissen des denkwürdigen Sonntags, die wir, wie Sie meinen, in der Woche, ehe Sie eintraten, hätten voraussehen sollen, in Frankfurt auf dem Flughafen die FAZ: kein Wort über Frankreich; über Berlin auf der unteren Hälfte eine einspaltige Meldung zur Wahlbeteiligung. Am selben Stand – es war 11 Uhr vormittags – kaufte ich die *Herald Tribune*, Druckort Zürich: vierspaltiger Aufmacher »Mitterrand ist Sieger«; darunter, dreispaltig, alle Resultate der Berliner Wahl! Ich frage mich, was Sie an der FAZ so bewundern? Doch dies nur nebenbei.

Das, worum es mir in diesem Brief geht, ist dies: Mir erschiene es als Verrat – und sicher den meisten Lesern auch –, wenn ausgerechnet jetzt, wo viele die Schuld an allem, was schief gegangen ist, den Liberalen in die Schuhe schieben oder der Regierung, die ZEIT das mitmachen würde. Ohne mich, kann ich dazu nur sagen.

Herzlich grüßend

Ihre Marion

Zorn über Begin
Der israelische Ministerpräsident Menachem Begin hatte die Deutschen
»geldgierig« und Bundeskanzler Helmut Schmidt »unverschämt« genannt,
weil dieser geäußert hatte, dass das Selbstbestimmungsrecht der Völker
auch für die Palästinenser gelte. Marion Dönhoff hatte dazu eine Glosse
geschrieben (»Begins Groll«, Nr. 20 vom 8. Mai 1981, S. 1).

11. Juni 1981
An: Gräfin Dönhoff, Dr. Sommer, Diether Stolze

Liebe Freunde,
auf meinen besorgten, aber doch zuversichtlichen Brief vom
12. Mai haben Sie sehr verschieden reagiert. Ich hatte Trost erwartet, vergebens.

Weil ich unsere Lage oft mit der der FAZ vergleiche, vermutet
Marion einen geheimen Plan, aus der ZEIT die FAZ zu machen.
Sie meint: Weil sie »meine neuen Ideen (Kolumnisten)« torpe-
diert hätte, hätte ich ihr »ungerechtfertigte zornige Vorwürfe«
gemacht. – Diether beklagt meinen Ausdruck, ich hätte ihn »auf
Wunsch der Redaktion« zum Verleger berufen. – Ted: »Die
Krise kommt von innen … Diether hat Kuenheim erst gewollt,
dann abgelehnt … die Herausgeber lähmen sich … sollte man
nicht die alte Lösung wieder in Kraft setzen?«

Zur FAZ: Meine Sorge vor deren unaufhaltsamem Aufstieg (auf
unsere Kosten) hat sich grausam bestätigt, in der Medienanalyse
(MA) 1981. Die MA fragt jedes Jahr 24 000 Bewohner der Bundesrepublik, was sie gelesen haben (»Leserschaft«).

Die Zahlen für 1980 und 1981:

	ZEIT	FAZ
1980	1 100 000	790 000
1981	950 000	980 000
	− 150 000	+ 190 000

Auch *Welt* und *Welt am Sonntag* haben leicht zugenommen. Einzelheiten: Die ZEIT hat 40 000 Akademiker als Leser verloren. Die FAZ hat 160 000 (!) gewonnen. Das entspricht meiner Beobachtung: Die akademische Bevölkerung wendet sich ein bißchen von der ZEIT ab und wendet sich stark der FAZ zu. [...]

Eines steht fest: Wenn Sie nicht alle Querelen vergessen; nicht mit äußerster Kraft gemeinsam an einer guten Zeitung arbeiten; der Redaktion ein gemeinsames Gesicht zeigen, dann können Sie sich in drei Jahren bei der Einstellung des Blattes zum letzten Mal die Hand schütteln.

Das Blatt hat bei den Anzeigenkunden good will. Mit Verlaub: ich habe bei den Kunden good will. Den will ich weiter einsetzen, obwohl ich am Lebensende schönere Aufgaben hätte. Aber die neue Lage trifft uns vier alle. Die beiden Jüngeren können's wohl verschmerzen; auf sie warten neue Aufgaben. Aber bitte ersparen Sie Marion und mir dieses Ende einer Laufbahn.

Sobald wir alle vier wieder in Hamburg sind, sollten wir ausführlich sprechen. Ich hoffe sehr auf gemeinsame Vorschläge von Ihnen. Nur am Rande: Wäre das Blatt immer so gut gewesen wie fast die ganze letzte Ausgabe, hätte ich viel Hoffnung.

Herzlichst

Buc.

14. Juni 1981
(handschriftlich)
An Marion, Ted, Diether.

Liebe Freunde,

sobald wir wieder alle in Hamburg sind, möchte ich gern mit Ihnen sprechen, wie es im Blatt weitergehen soll. Wenn wir uns anstrengen, kann alles gut gehen. Möglich sind große Schwierigkeiten, die in unserem Gewerbe *viele* Millionen kosten. Und: Die ZEIT ist entbehrlich; für ihr Überleben gibt es keine Garantie. Ich möchte wissen, worauf ich mich vorbereiten muß – zu Opfern bin ich bereit, wenn mir der Erfolg glaubhaft scheint.

Darüber soll mir unsere Unterhaltung Aufschluß geben! [...]

Sehr herzlich

Ihr Buc

Im Juni 1981 veröffentlicht der »Stern« ein langes Interview mit Gerd Bucerius. Gefragt nach der Führungsstruktur der ZEIT (drei Herausgeber), antwortet der Verleger nicht expressis verbis, die Führung des Blattes sei schlecht strukturiert, er sagt: »Zur Zeit sehe ich keine bessere, ich finde mich damit ab.« Zu Fritz Raddatz erklärt er: »Bei Raddatz hat sich die Redaktion schon mal überlegt, kann man mit dem Mann noch zusammenarbeiten. In allen Fällen wäre meine Meinung – vielleicht ist das Eitelkeit – manchmal für die Redaktion von Bedeutung, aber nicht ausschlaggebend.« Marion Dönhoff schreibt an den Rand des ihr im Manuskript gezeigten Interviews: »Geht die ›Stern‹-Leser, finde ich, nichts an.«

Hamburg, 15. Juni 1981

Lieber Buc,

die Zahlen der Medien-Analyse sind in der Tat beunruhigend, obgleich meine Skepsis mich natürlich fragen läßt, wie die ermitteln können, daß 40 000 Akademiker verlorengegangen sind. Aber unter dem Aspekt dieser Medien-Analyse ist mir Ihr Interview mit dem *Stern* nun wirklich ganz unbegreiflich; denn da verstärken Sie doch die offenbar eingetretene Unlust der Leser – motivieren und begründen sie geradezu.

Mit diesem Interview teilt ja der Inhaber der ZEIT mit, daß dieses Blatt in der Führung schlecht strukturiert und in der Leitung falsch besetzt ist; daß Theo Sommer seine Kenntnisse von anderen Leuten zusammensammelt und im übrigen nie da ist, daß Sie die Lösung der Führungsstruktur ganz schlecht finden, aber zur Zeit keine bessere wissen und sich damit abfinden.

Den Passus über Fritz Raddatz finde ich ganz schlimm. Was geht es die *Stern*-Leser an, daß die ZEIT mit ihm gelegentlich Schwierigkeiten hatte und sich »schon mal überlegt hat: Kann man mit dem Mann noch zusammenarbeiten?« So kann man doch mit seinen Mitarbeitern nicht umgehen.

Ich weiß wirklich nicht, warum Sie eine halbe Million für Werbung ausgeben wollen für das Produkt einer Redaktion, die Sie zuvor schlecht machen. Hätte man nicht bei dieser Gelegenheit den 10 Millionen *Stern*-Lesern sagen können, warum die ZEIT bei allen Fehlern ein einzigartiges, ausgezeichnetes Blatt ist – das wäre eine Werbung gewesen, wie man sie besser und billiger gar nicht hätte haben können.

Wirklich, Buc, ich meine, Sie müssen die Stelle über Raddatz unbedingt streichen. Das Beste wäre, wenn Sie das Ganze zurückziehen könnten, denn Sie stellen sich selber auch so unliberal und herrschsüchtig dar, wie Sie gar nicht sind.

In Ihrem letzten Brief lassen Sie wissen, daß es an Geld für neue Anstrengungen nicht fehlen soll: Es liegt aber nicht am Geld, sondern es kommt darauf an, daß es allen Spaß macht und alle ihren Ehrgeiz daransetzen, eine gute Zeitung zu machen. Wenn aber die Redaktion sich von Ihnen in dieser Weise im *Stern* dargestellt sieht, vergeht ganz gewiß jedem der Spaß.

Mit herzlichen Grüßen
Ihre Marion

10. Juli 1981

Liebe Marion,

erlauben Sie mir noch einmal, eine Sorge darzulegen, die mir verständlich zu machen bisher nicht gelungen ist.

Wenn ein Blatt (gleich ob ZEIT, *Stern*, *Spiegel* usw.) in anderen Medien (Zeitungen, Rundfunk oder Fernsehen) zitiert wird, ist das eine Werbung für dieses Blatt. In Zeitungen genannt zu werden, ist interessant, im Rundfunk gut, im Fernsehen sehr gut. Denn merkwürdigerweise hält das deutsche Publikum das Fernsehen für das zuverlässigste Medium. [...]

Eine große Zahl unserer (tatsächlichen und möglichen) Leser sieht die politischen Sendungen im Fernsehen, vor allem die Nachrichten. *Sie* sehen sie, *ich* sehe sie, die meisten ZEIT-Redakteure sehen sie und eine große Masse des übrigen politisch interessierten Volks. Wenn sie dort erfahren, dass *Spiegel*, *Stern* und *Welt am Sonntag* wertvolle, wichtige Informationen bringen, steigt das Ansehen jener Blätter. Manchmal mag sogar die Auflage gleich steigen, weil der Zuschauer Näheres über jene Meldung wissen möchte. [...]

Ich verstehe nicht, warum solches Zitiertwerden das Ansehen der ZEIT gefährden könnte. Dass unsere Seriosität um jeden Preis verteidigt werden muss, darüber brauchen wir uns nicht zu streiten. Sie dagegen sehen hier entscheidende Hindernisse. Wenn Sie mir die nur verständlich machen könnten. Sollten Sie Ihre Hindernisse überwinden können, so bin ich sicher, dass die Redaktion vielfach Gelegenheit finden würde, wichtige Informationen so vorzubereiten, dass Funk und Fernsehen sie verbreiten. Das kann nicht häufig genug sein. Freilich müssen sie produziert werden.

Ich bin immer traurig, wenn Sie mir dieses als »Denken nach *Spiegel*-Methode« ankreiden. Ich kenne Ihre Verachtung für den *Spiegel* und dessen mangelnde Seriosität. Aber nicht alles, was der

Spiegel sagt oder tut, ist nur deshalb unseriös. Auch er bedient sich legitimer Methoden, auf die wir (fürchte ich) nicht verzichten können.

Dabei verstehe ich Ihre Haltung. Ich wünschte mir auch, dass die Welt beschaulicher wäre, immer erst abwartete, bis die politisch Erfahrenen alles durchgearbeitet haben und schließlich ihre letzten Schlüsse dem Publikum darlegen. So denkt aber unsere Zeit nicht mehr. Das Publikum erwartet schnelle Information, schnelle Reaktion.

Die Botschaft der Heiligen Schrift enthält viele Sensationen. Werden sie aber nicht so dargeboten, dass das Publikum sie aufnimmt, so predigen die Pfarrer vor leeren Kirchen. Das kann uns auch passieren, wenn wir uns den (im ganzen nicht zu beanstandenden) Strömungen der Zeit widersetzen.

Sprechen tun wir hierüber seit Jahren. Vielleicht gelingt es mir jetzt, Sie ein klein wenig näher an diesen Gedanken heranzubringen. Es tut weh, jahrelang zu barmen.

Herzlichst

Ihr Buc.

6. August 1981
(handschriftlich)

Liebe Marion,

wenn man immer wieder auf den Namen der ZEIT stößt (in den Zeitungen, im Fernsehen), dann gewinnt das Blatt an Gewicht. »Das muß man lesen«, sagen sich viele. Natürlich gibt es unbedingte Leser – aber bei weitem nicht genug, um das Überleben zu sichern. Wir haben unser Potential nicht zu einem Drittel ausgeschöpft.

Im übrigen ist Zitiertwerden ein Beweis, daß das Blatt die richtigen Themen hat. – Aber was hilft's? Sie halten eher alle anderen Zeitungen für schlecht.

Wir können bei der nächsten Sitzung mal die Kuratoren [der
ZEIT-Stiftung] fragen. – Ich bin über all dem Ärger physisch
krank geworden. *Muß* ich denn immer kämpfen?

Immer
Ihr Buc

[ohne Datum]
(handschriftlich)

Lieber Buc,
ich glaube wirklich, dass die Leser sich auf ihr eigenes Urteil verlassen und nicht Zitate in anderen Zeitungen zählen.

Herzlichst
Ihre Marion

[ohne Datum, nach dem 25. September 1981]
(handschriftlich)

Liebe Marion,
[...] In der neuesten Nummer nennt Schueler Carstens einen
Demagogen (dabei ist er allenfalls ein Langweiler); aus Austra-
lien erfahren wir, wie schlecht die Bundesrepublik, die USA und
Reagan sind – über Australien wenig; nur daß die nicht so denken wie Blumenberg (Aufmacher im Feuilleton).
Das mag ja alles richtig und nötig sein; Journalisten müssen *ihre*
Wahrheit sagen. Nur man muß wissen, daß 35–40 % der ZEIT-
Leser CDU wählen. Selbst die 15 % der FDP-Wähler werden mit
der Politik nicht glücklich sein. Man muß also wissen: diese Leser
gehen uns verloren. 1982 werden wir nichts verdienen. Ein ern-
ster Rückschlag, und wir sind ernstlich in Gefahr. Ich habe keine
rechte Lust mehr. Richtiger: ich bin am Ende meiner Kräfte. So

viel wie in diesen Wochen habe ich noch nie zugesetzt. – In ehrlicher Freundschaft und Dankbarkeit

immer Ihr

Buc

(im Bett geschrieben, mit Magengeschichten, deshalb so gekritzelt)

nennt Schueler
Hans Schueler: »Kostspielige Klingen-Schärfung« (Nr. 40 vom 25. September 1981, S. 7)
über Australien
Hans C. Blumenberg: »Die letzten Tage des Friedens« (gleiche Ausgabe, S. 49)

7. Dezember 1981
An: Gräfin Dönhoff, Dr. Theo Sommer, Diether Stolze

Liebe Freunde,

kommt unsere Besprechung zu viert noch zustande? Eigentlich müsste das möglich sein, wenn es einem von uns so wichtig ist.

Wir dürfen nicht an der 400 000-Auflagengrenze scheitern; zur Zeit sind es nur 384 000. Wenn die Auflage nicht mehr steigt und wir daher die Anzeigenpreise (real) nicht erhöhen können, muss der Copy-Preis auf DM 3,50, DM 4,00 usw. steigen, etwa alle zwei Jahre 50 Pfennig mehr. Das halte ich für tödlich. Ich bin auch nicht mehr jung genug, solche Aussichten einfach hinzunehmen. Zumal ich weiß, daß wir redaktionelle Reserven haben.

Darf ich mit Beispielen anfangen?

1) Im anliegenden Artikel (»Weil es dem Bischof so gefällt«, ZEIT 48/81, S. 15) wird ein Bischof hart gescholten, weil er sich von einem Pfarrer trennen will. Der Bischof scheint wirklich ein widerlicher Kerl zu sein: Er verlangt vom Pfarrer »öffentlichen Widerruf«. Was soll der Pfarrer widerrufen? »Die Sach' ist die,

dass ich in einem Buch Sachen geschrieben habe, die meinem Bischof nicht gefällt«, sagt der Pfarrer. Was für Sachen? Das erfahre ich in den etwa 180 Druckzeilen nicht. Den Artikel ganz gelesen, fing ich von vorn an; irgendwo mußte es ja stehen – stand aber nicht. Das langweilt, verärgert jeden Leser. Das darf nicht vorkommen. *Hier fehlt die Kontrolle.*

2) Hanno Kühnert (Anlage: »Die Rechnung von der Polizei«, ZEIT 49/81, S. 69) hat Haug [von Kuenheim] hereingelegt. Eigentlich musste Haug allerdings erkennen, daß Kühnerts Artikel unvollkommen war. Kühnert ist (sein gutes Recht) kämpferisch, einseitig. Da muss man aber kontrollieren. Viele unserer Leser sind Juristen. Sie werden uns wegen dieses Artikels mangelnde Kompetenz (und Ärgeres) vorhalten, so Professor von Münch und der Hamburger Staatsrechtler Martens; beide waren bitter.

Beide Fälle sind für Haug typisch. Er geht auf die Barrikaden und sieht nicht, daß sie wackeln. – Haug hat gute Artikel geschrieben. Der über Jil Sander (»Ein bezaubernder Softy«, ZEIT 38/81, S. 61, Anlage) war wirklich hübsch. Räuker (»Es ist zum Kotzen«, ZEIT 49/81, S. 75. Anlage) hätte ich nach einem gemeinsamen Mittagessen nicht so hinrichten können – aber das ist wohl der junge, moderne Journalismus.

Kurzum: Wer kontrolliert Haug, Modernes Leben und Länderspiegel? Kontrollieren heißt: sich als der intellektuell besser ausgerüstete Vorgesetzte ausweisen, die Texte lesen, an den Ressortkonferenzen teilnehmen. – Haug ist gut, wenn er fest geleitet wird. Leiten können ihn Bessere, das sind die Herausgeber.

Haug war nur ein Beispiel; es gilt für alle Ressorts.

3) Die Wirtschaft ist redlich und zuverlässig. Aber sie ist nicht glanzvoll, oft matt. Sie war glänzend unter Diether [Stolze]. Mit der inzwischen größer (und teurer) gewordenen Redaktion muss mehr erreicht werden; ist auch mehr zu erreichen. Diether wäre berufen. In der Unterhaltung sprüht er; um sein Vokabular be-

neide ich ihn. Die Wirtschaft hatte viele Chefs, Diether war der Beste. – Diether kann es uns doch nicht antun, dass er oben drüber steht und die Mängel still belächelt. Er kann uns doch nicht im Stich lassen.

4) Der Chef des Feuilletons ist brillant und scharf wie ein Laserstrahl, aber auch so schmal wie der. Verstehen tut er nur die linke Szene. Die Auseinandersetzung unter den Linken (die die anderen Linken Faschisten nannten) war fesselnd. Aber es ist, als ob ich von einem Meterstab den ersten Millimeter mit dem Mikroskop untersuche. Von der konservativen Bewegung in vielen Völkern weiß Raddatz so wenig, dass er sie nur schelten, nicht widerlegen kann. Greiner ist da ganz anders, grundsätzlicher, ehrlicher.

Aber man kann mit dem prinzipienlosen Raddatz durchaus sprechen, ihn auf Phänomene aufmerksam machen. Nur: das ist kontinuierliche Arbeit. Wer macht die?

5) Jochen Steinmayr sucht die Unterhaltung und die Anlehnung. Er mag nicht »Herzog« sein. Das Magazin ist zur Zeit gut; Jochen gut gelaunt.

6) Leserbefragungen zeigen: Das Dossier wird geschätzt. Es ist unverzichtbar geworden. Ich bin erschrocken, dass Joffe jetzt damit allein gelassen wird.

Jetzt spreche ich nicht von heute oder von 1983, sondern für später: Die ZEIT ist in Gefahr, wenn die Herausgeber (ihre Leistung steht weit über der der Redaktion) sich nicht in den Ressorts durchsetzen.

Ich hatte gedacht, dass Diether und Ted das gemeinsam attackieren würden. Wenn das nicht geht, dann bleibt eine einverständliche, nicht groß angekündigte Aufteilung, mit Kooperationsbereitschaft. Vielleicht so:

Verantwortlich für Politik, Feuilleton, Modernes Leben, Länderspiegel: Ted

für Wirtschaft, Dossier, Magazin, Themen der Zeit: Diether.

Abschied. Zum letzten Mal wird am 30. April 1982 die Seite 1 in Bleisatz hergestellt. Chef-Metteur Konrad Kutschinski, Chef vom Dienst Rainer Frenkel, Marion Dönhoff und Theo Sommer (von links).

Beide wären aufeinander angewiesen, das Dossier zum Beispiel auf die Politik; die Politik auf die Wirtschaft. In Freundschaft müssten zwei außerordentlich begabte, gut dotierte Journalisten das doch wohl können. Wenn sie es nicht schaffen, wer denn sonst? Vor uns liegt eine schwere Aufgabe. Aber mir scheint: Keiner von uns hat das Recht, zu kapitulieren. Ich appelliere herzlichst an den guten Willen und die ganze Kraft eines jeden von uns.

Herzlichst

Immer Ihr Buc.

»Weil es dem Bischof ... «
Den Artikel schrieb Karl Forster.

Diether Stolze, Herausgeber und Verleger, fühlt sich in der ZEIT zunehmend isoliert, seine explizit konservative Haltung schafft ihm keine »Spielkameraden«. Gerd Bucerius hat aus anderen Gründen Schwierigkeiten mit ihm. Im Laufe des kommenden Jahres, endgültig im September 1982, verlässt Stolze die Zeitung.

8. Dezember 1981
(handschriftlich)

Liebe Marion,

zu dem Brief an die drei noch eine Ergänzung nur für Sie.

Ob Diether für das Blatt zu retten ist, weiß ich nicht. Vielleicht haben wir ihm den Schneid abgekauft. Aber mit Ted allein?

Ted lehnt entschieden die beharrliche Arbeit in der Redaktion ab. »Mit meinem Hintern mache ich das Blatt nicht, dazu kriegt Ihr mich nie.« Das verstehe ich nur zur gut; aber dann kann er nicht alleiniger Chefredakteur sein. Bei Arbeitsteilung mit Diether geht's vielleicht. Sonst muss jemand anders gefunden werden – im Hause ist niemand.

Etwas ärgerlich sind Teds Schwankungen. Mal ist er leidenschaftlich gegen die Regierung, zwei Wochen später hymnisch für sie. Den bösen Ärzte/Atom-Artikel mochte er nicht, fügte sich aber sofort dem Friedensrausch, der in der Redaktion umgeht. Wären Sie zufällig einige Monate weg gewesen – wir wären heute auf der Epplerseite. Bertram kann das *etwas* stabilisieren. Aber was ist der gegenüber Ted?

Dazu kommt eben – wir haben es oft beklagt – ein gewisser Mangel an Ehrlichkeit. Ted kann einen fröhlich anschwindeln. – Übrigens: Ted wird von den Kollegen höchst respektiert; seiner journalistischen Leistung wegen. Aber allein gelassen werden mit ihm, das möchte so recht niemand.

Alles sehr schlimm. Finden Sie nicht?

Herzlichst

Immer Ihr Buc

Ärzte/Atom-Artikel
Gerd Bucerius: »Ärzte, Atomkrieg. Anmerkungen zu einem Kongreß«
(Nr. 39 vom 18. September 1981, S. 15)

17. Februar 1982
An: Gräfin Dönhoff, Dr. Sommer, Diether Stolze

Liebe Freunde,

darf ich einige Themen unserer Besprechung am Sonntag vorwegnehmen?

1) Ob und wie die Copy-Preise im Herbst 1982 oder später angehoben werden, muß Diether entscheiden. Die Entscheidung war immer wichtig. Dieses Mal scheint sie mir *lebens*wichtig.

Meine Umgebung hat sich langsam daran gewöhnen müssen, dass ich Freunde, Bekannte und auch Unbekannte nach ihren persönlichen Lebensgewohnheiten ausfrage. Jetzt frage ich, wie die Leute fertig werden mit den höheren Preisen und kleinen

Gehaltserhöhungen. Siehe da – überall dasselbe Bild: Die Leute setzen sich an ihre Ausgabenliste, gehen Punkt für Punkt durch und fragen, was sie streichen können.

Da kann man sich schon vorstellen, dass einige Leute hin und wieder die 3 Mark am Kiosk für die ZEIT einsparen. Wenn das nächste Mal in den Bankauszügen die Belastungsanzeige von DM 139,50 für das Jahresabonnement erscheint, können die Leute für dieses Jahr nicht mehr abbestellen; aber sie können sich ärgern und die Abbestellung für den nächsten Termin vormerken. Dass in harten Zeiten (wie wir sie schon ein wenig haben und noch mehr haben werden) drei bis fünf Prozent unserer Leser abspringen, wäre schließlich nicht zu verwundern. 5 Prozent wären aber schon etwa 20 000.

Kritisch wird die Abonnenten-Werbung. Es ist schon ein Unterschied, ob wir ein Abonnement für DM 139,50 oder für DM 152,50 anbieten.

Für eine mittlere freie Wohnung müssen unsere Leser jetzt schon etwa DM 2000 im Jahr mehr Miete bezahlen. Das kratzt man sich dann mühsam irgendwo zusammen. Natürlich können die Leute auch beim *Stern* oder beim *Spiegel* sparen. Nach dem sensationellen Erfolg des *Spiegel* werden die Abbestellungen dort aber weniger sein. Hinzu kommt: der *Spiegel* ist noch um ein ganzes Stück besser und ernsthafter geworden. Was die Redaktion ihren Lesern bietet, ist oft überwältigend. Früher als die Fachblätter geben sie interessante Informationen.

Wenn wir dieses Jahr (1982) auf eine Preiserhöhung verzichten und sie um ein Jahr schieben, haben wir 1983/84 allerdings kräftig rote Zahlen. Aber das muss eben in Kauf genommen werden. In Konjunktur-Einbrüchen gibt es Durststrecken; wer sie übersteht, ist hinterher gut dran. Nur wer in der Durststrecke zu harten Maßnahmen greifen muss, der ist leicht der Dumme. [...]

3) Nach einiger Abstinenz habe ich in den letzten Wochen das Blatt wieder gründlich gelesen. Ergebnis: Die Zeit scheint mir

endgültig zu Ende, in der Ted und Diether die Ressorts sich selbst überlassen konnten. Die beiden haben den Versuch gemacht; ich halte ihn für gescheitert. Meine Bedenken zu den einzelnen Ressorts möchte ich nicht schriftlich sagen. Klar scheint mir nur zu sein: Wir müssen Reserven mobilisieren. Mehr bieten als bisher (Magazin, Dossier) können wir nicht. So müssen wir in der Qualität tun, was noch getan werden kann.

Soviel fällt mir für heute ein.

Herzlichst

Ihr Buc

ZEHNTES KAPITEL

Warum hassen Sie mich?

In der Anlehnung an ein großes Verlagshaus sieht Gerd Bucerius die einzige Chance, den ZEIT-Verlag auf Dauer – über seinen Tod hinaus – zu sichern. Der sich über Jahre hinziehende Versuch, den Verlag Gruner + Jahr, der wiederum zu drei Vierteln Bertelsmann gehört und dessen Eigentümer Reinhard Mohn von Bucerius sehr geschätzt wird, am ZEIT-Verlag zu beteiligen, führt innerhalb der ZEIT-Redaktion zu großer Unruhe und Diskussionen. Diese veranlassen Bucerius, das liberal verfasste Redaktionsstatut, das Teil eines jeden Arbeitsvertrags ist, zu kündigen. Die Beteiligungsabsicht scheitert schließlich, weil die Kartellbehörde fürchtet, dass das aus einer Fusion von Gruner + Jahr/Bertelsmann mit der ZEIT hervorgehende Medienunternehmen eine »marktbeherrschende Stellung« erlangen würde. In letzter Instanz bestätigt im September 1987 der Bundesgerichtshof diese Entscheidung.

19. Februar 1982

An: Gräfin Dönhoff, Dr. Sommer, Diether Stolze

vertraulich

Liebe Freunde,

die Lösung Bertelsmann scheint mir auch aus folgender Rechnung zwingend: Bitte unterstellen Sie einmal, wir müssten das Blatt aus irgendeinem beliebigen Grund einstellen, dann wäre das sehr teuer. Röpert schätzt die Liquidationskosten *heute* auf mindestens DM 20 Mio. Jedes Jahr steigen sie – mit den allgemeinen Kosten – um 6 bis 8 Prozent; in sechs Jahren ab heute also bereits auf 30 Mio., in weiteren vier Jahren auf 40 Mio. usw., usw. – Verstehen Sie, dass mich diese Rechnung drückt? [...]

Zur Zeit denken wir nicht an Einstellung – auszuschließen ist sie nie. Welche Gefahren warten auf das Anzeigengeschäft aus den neuen Medien? Werden wir das Magazin behalten können?

Man muss also den Gefahrenpunkt hinausschieben. Bei G+J ist die ZEIT nur eine von vielen »Betriebsabteilungen«. Mohn kann das Zehnfache hergeben. Er hat an GEO/USA DM 80 Mio. verloren und hat nicht gezuckt. Er kann spielend Summen hergeben, die wir nie haben.

G+J kann freilich mit 30 (!) Monaten Frist uns das Blatt zurückgeben. Aber: Einmal werden sie es nur bei Aussichtslosigkeit tun. Und wir haben bis dahin kassiert (steuerfrei?) und Reserven angesammelt. Heute fünf Jahre Zeit zu gewinnen heißt: leichter überleben. Die Verträge müssen und können die Redaktion sichern.

Bitte nehmen Sie es so, wie ich es hier schreibe: Der Druck der immer steigenden Liquidationskosten ist nicht mehr zu ertragen. Die Zeit der Einzel-Unternehmer ist zu Ende.

Herzlichst

Ihr Buc

Für Reinhard Mohn, den Kopf des Bertelsmann-Konzerns aus Gütersloh, hegt der Hamburger Verleger hohen Respekt. Er nennt ihn »mein Freund«. Auf der Frankfurter Buchmesse (1983).

Das Redaktionsstatut sieht im Fall einer Veräußerung der Zeitung vor, dass die Redaktion ein Vorkaufsrecht ausüben kann; Redakteure, die mit dem Kurs des neuen Eigentümers nicht einverstanden sind, sollen eine Abfindung verlangen können. Die Kündigung des Statuts schlägt hohe Wellen. Die Gräfin vergleicht Gerd Bucerius mit einem »Schlotbaron«. Er: »Warum hassen Sie mich?«

24. Februar 1982
An: Gräfin Dönhoff, Dr. Sommer, Diether Stolze

Liebe Freunde,
Ted war klug: Vertrag [mit Gruner + Jahr] vorlegen und sehen,
ob die Redaktion das Vorkaufsrecht ausübt. Sie würde es (wohl)
nicht. Und wenn, ist es auch kein Übel.
Aber das Statut ist schlauer. §II 3c lautet:
»Macht die Redaktion von ihrem Vorkaufsrecht keinen Gebrauch, so kann im Fall einer Veräußerung jeder Redakteur ausscheiden. Sofern eine Mehrheit der Redaktionsversammlung der
Meinung ist, es sei eine Änderung der Grundhaltung des Blattes
zu befürchten, so hat jeder ausscheidende Redakteur über die
Erfüllung seines Vertrages hinaus Anspruch auf eine Abfindung
in Höhe von zwei Monatsgehältern pro Dienstjahr.«
Das ist geradezu eine Aufforderung zur Massendesertation − in
einem Fall, für den die Bestimmung nicht vorgesehen war.
Wenn ich der Redaktion gegenüber ehrlich bleiben will, muss
ich jetzt Farbe bekennen − was ich mit der Anlage tue; sie geht
an den Redaktionsausschuss, an Sie und − nach Absprache mit
[dem Vorsitzenden des Redaktionsausschusses] K.-H. Janßen −
an alle Redakteure. Kein Entschluss in den letzten Jahren ist mir
so schwer gefallen.

Immer
Ihr Buc

26. Februar 1982

Liebe Marion (Gräfin Dönhoff),
vielleicht haben Sie es schon gehört: ich kündige das Redak-
tions-Statut − und schlage vor, über ein neues zu verhandeln.
Der Entschluß ist mir schwer gefallen [...]

Gekündigt! Das liberale Redaktionsstatut, das Gerd Bucerius 1974 gemeinsam mit den Redakteuren Karl-Heinz Janßen und Dieter Buhl unterzeichnet, bereitet ihm acht Jahre später große Sorgen.

Der Redaktionsausschuß hat die Verhandlungen mit mir liebenswürdig, aber zugleich so präzise geführt, wie er das als Vertreter Ihrer Interessen tun muß. Dafür bin ich ihm dankbar. Die Verhandlungen sind auch noch nicht zu Ende. Daß ich der Redaktion die äußerst möglichen Sicherungen erhalten möchte – wenn ich nun einmal nicht mehr da bin –, davon können Sie überzeugt sein.

Dies alles fällt gerade in eine wirtschaftlich schwere Zeit. Aber es war durch die Jahrzehnte mein Wunsch, Sie mit solchen Sorgen nicht zu belasten. Wir sind auch mit größeren Schwierigkeiten fertig geworden.

Mit besten Grüßen
Ihr Bucerius

26. Februar 1982

Lieber Buc,

am Sonntag beschlossen wir – Sie und die drei Herausgeber – nach dreistündiger Unterredung, daß wir bis zur Entscheidung des Gerichts über die ganze Sache nicht mehr reden wollen, um nicht Unruhe in die Redaktion zu tragen. Am Montag brachen Sie dieses Einverständnis, indem Sie das Redaktionsstatut kündigten – und dies, ohne es für nötig zu halten, sich mit den drei Partnern der Abrede vom Tag zuvor noch einmal zu verständigen. Warum? Weil Sie offenbar diesen drei Mitarbeitern, die in 20, 25 und 35 Jahren mit Ihnen zusammen die ZEIT zu dem gemacht haben, was sie heute ist, nicht mehr trauen. Keine Erfahrung in diesen langen Jahrzehnten berechtigt Sie zu solchem Mißtrauen. Auch wenn wir manches Mal gestritten haben, geschah dies immer mit offenem Visier – nie ist Ihnen »ein Bein gestellt worden«.

Es kann also wohl nur Ihre Angst um den materiellen Besitz sein: Nach der ersten Unterredung mit dem Redaktionsausschuß sagten Sie zu mir: »Die wollen sich nur in den Besitz der Zeitung setzen« – was keinem von denen auch nur von ferne eingefallen ist. Offenbar hat die Bemerkung von Diether Stolze am Sonntag, er könne sich theoretisch vorstellen, daß es möglich sei, das notwendige Kapital für die Übernahme der ZEIT zu finden, Sie nun dazu veranlaßt, Hals über Kopf das Statut zu kündigen; und dies, obgleich Stolze Ihnen ohne jeden Rückhalt versichert hat, daß er nie gegen Ihren Willen solche Anstrengungen unternehmen würde. Und er ist schließlich der einzige, der einen solchen Versuch unternehmen könnte.

Ich finde Ihr Mißtrauen gegenüber der Redaktion und die Nichtachtung, die Sie den Herausgebern gegenüber bewiesen haben, einfach schändlich.

Sie schreiben: »Die Kündigung wird wirksam am 31. März 1983.

Das hat wenigstens den Vorteil, daß wir in Ruhe über den ganzen schwierigen Komplex sprechen können.« Ich glaube nicht, daß irgend jemand noch Lust hat, mit Ihnen in Ruhe darüber zu sprechen. Und in Wahrheit Sie selbst am allerwenigsten, denn in Ihrem Brief vom 17. Februar schreiben Sie: »Ehrlich gestanden: die Verhandlungen mit dem Redaktionsausschuß haben mich ermüdet.« Wenn zwei Unterredungen und die Lektüre zweier Briefe – was ja angesichts einer so weittragenden Entscheidung, wie sie der Eigentümerwechsel nun einmal darstellt, nicht gerade viel ist – Sie schon ermüdet, dann kann man daraus nur schließen, daß Sie ohne jede Diskussion Ihre Entscheidung nach Art der Schlotbarone des 19. Jahrhunderts durchsetzen wollen.

Tief betrübt ob dieser Erfahrung

Ihre Marion Dönhoff

1. März 1982

Liebe Marion,

1) Wir haben Sonntag nichts vereinbart. Ted schlug vor, ich solle doch den Vertrag mit G+J der Redaktion vorlegen. Die werden sicher nicht in den Vertrag eintreten, und ich hätte ein Jahr Verzögerung erspart. Das leuchtete mir ein.

2) Aber ich fragte Diether sogleich, ob er in einem solchen Fall »die Ausübung des Vorkaufsrechtes durch die Redaktion organisieren« würde. Diether: »Ich will mir das 24 Stunden überlegen.« Die Antwort war ja wohl für meine Entscheidung wichtig (ich habe sie nicht bekommen). Das beweist: ich hatte noch nichts zugesagt.

3) Für diese Überlegung prüfte ich das Statut und errechnete die Kosten aus §II 3c. Das Ergebnis erzwang die sofortige Kündigung: Die mögliche Abfindungssumme war durch starke Vergrößerung der Redaktion, wesentlich höhere Gehälter und län-

gere Zugehörigkeit der Redakteure zum Verlag auf 10,3 Millionen Mark gestiegen. Zwei Abfindungen hätten über 1 Mio. DM gelegen, eine um 750 000 DM usw. Absurd. Mindestens einige Redakteure wollten – im Falle der Vorlage des Vertrages – davon Gebrauch machen.

4) »Angst um den materiellen Besitz«. *Ich* habe von der G+J-Lösung nichts, außer der Gewissheit einer guten Regelung nach meinem Tode. Die Garantiebeträge versuche ich gerade (wie Sie wissen) in die Stiftung zu bekommen. Dann bleibt mir weniger als heute. Nach meinem Tode soll die Stiftung auch die ZEIT stützen – aus freier Entscheidung, nicht weil Redaktion und Verlag wissen: Daher kommt auf alle Fälle Geld.

5) Wenn wir im Herbst den Vertriebspreis nicht erhöhen können, haben wir 1983 rote Zahlen. Dann wird viel Geld gebraucht. Von wem? Letzte Auflage: 3000 unter dem Vorjahr.

6) Ermüdet haben mich die Behauptungen wie: »Die ZEIT ist endgültig aus den roten Zahlen«, oder: »G+J nimmt auch eine Minderheit«.

7) Wenn hier etwas schändlich ist, dann die Art, wie Sie mit jemandem umgehen, der für das Blatt Opfer gebracht hat wie *keiner*. Muss ich gerade Sie an Einzelheiten erinnern? Warum hassen Sie mich?

8) In der Redaktion erwecken Sie Erwartungen, die sich nicht erfüllen lassen. Das schürt den Gegensatz und schadet. Das Blatt kann daran zugrunde gehen.

9) Über meine Pläne mit G+J habe ich Sie vor zwei Jahren unterrichtet. Am 12. Januar 1981, also vor mehr als einem Jahr, hatte ich jedermann in einem ZEIT-Artikel unterrichtet. Seitdem verhandele ich – wie bekannt – ohne jede Störung mit G+J, dem Kartellamt und dem Kammergericht. Da wäre es besser gewesen, Sie hätten mich vor einem Jahr einen »Schlotbaron« geschimpft. Und nicht jetzt, wo ich tue, was ich vor einem Jahr öffentlich angekündigt habe.

10) Sie können ja immer noch hoffen, dass das Kammergericht uns abweist. Dann freilich beginnen harte Zeiten für das Blatt.

Viele Grüße

Ihr Buc.

4. März 1982

Lieber Buc,

ich würde gern zu einigen Punkten Ihres Briefes vom 1. März Stellung nehmen.

Zu 1: Sie sagen: »Wir haben Sonntag nichts vereinbart.« Vielleicht erinnern Sie sich wieder, wenn ich Ihnen folgendes zurückrufe. Am Schluß unserer Besprechung sagten Sie, niemand habe Ihnen geholfen. Darauf antwortete ich: »Doch, ich habe zum Beispiel heute verschiedene Vorschläge zu zwei Resultaten zusammengeknüpft. Erstens ist dabei herausgekommen, daß Diether Stolze, Ihrem Wunsch entsprechend, bereit ist, an den Konferenzen im Wirtschaftsressort teilzunehmen, und zweitens, daß die Diskussion über den Anschluß an Gruner + Jahr bis nach Klärung der juristischen Probleme zurückgestellt wird und daß auch über das Vorkaufsrecht erst dann verhandelt wird.

Zu 2: Diether hat erklärt, daß, wenn es denn überhaupt ein Vorkaufsrecht geben sollte, er dies in keinem Fall geltend machen würde, wenn Sie Einwände dagegen hätten. Auf Ihre anschließende Frage, ob er sich dies denn technisch zutrauen würde, hat er nach meiner Erinnerung gesagt, diese Frage müsse er beschlafen, könne sie nicht vom Fleck weg beantworten.

Zu 3: Sie schreiben, »mindestens einige Redakteure« wollten gegebenenfalls von der Abfindungsmöglichkeit Gebrauch machen. Dazu ist, meine ich, zu sagen, daß 1. ein Mehrheitsbeschluß vorliegen müßte – also einzelne Redakteure gar nicht handeln könnten; daß 2., wie Ihnen der Redaktionsausschuß am

26. 2. mitgeteilt hat, die Vollversammlung auf dieses Recht verzichtet hat, sofern Sie die Kündigung zurücknehmen.

Zu 7: Warum ich Sie hasse? Ich habe überhaupt noch nie jemand gehaßt und Sie schon gar nicht. Wir haben schließlich 35 Jahre – zwar mit gelegentlichen Krächen, aber im ganzen sehr freundschaftlich – zusammengearbeitet. Und eben darum war ich über Ihre jetzige Handlungsweise tief enttäuscht und nannte sie schändlich, was vielleicht übertrieben ist.

Zu 9: Vor einem Jahr wäre mir das Schimpfwort »Schlotbaron« gar nicht eingefallen. Es kam mir erst jetzt in den Sinn angesichts der autoritären Art und Weise, mit der Sie die Herausgeber und die Redaktion behandelt haben.

Viele Grüße

Ihre Marion

4. März 1982

Liebe Marion,

Dank für Ihren Brief von heute. – Zum »Vorkaufsrecht« schrieb mir Diether am 2. März:

> »Bei dem Vierer-Gespräch am Pumpenkamp habe ich Ihnen gesagt, dass ich – selbst angenommen, es gäbe ein Vorkaufsrecht – gegen Ihren Willen nicht versuchen würde, eine Übernahme der ZEIT durch die Redaktion zu organisieren. Erst als Sie mehrmals insistierten, *Ihre* Ansicht müsse ich unberücksichtigt lassen, habe ich Ihnen gesagt, ich würde mir das Ganze noch einmal durch den Kopf gehen lassen.«

Das ist auch meine Erinnerung. Da war doch wohl alles offen! Natürlich waren wir am Sonntag ein Stückchen weitergekommen, und Sie haben dazu beigetragen. Habe ich das nicht gesagt? Dann hole ich das in der Tat Versäumte hiermit nach.

Autoritär: 30 Jahre habe ich der Redaktion gedient – ich weiß keinen anderen Ausdruck. Als mir klar wurde, dass dem Verlag ein Anspruch von 10,3 Mio. DM drohte, konnte ich nun wirklich nicht anders. Dass ich dann mit einem Ultimatum konfrontiert werde, kann ich dann ja wohl nicht hinnehmen. Ultimaten kann man überhaupt nicht hinnehmen. – So werde ich jetzt Janßen einen rundum guten Vorschlag machen. Mehr kann ich nicht tun.

(handschriftlich weiter)

Soviel zur Sache. Persönliches: Daß ich Teds und Diethers Fähigkeiten hoch schätze, wissen Sie. Sie wissen auch, was ich persönlich von beiden halte. So sind Sie meine einzige, in der Tat die letzte Beziehung zur Redaktion geblieben.

Immer

Ihr Buc

25. März 1982

Lieber Buc,

ich bin froh, bei der Rückkehr aus Polen festzustellen, daß wieder Ruhe bei uns eingekehrt ist. Aber mich bealbt die Vorstellung, Sie könnten – entgegen Ihrer mir und auch den anderen beiden Herausgebern gegebenen Zusicherung – den Vertrag mit Gruner + Jahr unterschriftsfertig machen, ohne daß wir drei die Gelegenheit haben, dazu im einzelnen Stellung zu nehmen, ja uns auch nur mit ihm wirklich vertraut zu machen.

Jedesmal, wenn ich nach den Umständen und Bedingungen fragte, haben Sie gesagt: »Marion, es ist alles offen – wir werden alles in Ruhe besprechen.« Ich habe aber noch nie einen Entwurf oder irgendein Papier gesehen, das diese Transaktion betrifft. Ich kenne nur Ihre mir nichts verdeutlichende Formel vom Kommanditisten, der Komplementär wird und umgekehrt.

Ich bin gar nicht voreingenommen gegen dieses Projekt: Sie werden sich vielleicht erinnern, daß, als Sie mir vor längerer Zeit zum ersten Mal davon sprachen, ich sagte, ich fände es durchaus einleuchtend, würde nur gern genau über die Modalitäten unterrichtet sein, ehe ich mir ein endgültiges Urteil bilden könne.

Ich hoffe also, daß wir im Laufe des Sommers den Entwurf zu sehen bekommen.

Mit herzlichen Grüßen

Ihre Marion

Forio, 21. Juni 1982
(handschriftlich)

Lieber Buc,

mit der Annäherung an den Termin der Rückkehr nach Hamburg und der Sitzung des Stiftungs-Rats werden die alten Sorgen wieder rege. Ich muss sagen, dass mir die Aussicht auf den neuen Heimathafen für die ZEIT durch die Sache mit [G+J-Verleger] Alexander Jahr noch fragwürdiger geworden ist. In was für eine Gesellschaft geraten wir da: Der *Stern* ist ein unberechenbares Hetzblatt geworden, der eine Jahr unterhält ein Spielkasino, der andere versucht seinem notleidenden Verlag durch Nazi-Literatur auf die Beine zu helfen ...

Haben wir das wirklich nötig? Solange Sie leben, habe ich keine Sorge – aber was soll dann werden? Ich bin gespannt, wie die Sache Alexander Jahr weitergegangen ist.

Auf bald, herzlich grüßend

Ihre Marion

Im September 1982 verlässt Diether Stolze den ZEIT-Verlag. Theo Sommer soll wieder Chefredakteur werden und Haug von Kuenheim Koordinator der Redaktion. Doch zuvor gibt es Ärger. Hanno Kühnert hat einen ätzenden Artikel über den Telefonservice der Deutschen Bundespost geschrieben, woraufhin die von der Post beauftragte Werbeagentur sich bei Haug von Kuenheim, dem verantwortlichen Redakteur, beschwert und mit einem Anzeigenboykott gedroht hat. Dies wiederum macht Kuenheim ein paar Ausgaben später publik, in einem Artikel, der der Post ein fragwürdiges Geschäftsgebaren vorhält.

22. Juli 1982

Liebe Marion,

kürzlich habe ich wieder Anzeigenkunden besucht: in Frankfurt, München, Düsseldorf. Eben war ich eine anstrengende Woche in London, um 50 Werbeleiter der Buchverlage zu unterhalten. In 14 Tagen dasselbe noch einmal.

Vor einem Jahr habe ich Japan Anzeigen verkauft. Jetzt bereitet Hilde eine Reise nach New York, Boston, Philadelphia, Los Angeles vor – anstelle von Urlaub.

Und da schlägt dieser Bube – unverhältnismäßig, ohne Rat zu holen – auf einen Kunden ein. Ich komme mir langsam verrückt vor.

Ich habe auch den Ärzte-Atom-Artikel noch nicht vergessen – Sie, Ted und Diether waren verreist; diese Gelegenheit hatte Haug ausgenutzt.

Als ich den bitteren Streit mit Nannen über die »Atomrampe Deutschland« hatte, mußte Haug zu Nannen sagen: »Was mischt sich Bucerius da ein, er versteht doch nichts von Rüstung.« Gute Kameradschaft.

Nun habe ich es satt.

Ihr Buc

da schlägt dieser Bube
Haug von Kuenheim: »Die Gastarbeiter merkten es zuerst. Eine hohe Telephonrechnung und sehr schwierige Nachfragen« (Nr. 30 vom 23. Juli 1982, S. 12)
Ärzte-Atom-Artikel
Haug von Kuenheim hatte Bucerius' Artikel »Ärzte, Atomkrieg« ohne Rücksprache mit dem Autor gekürzt.

In recht angeheiterter Stimmung. Theo Sommer, Haug von Kuenheim und Marion Dönhoff während einer Weihnachtsfeier in der Hamburger Kneipe »Alt Berlin« (1990).

21. Dezember 1982

Lieber Buc,

ich würde gern ein wenig jammern darüber, wie Sie die Innereien der Redaktion behandeln: Natürlich hat Zundel Ihr Gespräch mit ihm dem Haug berichtet. Und der ist nun, nachdem er Ihre häufigen Einsprüche gegen seine Person bisher sehr geduldig ertragen hat, wirklich ratlos geworden.

Er rief mich eben an und sagte – was ich hundertprozentig bestätigen kann –, daß er weiß Gott nicht übelnehmerisch ist, daß es aber für alles Grenzen gibt. Wenn es nun schon so weit sei, daß er von Ihnen den Kollegen gegenüber abqualifiziert werde, verliere er jegliche Lust, sich eine zusätzliche Arbeit aufzuhalsen. Schließlich sei er mit seinem Ressort zufrieden und strebe ja, wie wir wissen, nicht nach höheren Würden.

Sie wissen, daß Ted und ich, die wir beide den Betrieb ja nun wirklich ab ovo kennen, der Meinung sind, daß Haug der richtige Mann ist, um – unter welchem Titel auch immer – für Sommer einzuspringen, wenn er nicht da ist, beziehungsweise ihm gewisse Dinge abzunehmen, wenn er hier ist. Ich finde, da müßten Sie sich nun wirklich auf unser Urteil verlassen. Wir haben im Grunde genau dieselben Ziele im Auge wie Sie, nämlich den Betrieb menschlich und technisch reibungslos zu gestalten, und da ist Haug der einzige, der von allen Ressorts so respektiert wird, daß er die sonst gelegentlich mangelnde Koordination bewerkstelligen kann. Wahrscheinlich kann er dies nur – wie er ja auch schon häufiger unter Beweis gestellt hat –, weil seine Autorität eben nicht auf der Möglichkeit besteht, Anweisungen zu geben, sondern darauf, daß alle sein Engagement für die ZEIT und seinen Einsatz anerkennen wie auch die kollegiale Form des Umgangs mit Koordinierten.

Ich finde, lieber Buc, Sie sollten nun, bevor Sie abreisen, Ihrem Herzen einen Stoß geben und Dinge, die schon seit Monaten in der Schwebe sind, entscheiden. Der erste Brief, in dem Sommer Ihnen diese Dinge vorgetragen hat, stammt aus dem September. Auch er beginnt allmählich, sich der Verzweiflung anheimzugeben, weil Sie keine Entscheidungen treffen. Früher haben wir Sie alle ob Ihrer raschen Entschlossenheit und Entscheidungsfreudigkeit bewundert. Wir verstehen nicht recht, warum dies heute so ganz anders ist.

Darum meine letzte Bitte im alten Jahr: Treffen Sie vor Ihrer Abreise eine Entscheidung über 1. Ted Sommer als Chefredakteur und 2. Haug Kuenheim als Koordinator der Redaktion.

Ich weiß, daß Ihnen das letztere schwerfällt; aber ich weiß auch, daß, wenn es darauf ankommt, Sie heute genauso wie früher imstande sind, Ihr Herz über die Hürde zu werfen.

Herzlich grüßend
Ihre Marion

22. Dezember 1982
(handschriftlich)

Liebe Marion,

1) Mein Gespräch mit Zundel hatte ich mit Ted abgestimmt. Auch das Thema, Zundel zu fragen, ob er als (echter) stellvertr. Chefredakteur in Frage komme.

2) Heißt es Haug abqualifizieren, wenn ich mich nach anderen Lösungen umsehe? Darin sollten Sie ihn nicht bestärken.

3) Haugs Schmerz verstehe ich; mir tut das alles leid. Aber Sie kennen meine Bedenken seit Jahren. Wer hat es nun zu verantworten, daß Haug Erwartungen entwickelt hat, die enttäuscht werden müssen. Wie konnte man mit ihm über seine Stellung reden, ohne vorher mit mir klarzukommen?

4) Sie zweifeln nicht an meiner »Entscheidungsfreudigkeit«, sondern an meinem Gehorsam. Kein deutscher Verleger hat sich selbst so an die Kette (eines Statuts) gelegt wie ich. Da habe ich ein einziges Mal einen Wunsch. Das aber schert in diesem Hause scheinbar niemand.

Wie wäre es, wenn – ein einziges Mal – *Sie* das Herz über die Hürde werfen würden?

5) Mit Ted komme ich zurecht, keine Sorge.

Immer

Ihr Buc.

20. Juli 1983

Liebe Marion,

[...]

4) Wir waren uns gestern darüber einig, dass die Redaktion Vorgänge um Bertelsmann besonders deshalb so auffallend oft und scharf registriert, weil sie ihre Meinung (Bertelsmann sei zur Zusammenarbeit ungeeignet) sichtbar machen will. Hier wird also

Redaktionskonferenz. Gerd Bucerius, Theo Sommer, der neue Mit-Herausgeber Helmut Schmidt und Hilde von Lang, Geschäftsführerin des Verlags. Im Hintergrund Hans Schueler, Redakteur im politischen Ressort, und Petra Kipphoff, Redakteurin im Feuilleton (von rechts). Whisky und Selters in Griffweite (1983).

nicht ein allgemeines publizistisches Interesse wahrgenommen (*Süddeutsche Zeitung* etwa notiert solche Vorfälle kaum), sondern ein Interesse der Redaktion. Sie will auf mich drücken, um bestimmte Entscheidungen schnell zu erzwingen.

5) Das ist im Umgang mit mir der falsche Weg. Ich werde Druck nicht nachgeben. Er wird mich eher an die Seite jener bringen, die ich gegenüber unsachlichen Attacken verteidigen muss. Offen unter Druck gesetzt und lächerlich gemacht, kann ich mich nur für Bertelsmann entscheiden.

6) In der Sitzung des Kuratoriums habe ich meine Vereinbarung mit Reinhard Mohn mitgeteilt: Wir beide wollen über den Zusammenschluss im Augenblick eigentlich nicht weiter nachdenken. Es muss ein Jahr ins Land gehen, bis wir uns beruhigt haben.

Dann können wir uns sachlich entscheiden. Diese Vereinbarung werde ich einhalten, auch wenn die Redaktion mich durch Schläge ins Gesicht zu einer früheren Entscheidung bewegen will.
Herzlichst
Ihr Buc.

21. Juli 1983

Lieber Buc,

[...] Noch ein Wort zu der Beschäftigung mit dem Bertelsmann-Verlag durch die Redaktion der ZEIT. Man muß doch wohl zugeben, daß es noch nie ein Ereignis gegeben hat, das rund um die Welt soviel Interesse gefunden hat wie die vermeintlichen Hitler-Tagebücher, so daß es durchaus allgemeinem publizistischen Interesse dient, wenn darüber berichtet wird, was die neuen Chefs im Bertelsmann-Verlag an Meinungen äußern. Und was die *Süddeutsche* anbetrifft, so war gerade sie es, die den langen Artikel über das Wössner-Interview – Stichwort »gestürztes Denkmal« – gebracht hat.

Ich glaube, niemand erwartet, daß Sie Druck nachgeben, aber es ist doch klar, daß jeder einzelne im Hause gespannt verfolgt, was im Bertelsmann-Verlag vor sich geht und welcher Geist dort herrscht. Schließlich ist das, was Sie in dieser Hinsicht entscheiden oder nicht entscheiden, von allergrößter Wichtigkeit für jedes einzelne Mitglied der Redaktion und sicherlich auch des Verlages, also für rund 200 Leute.

Herzlich grüßend
Ihre [Marion Dönhoff]

Wössner-Interview
Das *Börsenblatt* veröffentlichte am 8. Juli 1983 ein Interview mit dem Vorstandsvorsitzenden der Bertelsmann AG, Mark Wössner. Der vom Gesprächspartner Wössners gebrauchte Begriff »Satellitenverlage« war vom Bertelsmann-Vorsitzenden nicht zurückgewiesen, sondern sogar aufgenommen worden, was manche Zeitungen aufmerksam registriert hatten.

ELFTES KAPITEL

Vertrauen, Respekt, Bewunderung

Marion Dönhoff vollendet am 2. Dezember 1984 ihr 75. Lebensjahr, Gerd Bucerius ist im selben Jahr 78 geworden. Ihre Korrespondenz wird dünner. Die ausführlichen Briefe des Verlegers gingen nun an den Chefredakteur Theo Sommer. In den Briefen, die Bucerius und Gräfin Dönhoff wechselten, rückten hohe Politik und sogar die Redaktionspolitik in den Hintergrund. Es überwog das Persönliche. In den neunziger Jahren verebbte der schriftliche Austausch fast ganz, aber man traf sich weiterhin und telefonierte. Was blieb, war der gegenseitige Respekt vor dem Lebenswerk des anderen im Dienste der ZEIT. Gerd Bucerius starb am 29. September 1995. Marion Dönhoff überlebte ihn um siebeneinhalb Jahre.

Crottorf, 26. Dezember 1983
(handschriftlich)

Lieber Buc,

Das Jahr neigt sich dem Ende zu – ein Jahr, in dem Sie so oft und so spontan ihre Bereitschaft zu helfen bewiesen haben, dass ich Ihnen einfach noch einmal sagen muss, wie dankbar ich dies empfunden habe. Ich denke dabei an Andreas, an den Watteau, an die Selbstverständlichkeit Ihrer nächtlichen Gastfreundschaft. Und auch an das Vertrauen, dass in so mancher Besprechung, die wir hatten, zum Ausdruck kam, für das ich dankbar bin und das ich in gleicher Weise erwidere. Es hat sich in 39 Jahren gemeinsamer Sorgen und Freuden, gemeinsamen Stolzes auch auf das Geschaffene, als so viel stärker erwiesen als gelegentliche Ärgernisse und beiderseitige Aufsässigkeit, dass man wirklich staunen muss über so viel Beständigkeit in dieser auf Wandel angelegten Zeit.

Alle guten Wünsche Ihnen und Ebelin für 1984.

Wie stets

Ihre Marion

Watteau
Das Haus Hohenzollern beabsichtigte 1983, das in seinem Besitz befindliche, aber dem Berliner Schloss Charlottenburg bis dato als Leihgabe überlassene Bild »Einschiffung nach Kythera« des französischen Malers Antoine Watteau zu verkaufen. In einer gemeinsamen Anstrengung der Bundesrepublik, des Landes Berlin und privater Spender, die je ein Drittel der Kosten trugen, konnte das Gemälde für 15 Millionen D-Mark erworben werden. Die ZEIT hatte zur Rettung des Kunstwerks aufgerufen, Bucerius war dem Appell in großzügiger Weise gefolgt.

12. Juli 1984

Liebe Marion,

Dank für Ihren – perfekten Vortrag. Ist es wirklich richtig, dass wir eine andere Politik machen müssen, weil wir den Ostblock als Nachbarn haben? Mag sein, dass wir die Bedrohung zu Lande mehr fühlen. Aber vom Bündnis verlangen wir, dass die USA einen Angriff auf uns als einen Angriff auf sich betrachten. Da muß doch wohl auch die Politik identisch sein.

Ich erinnere noch zu gut: »Entspannung ist teilbar«. Also. Ihr paßt auf und haltet die Sowjets überall fern. Wir sind nett zu ihnen, denn sie sind ja unsere Nachbarn.

Sicher: Die Bedrohung Europas durch Raketen – auch solche, die hier aufgestellt sind – muß uns erschrecken, aber sind wir heute schlechter dran als die USA vor zehn Jahren? Seit der atomaren Parität?

Das entschuldigt nicht politische Fehler Reagans. Aber als Amerikaner schaue ich natürlich nach Europa, wo unsere Soldaten die ersten Opfer sein würden. – Ihre Verbindungen drüben sind ungleich besser als meine; zu wichtigen Leuten. Ich spreche die Mittelschicht, den netten Bankier, Rechtsanwalt, Hausmakler, Reisebegleiter usw. Bei jedem Besuch empfinde ich mehr: Das »Volk« in den USA möchte nur zu gern aus Europa heraus. Sie wissen, dass es für sie teuer würde. Aber kann man ihnen den Verdruß an Europa – zur Zeit mal wieder Griechenland – übelnehmen?

Herzlichst

Ihr Buc.

*In der ZEIT erscheint zum 75. Geburtstag von Marion Dönhoff ein
Interview, das Theo Sommer und Gerd Bucerius mit ihr geführt haben.
Im Charlottenburger Schloss zu Berlin wird ihr zu Ehren ein großer
Empfang gegeben. Unverändert generös zeigt sich der Verleger in seinen
Geburtstagspräsenten. Bucerius' Geldgeschenke wendet Marion Dönhoff
hauptsächlich karitativen und gemeinnützigen Zwecken zu. Im Jahre
1988 gründet sie die Marion-Dönhoff-Stiftung, die der Völkerverständi-
gung zwischen Deutschen und Bürgern in Osteuropa dient. In die Stiftung fließen sämtliche Buchhonorare Marion Dönhoffs ein.*

2. Dezember 1984
(handschriftlich)

Liebe Marion,

Sie finden anbei – zu Ihrem großen Geburtstag – den Scheck des
Verlegers über eine seltsam krumme Summe. Sie läßt sich erläutern.

Wenn wir von 75 000 Mark die Steuern abziehen, bleibt etwas
weniger als die Hälfte. Wir haben das abgerundet auf 37 500 Mark –
die sind dann voll versteuert.

Vielleicht wollen Sie aber etwas für Ihre Stiftung tun. Dann
kriegten wir eine Spendenquittung. Die würde Steuern sparen.
Ergebnis: Der Scheck würde über 75 000 Mark lauten.

Wie sollen wir's denn nun machen?

Sagen Sie es mir gelegentlich?

Wir – Ted und ich – waren ganz begeistert vom Interview. Ist das
nun ein gutes oder ein schlechtes Vorzeichen?

Herzliche Umarmung. Ad multos annos

Immer

Ihr Buc.

Eine Erfolgsgeschichte wird gefeiert: vierzig Jahre ZEIT. Der leger gekleidete Verleger eingerahmt von seinen wichtigsten Stützen Theo Sommer, Hilde von Lang, Marion Dönhoff und Helmut Schmidt (1986).

3. Dezember 1984
(handschriftlich)

Lieber Buc,
heute Morgen habe ich Ihren Brief aufgemacht und wieder einmal Ihre unglaubliche Großzügigkeit feststellen können. Dabei ist es doch erst 5 Jahre her, dass ich aus dem gleichen Grunde ein Kirchner-Aquarell kaufen konnte – wer sonst kann das schon?
Es ist schwer, für solche Größenordnung die adäquaten Worte zu finden. Ich weiß nicht, ob es etwas aussagt, wenn ich schreibe, dass ich im Zweifel bin, worüber ich mich mehr gefreut habe: über dieses Geschenk oder über Ihre Worte im Charlottenburger Schloss.

Für normale Freuden sich zu bedanken, ist leicht, aber eine Rede wie die Ihre, die mich tief bewegt hat und glücklich macht, für die ist es schwer, Ausdruck zu finden.

Wir sind ja wohl beide nicht gerade besonders mitteilsam hinsichtlich unseres Gefühlslebens. Darum werden Sie Verständnis für mich haben, wie ich besondere Bewunderung für Sie in Berlin hatte.

Großen Dank, lieber Buc – seien Sie umarmt von Ihrer
Marion

P.S.: Ob ich Ihre Rede »schwarz auf weiß« haben kann, damit ich sie nicht nur im Gedächtnis besitze?

2. Dezember 1989
(handschriftlich)

Liebe Marion,
die Buchhaltung des ZEIT-Verlages – dankbar wie wir alle – wird Ihnen zum 80ten Geburtstag 80 000 Mark (leider minus Steuern) anweisen.

Bis zum 100sten Geburtstag werden wir entsprechende Rückstellungen machen.

Herzlichst
Ihr Buc

2. Dezember 1989
(handschriftlich)

Buc, mein Gott – ich bin hoch beglückt, aber gleichzeitig tief besorgt über meinen Verleger, der sich als so haltloser Verschwender entpuppt.

Verwirrt, glücklich und dankbar
Ihre Marion

Marion Dönhoff zwischen zwei guten Freunden: Willy Brandt und Richard von Weizsäcker, die zu Ehren ihres achtzigsten Geburtstags im Dezember 1989 an einem Symposium in Hamburg teilnehmen.

Zum achtzigsten Geburtstag von Marion Dönhoff versammeln sich Ende Dezember 1989, nur wenige Wochen nach dem Fall der Berliner Mauer, Freunde zu einem Symposium im Hamburger Hotel Atlantic. Henry Kissinger, Willy Brandt, Richard von Weizsäcker und viele andere diskutieren über die Frage »Ende des Kommunismus – und was nun?«

28. Dezember 1989
(handschriftlich)

Lieber Buc,
Das Jahr geht seinem Ende entgegen, und es drängt mich sehr, Ihnen zu danken für alles, was mit meinem Geburtstag zusammenhing.

Das Symposion mit den vielen ungewöhnlichen Leuten war wirklich einzigartig: so dicht, so präzis am roten Faden und so bar aller geschwätzigen Umrankungen, wie ich noch keine internationale Konferenz erlebt habe. Alle Teilnehmer haben es sehr genossen. Ich hoffe nur, dass es nicht nur Spaß gemacht hat, sondern auch einen merkbaren PR-Effekt hinterlässt, denn ich fürchte, es hat »die Haare vom Kopf« gekostet.

Auch die Aufmachung als Dossier war, so schien mir, vorzüglich – obgleich ich denke, dass wir beide doch Recht hatten mit unserem Wunsch nach 3-Teilung. Gott weiß, wer dies alles in einem Rutsch lesen soll.

Ich bin bei meinem Bruder und liege blöderweise mit Bronchitis im Bett – aber ich erinnere mich, dass Sie mal gesagt haben, es sei sehr gesund, krank zu sein, denn die Bettruhe diene der Kräftesammlung.

Ich weiß, dass Sie handgeschriebene Briefe hassen, darum höre ich jetzt lieber auf.

Alles Liebe für Ebelin und Euch beiden alles Gute für 1990.

Wie stets,

Ihre Marion

Aufmachung als Dossier
  »Ende des Kommunismus – und was nun?« (14-seitige Beilage »Symposium« zu Nr. 1 vom 29. Dezember 1989)

4. Juli 1991

Lieber Buc,
ich denke oft an Sie und wünsche Ihnen, daß Sie das Krankenhaus bald wieder verlassen können, denn ich denke, daß Sie es – genau wie ich seinerzeit – als quälend empfinden, schon wegen der Entmündigung, die einem dort widerfährt und für die man auch noch dankbar sein muß.

280

Ich war neulich in Gütersloh, um bei der Feier zu Mohns 70. zu assistieren, weil ich ein schlechtes Gewissen wegen häufiger Absagen hatte. Wenn Sie demnächst Lust auf Besuch haben, werde ich Ihnen gern davon erzählen. Es ist ja wirklich imposant, was dieser Mann geleistet hat, aber ein bißchen weniger Weihrauch hätte einen vielleicht noch mehr staunen lassen.

Es gab zur Einleitung einen ziemlich langen Film, der, obgleich ganz unintellektuell gemacht, seine Aktivitäten und seinen Erfolg eindrucksvoll darstellte. Biedenkopf hatte eine glänzende Rede gehalten, auch Rau, der das mit großer Leichtigkeit witzig zu gestalten wußte, war ein Vergnügen. Dann gab's noch eine ganze Menge weiterer Reden, die aber eigentlich nicht memorabel sind. Auch nicht die Schlußrede von Mohn persönlich, der sich nicht auf einen Dank beschränkte, sondern noch einmal, was andere Leute, wie beispielsweise Wössner, lobend at length dargestellt hatten, in einer zwanzigminütigen Rede zusammenfasste.

Buc, alles Gute und Liebe. Werden Sie rasch gesund!

Herzlich grüßend
Ihre Marion

Zur Förderung des Juristennachwuchses erwägt Gerd Bucerius, der Studienstiftung des deutschen Volkes in Bonn dauerhaft Stiftungsmittel für ein Stipendienprogramm zur Verfügung zu stellen, durch das Forschungs- und Studienvorhaben deutscher Juristen im Ausland finanziert werden. Am 10. Dezember 1993 wird das Kuratorium der ZEIT-Stiftung beschließen, der Studienstiftung dafür 12 Millionen D-Mark zu bewilligen.

23. Juli 1993
(handschriftlich)

Lieber Buc,

ich möchte gern noch ein Wort zu unserem gestrigen Gespräch sagen, denn die Andeutung über Ihren eventuellen Plan erfüllt mich mit großer Freude.

Es erscheint mir absolut einmalig und einfach großartig, dass jemand in unserer Gesellschaft einer solchen Idee fähig ist. Ich kann mir gut vorstellen, dass dies zu einer Initialzündung dafür werden könnte, dass dem allgemeinen, schrankenlosen Egoismus Einhalt geboten wird, wenn ein solches Zeichen an einer so sichtbaren Stelle gesetzt wird.

Ich bin wirklich stolz, Buc, bei dem Gedanken, an einem solchen Lebenswerk ein bißchen mitgewirkt zu haben.

Sehr von Herzen

Marion

Ein Wort des Dankes

Die Herausgeber hätten ohne vielerlei Hilfe diesen Briefwechsel nicht veröffentlichen können. Zuallererst gilt ihr Dank Dr. Ingmar Ahl von der ZEIT-Stiftung, der die Idee zu diesem Band hatte, eine erste Durchsicht des umfangreichen Materials vornahm und bei der Suche nach verschollenen Briefen unentbehrlich wurde. Der ZEIT-Stiftung als Erbin des Nachlasses von Gerd Bucerius und der Marion-Dönhoff-Stiftung als Erbin des Nachlasses von Gräfin Dönhoff danken wir dafür, dass sie uns uneingeschränkten Einblick in ihre Archive gewährt haben. Wie immer in Sachen ZEIT war die Dokumentationsabteilung von Uta Wagner und ihren Mitarbeitern Claus Eggers, Udo Liebscher und Mirjam Zimmer unentbehrlich; ihnen schulden wir Dank wie auch Ulrike Pieper, die die alten ZEIT-Bände hütet und auf der Suche nach einzelnen Artikeln behilflich war. Unser besonderer Dank gilt Markus Schacht, der das Lektorat der Edition übernahm und die Anmerkungen zusammenstellte. Angela Holz sei Dank für mühselige Schreibarbeiten, dem Alt-Verleger Wolf Jobst Siedler für wohlwollenden Zuspruch aus der Ferne. Dr. Thomas Sparr und Gisela M. Nicklaus vom Siedler Verlag sind wir nicht nur für die behutsame Betreuung während der Editionsarbeit zu großem Dank verpflichtet, sondern vor allem dafür, dass sie dieses Buch zum Druck brachten.

Die Herausgeber

Editorische Notiz

Die vorliegenden Briefe zwischen Marion Dönhoff und Gerd Bucerius werden vom Archiv der ZEIT-Stiftung und der Marion-Dönhoff-Stiftung bewahrt. Abgesehen von einer Aktennotiz, die die Herausgeber den Lesern nicht vorenthalten wollten, wurden nur Briefe zwischen der Gräfin und dem Verleger abgedruckt. Aufgenommen wurden aber auch Schreiben, die von einem der beiden Briefsteller nicht nur an den anderen, sondern an mehrere Adressaten gerichtet waren.

Um das schnelle Auffinden bestimmter Briefe zu erleichtern, sind die Datumsangaben einheitlich gestaltet. Handelt es sich um einen handschriftlichen Brief, so ist dies unterhalb des Briefdatums in Klammern vermerkt. In allen anderen Fällen liegen maschinenschriftliche Briefe vor. Wenn auf dem Schreiben die Adresse des Empfängers genannt war, ist der Zielort ebenfalls unter dem Datum aufgeführt. Fehlte die Unterschrift, weil nur eine Abschrift vorlag, so ist der Absender in eckigen Klammern ergänzt.

Stillschweigend korrigiert wurden orthografische und Zeichensetzungsfehler sowie falsch geschriebene Namen, nicht jedoch eigentümliche oder veraltete Schreibweisen wie »Manuscript« oder »Defaitismus«. Schreibungen, die nach den alten Rechtschreibregeln fehlerhaft gewesen wären, nach der neuen Rechtschreibung aber korrekt sind, haben wir belassen. Unterstreichungen werden kursiv und fremdsprachliche Einschübe nach dem Original meist ohne irgendeine typografische Hervorhebung wiedergegeben. Abkürzungen haben wir, sofern sie allgemein bekannt sind, nicht aufgelöst.

Am Fuß der Briefe finden sich Anmerkungen zu den erwähnten ZEIT-Artikeln und zu manchen nicht unmittelbar verständlichen Zusammenhängen. Nicht in allen Fällen, in denen es wünschenswert gewesen wäre, konnten die angesprochenen Sachverhalte erhellt werden. Zu den in den Briefen erwähnten Personen sei der Leser auf das Namenregister verwiesen, das kurze biografische Erläuterungen enthält.

Zeittafel

1906   Gerd Bucerius wird am 19. Mai in Hamm in Westfalen geboren.

1909   Im ostpreußischen Friedrichstein kommt am 2. Dezember Marion Gräfin Dönhoff als jüngstes von sieben Kindern zur Welt.

1924–32 Gerd Bucerius studiert Rechtswissenschaften in Freiburg, Hamburg und Berlin. Sein Referendariat absolviert Bucerius in Kiel, Altona und Berlin.

1931–35 Marion Dönhoff beginnt ein Studium der Volkswirtschaft in Frankfurt am Main, das sie 1933 in Basel fortsetzt und dort mit der Promotion zum Dr. rer. pol. abschließt.

1933–46 Bucerius arbeitet als Anwalt in der Kanzlei seines Vaters Walter Bucerius.

1936   Gräfin Dönhoff übernimmt die Verwaltung der Familiengüter Quittainen und Friedrichstein.

1945   Im Januar flieht Marion Dönhoff aus Ostpreußen, im März erreicht sie Westfalen. Sie schreibt zwei Memoranden für die britischen Besatzungsbehörden, die auf ungeklärten Wegen zu einer Hamburger Gruppe von Zeitungsgründern – unter ihnen Gerd Bucerius – gelangen.

1946   Am 14. Februar erhält Gerd Bucerius zusammen mit Lovis H. Lorenz, Ewald Schmidt di Simoni und Richard Tüngel von der britischen Militärregierung die Lizenz zur Herausgabe einer Wochenzeitung. Jeder der vier Gesellschafter bringt 7500 Reichsmark in das Unternehmen ein. Eine Woche später, am 21. Februar, erscheint die erste Ausgabe der ZEIT in einer Auflage von 20 000 Exemplaren zum Preis von 40 Pfennig. Von Februar bis November ist Bucerius Bausenator in Hamburg, im Juni tritt er in die CDU ein.

Zum 1. März verpflichtet die ZEIT Marion Gräfin Dönhoff als Redakteurin, drei Wochen später erscheinen ihre ersten beiden Beiträge.

1949   Im Mai erwirbt Gerd Bucerius 25 Prozent Anteile am *Stern* und legt damit die Grundlage für seinen wirtschaftlichen Erfolg (1951 erhöht er die Beteiligung auf 87,5 Prozent). Im August zieht Bucerius für den Wahlkreis Hamburg-Eimsbüttel in den Deutschen Bundestag ein, dem er bis 1962 angehören wird.

1950   Marion Dönhoff wird Leiterin des Ressorts Politik.

1950–57 »Große Krise«: Die vier Gesellschafter streiten darum, wer in der ZEIT das letzte Wort hat. Im August 1954 verlässt Marion Dönhoff nach einer Auseinandersetzung mit Chefredakteur Richard Tüngel die ZEIT und geht nach London zum *Observer*. Nach der Entlassung Tüngels im Juli 1955 kehrt sie an ihren Arbeitsplatz im Pressehaus zurück. Im März 1957 wird Bucerius alleiniger Gesellschafter der ZEIT.

1952–57 Bucerius ist Bundesbeauftragter für die Berliner Wirtschaft.

1956   Die Auflage der ZEIT, die 1948 auf 110 000 Exemplare gestiegen war, sackt mit 46 000 auf einen Tiefpunkt ab.

1962   Bucerius tritt aus der CDU aus.

1963–66 In Brione am Lago Maggiore baut Bucerius nach Plänen des österreichisch-amerikanischen Architekten Richard Neutra ein Ferienhaus.

1965 Mit Richard Gruner und John Jahr gründet Bucerius den Verlag Gruner + Jahr. An dem zweitgrößten deutschen Pressekonzern hält er zunächst 28 Prozent, nach 1969 schließlich 37,5 Prozent der Anteile. Die Verkaufsauflage der ZEIT übersteigt erstmals die Marke von 200 000 Exemplaren.

1966 Als ersten einer Fülle von Ehrenpreisen erhält Marion Dönhoff den Theodor-Heuss-Preis.

1968 Am 1. Juli wird Marion Dönhoff Chefredakteurin der ZEIT. Sie löst Josef Müller-Marein ab.

1970 Das erste ZEIT-Magazin erscheint am 2. Oktober.

1971 Gerd Bucerius gründet die ZEIT-Stiftung. Ihre Förderaktivitäten richten sich auf Wissenschaft und Forschung, Bildung und Erziehung, Kunst und Kultur. Dem Kuratorium gehört auch Marion Dönhoff an. Die Stiftung erhält die Titelrechte der ZEIT. Nach Bucerius' Tod soll sie dessen Vermögen erben.

1973 Zum 1. Januar gibt Marion Dönhoff die Chefredaktion an Theo Sommer ab und wird Herausgeberin der ZEIT. Bucerius überträgt seine Gruner + Jahr-Anteile der Bertelsmann AG, an der er nun mit 11,5 (später 10,7) Prozent beteiligt ist.

1975 Die ZEIT macht erstmals Gewinn.

1977 Diether Stolze wird Verleger der ZEIT, Gerd Bucerius bleibt ihr Eigentümer.

1979 Am 1. Januar werden Chefredakteur Theo Sommer und Verleger Diether Stolze neben Marion Dönhoff Herausgeber der ZEIT. Sommer und Stolze leiten die Redaktion gemeinsam.

1982 Diether Stolze verlässt die ZEIT.

1983	Am 1. Mai wird Bundeskanzler a.D. Helmut Schmidt Herausgeber der ZEIT, von 1985 bis 1989 ist er auch als Verleger und Geschäftsführer tätig.
1988	Marion Dönhoff gründet die nach ihr benannte Stiftung, die der Völkerverständigung zwischen Deutschland und den Staaten Osteuropas dienen soll.
1990	Die ZEIT verkauft erstmals über 500 000 Exemplare.
1992	Als Nachfolger Theo Sommers wird Robert Leicht Chefredakteur der ZEIT.
1995	Am 29. September stirbt Gerd Bucerius in Hamburg im Alter von 89 Jahren.
2002	Marion Dönhoff stirbt am 11. März im Alter von 92 Jahren auf Schloss Crottorf im Siegerland.

Personenregister

Erläutert werden nur Personen, deren Funktionen nicht aus den Briefen und Begleittexten hervorgehen.

Adenauer, Konrad (1876–1967), 1949–1963 Bundeskanzler, 1951–1955 auch Außenminister 27, 30, 33, 42f., 47, 141f.

Ahlers, Conrad (1922–1980), seit 1957 *Spiegel*-Redakteur, 1966–1969 stellvertretender Regierungssprecher der Großen Koalition, 1969–1972 Regierungssprecher der sozialliberalen Koalition 84, 163

Anne, Princess of Great Britain and Northern Ireland (geb. 1950) 100f., 103, 105, 110, 116f., 143

Armstrong-Jones, Tony (geb. 1930), Fotograf, Schwager von Princess Anne 101, 143

Arnold, Heinz Ludwig 159

Astor, David (1912–2001), Inhaber und von 1948–1975 Chefredakteur des *Observer* 24

Augstein, Rudolf (1923–2002), ab 1947 Verleger und Herausgeber des *Spiegels* 48, 50ff., 154, 178, 196

Bahr, Egon (geb. 1922), 1976–1981 SPD-Bundesgeschäftsführer 211f.

Barsig, Franz (1924–1988), 1958–1965 Sprecher des SPD-Parteivorstands 74

Becker, Hellmut (1913–1993), ab 1963 Leiter des Max-Planck-Instituts für Bildungsforschung in Berlin 156, 159

Becker, Kurt 152, 157, 162f., 165, 167f., 172, 174, 186, 197, 226, 231f., 237

Begin, Menachem (1913–1992), 1977–1983 Ministerpräsident Israels 238f.

Bernhard, Thomas (1931–1989) 182

Bertram, Christoph 251

Bezold, Oskar, 1965–1972 Leiter des ZEIT-Verlags 83, 113, 115, 122

Biedenkopf, Kurt (geb. 1930), 1990–2002 sächsischer Ministerpräsident 281

Binder, David (geb. 1931), 1967–1973 Deutschlandkorrespondent der *New York Times* 152f.

Blumenberg, Hans C. 217f., 245f.

Blumenfeld, Erik (1915–1997), CDU-Politiker, 1946 in der Hamburger Bürgerschaft, 1961–1980 Bundestagsabgeordneter 55

Bohrer, Karl Heinz (geb. 1932), Literaturwissenschaftler, Publizist, 1968–1974 Literaturredakteur der FAZ 89, 92

Böll, Heinrich (1917–1985) 216

Bölling, Klaus (geb. 1928), 1974–1981 Regierungssprecher 152

Boßmann, Dieter 179

Bourdin, Paul, 1949/50 für zwei Monate Pressesprecher Bundeskanzler Adenauers, kurzzeitig Chefredakteur der *Welt*, ab 1951 Redakteur der ZEIT 27, 30

Brandt, Willy (1913–1992), 1957–1966 Regierender Bürgermeister von Berlin, 1964–1987 SPD-Vorsitzender, 1969–1974 Bundeskanzler 68f., 143, 152f., 209–212, 279

Brentano, Heinrich von (1904–1964), 1949–1955 und 1961–1964 Vorsitzender der CDU-Fraktion im Bundestag, 1955–1961 Außenminister 53

Brückner, Peter (1922–1982), Sozialpsychologe, Theoretiker der »Neuen Linken«, 1972 wegen Unterstützung einer kriminellen Vereinigung für ein Jahr vom Lehramt an der Universität Hannover suspendiert, 1977 erneute Suspendierung 218, 220

Brügge, Peter 180f.

Bucerius, Ebelin, ab 1947 verheiratet mit Gerd Bucerius, ab 1951 Geschäftsführerin des ZEIT-Verlags 24, 39, 45, 48, 51f., 57, 59, 70, 72f., 75f., 78, 94, 110, 115, 137, 176, 194, 274, 280

Buhl, Dieter 204, 261

Bulganin, Nikolai A. (1895–1975), von Februar 1955 bis 1958 sowjetischer Ministerpräsident 36

Carstens, Karl (1914–1992), 1979–1984 Bundespräsident 210, 213ff., 219f., 245

Carter, Jimmy (geb. 1924), 1977–1981 US-Präsident 165

Charles, Prince of Wales (geb. 1948) 71f.

Chruschtschow, Nikita (1894–1971), 1953–1964 Erster Sekretär der KPdSU 142

Churchill, Winston (1874–1965), 1940–1945 und 1951–1955 britischer Premierminister, im Burenkrieg 1899/1900 für neun Monate Kriegskorrespondent der *Morning Post* in Südafrika 202

Dahrendorf, Ralf (geb. 1929) 55, 144, 185, 187, 190, 228

Delmer, Sefton (1904–1979), 1928–1959 Reporter des *Daily Express* 202, 206

Dönhoff, Dietrich Graf, Bruder Marion Dönhoffs 23

Dönhoff, Yvonne, s. Kuenheim, Yvonne von

Dubček, Alexander (1921–1992), 1968/69 Erster Sekretär der KP der ČSSR 113

Eckardt, Jörg 96

Ehmke, Horst (geb. 1927), SPD-Politiker, 1969–1974 Kanzleramtsminister 191

Engels, Wolfram (1933–1995), Wirtschaftswissenschaftler aus Frankfurt, ab 1984 Herausgeber und Kolumnist der *Wirtschaftswoche* 228

Eppler, Erhard (geb. 1926), SPD-Politiker, Vertreter des linken Parteiflügels 202, 251

Erhard, Ludwig (1897–1977), 1949–1963 Wirtschaftsminister, 1963–1966 Bundeskanzler 47, 141ff., 202

Eschenburg, Theodor (1904–1999), Politologe und Publizist 38

Esderts, Hans 46

Evans, Harold (geb. 1928), 1967–1981 Herausgeber der *Sunday Times* 195

Fest, Joachim C. (geb. 1926), 1973–1993 Leiter des Feuilletons und Mitherausgeber der FAZ 179, 191

Fichte, Hubert (1935–1986), in Hamburg lebender Schriftsteller 207

Filbinger, Hans (geb. 1913), 1966–1978 Ministerpräsident von Baden-Württemberg 219

Fischer, Manfred (1933–2002), 1974–1981 Vorstandsvorsitzender von Gruner +Jahr 196

Fleckhaus, Willy (1925–1983), Grafiker, Blattgestalter 114

Flora, Paul (geb. 1922), 1957–1971 Karikaturist der ZEIT 36, 46f.

Forster, Karl 250

Forte, Dieter (geb. 1935) 216

Frenkel, Rainer 208, 249

Freud, Sigmund 45

Friedlaender, Ernst, 1946–1950 politischer Redakteur und zeitweise fünfter Gesellschafter der ZEIT 27

Furtwängler, Wilhelm (1886–1954), Dirigent und Komponist 220

Gadermann, Ernst (1923–1973), Kardiologe in der Universitätsklinik Eppendorf 42

Gaulle, Charles de (1890–1970), 1958–1969 französischer Staatspräsident 42

Gaus, Günter (geb. 1929), 1969–1973 Chefredakteur des Spiegels, 1973–1981 Ständiger Vertreter der Bundesrepublik in der DDR 118, 160ff., 164, 185, 228

Genscher, Hans-Dietrich (geb. 1927), 1974–1985 FDP-Vorsitzender, 1974–1992 Bundesaußenminister 211f., 227

Gide, André (1869–1951), französischer Schriftsteller 57

Gillhausen, Rolf, Foto-Chef und Blattgestalter des Sterns 108

Goldmann, Nahum (1895–1982), 1949–1978 Präsident des Jüdischen Weltkongresses 238

Goppel, Alfons (1905–1991), 1962–1978 bayerischer Ministerpräsident 152

Grass, Günter (geb. 1927) 107, 185, 218ff.

Greiner, Ulrich 248

Gresmann, Hans 63, 69, 75f., 85, 89f., 105ff., 111, 121, 125, 138

Gropius, Walter (1883–1969) 107

Gross, Johannes (1932–1999), 1974–1980 Chefredakteur, danach Herausgeber der Wirtschaftsmagazine Capital und Impulse, 1977–1984 Moderator der ZDF-Sendung Die Bonner Runde 185, 187, 190f., 196f., 228f., 237

Grunenberg, Nina 127f., 130, 156, 172, 175

Gruner, Richard (geb. 1925), Verleger, 1961–1969 mit 25 Prozent am *Spiegel* beteiligt, 1965 Mitbegründer des Verlags Gruner+Jahr 52

Güssefeld, Wilhelm, Jurist und Bankier, 1953–1974 Geschäftsführer des ZEIT-Verlags 34, 56, 58, 126, 138

Haaf, Günter 224

Hahn, Albert (1889–1968), Bankier und Wirtschaftswissenschaftler, 1933 Universitätslehrer Marion Dönhoffs in Frankfurt, im gleichen Jahr Emigration nach Frankreich und in die USA 27, 58

Handke, Peter (geb. 1942) 112f.

Harpprecht, Klaus (geb. 1927), 1967 Mitherausgeber, 1969–1971 geschäftsführender Redakteur des *Monats* 118

Hassner, Pierre 95

Hatzfeldt, Hermann Graf, Neffe Marion Dönhoffs 70

Heinemann, Gustav (1899–1976), 1969–1974 Bundespräsident 119, 130

Henrichs, Benjamin 176

Hermann, Kai 71

Herrmann, Ludolf (1936–1986), 1973–1980 Chefredakteur der *Deutschen Zeitung/Christ und Welt*, 1980–1986 Chefredakteur von *Capital* 186, 237

Heusinger, Adolf (1897–1982), 1957–1961 erster Generalinspekteur der Bundeswehr, 1961–1964 Vorsitzender des ständigen Militärausschusses der NATO 67

Hitler, Adolf (1889–1945) 82f., 178f., 272

Höfer, Werner (1913–1997), Fernsehjournalist 119

Hoffmann, Wolfgang 163f.

Hofmann, Gunter 164

Hübner, Kurt (geb. 1916), 1962–1973 Theaterintendant in Bremen 93

Hühnerfeld, Paul, Literaturredakteur der ZEIT, 1955–1957 Chef des Feuilletons 28

Husák, Gustáv (1913–1991), 1969 Nachfolger Dubčeks als Erster Sekretär der tschechoslowakischen KP (bis 1985) 112f.

Iwanow, Jewgenij 104

Jacobi, Claus (geb. 1927), 1947–1952 politischer Redakteur der ZEIT, ab 1952 beim *Spiegel*, 1961–

1969 als Chefredakteur 27

Jaene, Hans-Dieter (geb. 1924), 1976–1982 Chefredakteur der *Deutschen Welle* 163

Jahr, Alexander (geb. 1940), Verleger 266

Jahr, John (1900–1991), 1965 mit Richard Gruner und Gerd Bucerius Gründer des Verlagskonzerns Gruner+Jahr, 1971 Gründer des John-Jahr-Verlags 266

Janßen, Karl-Heinz 85, 151, 165, 258f., 265

Jens, Walter (geb. 1923), Literaturwissenschaftler und Schriftsteller, 1963–1973 unter dem Pseudonym »Momos« Fernsehkritiker der ZEIT 218f.

Joffe, Josef 202, 233, 248

John, Otto (1909–1997), 1952–1955 Präsident des Bundesamts für Verfassungsschutz 28, 31

Joxe, Louis (1901–1991), 1960–1962 französischer Minister für algerische Angelegenheiten 48

Jungblut, Michael 172, 196

Jungk, Robert (1913–1994), Wissenschaftspublizist, Zukunftsforscher, Anfang der sechziger Jahre in der ZEIT verantwortlicher Redakteur der Seite »Welt im Wandel« 46

Kaiser, Carl-Christian 164, 174

Kapfinger, Hans (1902–1985), seit 1946 Herausgeber der *Passauer Neuen Presse*, Vertrauter von Franz Josef Strauß und im Jahr 1961 Mitinitiator einer Kampagne seines kurzlebigen Wochenmagazins *aktuell* gegen Gerd Bucerius 47

Karasek, Hellmuth, 1968–1974 Feuilletonredakteur der ZEIT, 1974–1991 verantwortlicher Kulturredakteur des *Spiegels* 89f., 93f., 103ff., 111

Keeler, Christine 103ff., 119

Kennedy, John F. (1917–1963), 1960–1963 Präsident der USA 43

Kipphoff, Petra 172, 217, 271

Kirchner, Ernst Ludwig (1880–1938), Maler 277

Kirsch, Botho 160f., 163f.

Kisch, Egon Erwin (1885–1948), in den zwanziger Jahren reisender Starreporter verschiedener Berliner Tageszeitungen 202

Kissinger, Henry (geb. 1923), 1973–1977 Außenminister der USA 279

Klasen, Karl (1909–1991), 1970–1977 Bundesbankpräsident, ab 1972 Mitglied im Kuratorium der ZEIT-Stiftung 194

Klingberg, Frank L. 95

Knapp, Peter, Schweizer Grafiker und Fotograf 131

Knef, Hildegard (1925–2003), Schauspielerin 200

Kohl, Helmut (geb. 1930), 1969–1976 Ministerpräsident von Rheinland-Pfalz, 1976–1982 Fraktionsvorsitzender der CDU im Bundestag 211

Kohl, Michael (1929–1981), 1974–1978 Leiter der Ständigen Vertretung der DDR in der Bundesrepublik Deutschland 152

Kortmann, Erhard 98

Koschnick, Hans (geb. 1929), 1967–1985 Bürgermeister von Bremen 152, 154

Kraft, Joe (1924–1986), 1962–1965 Washington-Korrespondent von *Harper's Magazine*, ab 1963 Kolumnist für über 200 US-Zeitungen 229f.

Kreisky, Bruno (1911–1990), 1970–1983 österreichischer Bundeskanzler 180, 182

Kremp, Herbert (geb. 1928), 1969–1985 Chefredakteur der *Welt* 115, 118, 130

Krone, Heinrich (1895–1985), 1955–1961 Fraktionschef der CDU im Bundestag 53

Krüger, Ernst 27

Krüger, Horst, Schriftsteller und Mitarbeiter im Feuilleton der ZEIT 228f.

Kuenheim, Haug von 152, 192, 208, 239, 247, 266–270

Kuenheim, Yvonne von, ältere Schwester Marion Dönhoffs 43, 177

Kühnert, Hanno 173f., 247, 266

Kusnezow, Anatolij (1929–1979) 102, 104

Kutschinski, Konrad 249

Lang, Hilde von, Verlagsleiterin 171, 267, 271, 277

Lasky, Melvin J. (geb. 1920) 89

Lattmann, Dieter (geb. 1926), 1972–1980 SPD-Bundestagsabgeordneter 210f.

Leber, Georg (geb. 1920), SPD-Politiker, 1972–1978 Bundesverteidigungsminister 160ff.

Leonhardt, Rudolf Walter 42, 85, 87, 89f., 92ff., 134, 152, 156, 172, 198, 202, 219

Lersch, Paul 130

Lewalter, Christian E., Feuilletonredakteur der ZEIT 28

Liebknecht, Wilhelm (1826–1900), 1874–1900 SPD-Reichstagsabgeordneter 166

Lippmann, Walter (1889–1974), ab 1931 Herausgeber der *New York Herald Tribune*, seine Kolumne »Today and Tomorrow« erschien 30 Jahre lang landesweit in zahlreichen Zeitungen 227, 229f.

Loewe, Lothar (geb. 1929), ARD-Korrespondent in Ost-Berlin, im Dezember 1976 wegen kritischer Berichterstattung aus der DDR ausgewiesen 163

Löwenthal, Richard (1908–1991), 1949–1958 erst Deutschlandkorrespondent, dann außenpolitischer Leitartikler des *Observer*, später Politologieprofessor in Berlin 25, 30

Loren, Sophia (geb. 1934), italienische Filmschauspielerin 224

Lübke, Heinrich (1894–1972), CDU-Politiker, 1959–1969 Bundespräsident 53

Macmillan, Harold (1894–1986), 1957–1963 britischer Premierminister der Konservativen Partei 42, 104

Maihofer, Werner (geb. 1918), FDP-Politiker, 1974–1978 Bundesinnenminister 166, 169

Martens, Wolfgang, Professor für Öffentliches Recht in Hamburg 247

Matthiesen, Hayo 160, 168

Mendès-France, Pierre (1907–1982), 1954/55 französischer Ministerpräsident und Außenminister 27, 30

Meroz, Yohanan (geb. 1920), 1974–1981 Botschafter Israels in der Bundesrepublik 180

Merseburger, Peter (geb. 1928), 1967–1975 Leiter und Moderator der NDR-Fernsehsendung »Panorama« 100f., 105f., 111, 118

Metzsch, Hildegard, Sekretärin von Gerd Bucerius 106

Michaelis, Rolf 157

Mies van der Rohe, Ludwig (1886–1969) 107

Mitscherlich, Alexander (1908–1982), Sozialpsychologe und Publizist 95, 97

Mitterrand, François (1916–1996), 1981–1995 französischer Staatspräsident 238

Mohn, Reinhard (geb. 1921), 1947–1981 Leiter des Bertelsmann Verlags 118, 149, 255ff., 271, 281

Monk, Egon (geb. 1927), 1968 für 75 Tage Intendant des Hamburger Schauspielhauses 93 f.

Moosely, Sir Robert 25

Müller-Armack, Alfred (1901–1978), Wirtschaftswissenschaftler, enger Mitarbeiter Ludwig Ehrhards 45 f., 50

Müller-Marein, Josef 24, 28 ff., 37 f., 42 f., 74, 85, 90 f., 121 ff., 131, 138, 140 f., 206

Münch, Ingo von (geb. 1932), Professor für Öffentliches Recht in Hamburg 247

Mussolini, Benito (1883–1945) 34

Nannen, Henri (1913–1996), ab 1948 Herausgeber und bis 1980 Chefredakteur der Illustrierten *Stern* 71 f., 108, 200, 224, 267

Narr, Wolf-Dieter (geb. 1937), Politologieprofessor an der Freien Universität Berlin 181 f.

Nawrocki, Joachim 162, 164

Nellessen, Bernd 128, 130

Nettelbeck, Uwe 96 f.

Neuberger, Hermann (1919–1992) 191

Neutra, Richard (1892–1970), österreichischer, seit 1923 in den USA lebender Architekt 76, 78

Nitsche, Roland 45 f.

Nixon, Richard (1913–1994), 1953–1960 Vizepräsident, 1969–1974 Präsident der USA 43, 227

Okullu, Henry (1929–1999), 1971–1994 Bischof der anglikanischen Kirche in Kenia 159

Pahlevi, Mohammed Reza (1919–1980), 1941–1979 Schah von Persien 201

Pferdmenges, Robert (1880–1962), Bankier, CDU-Abgeordneter, politischer Mentor von Gerd Bucerius 33

Piel, Dieter 156, 158 f., 234

Polanski, Roman (geb. 1933), polnisch-französischer Filmregisseur 104 f., 111

Prause, Gerhard 172, 208

Profumo, John D. (geb. 1915), 1960–1963 britischer Kriegsminister 67, 104

Raddatz, Fritz J. 172, 176, 180 f., 188, 208 f., 213–220, 241 f., 248

Räuker, Friedrich Wilhelm (geb. 1928), 1980–1987 Intendant des NDR 247

Randow, Thomas von 135 f.

Rau, Johannes (geb. 1931), 1978–1998 Ministerpräsident von Nordrhein-Westfalen 281

Reagan, Ronald (geb. 1911), 1980–1988 Präsident der USA 245, 275

Reich-Ranicki, Marcel (geb. 1920), 1974–1988 Leiter der Literaturredaktion der FAZ 218

Renger, Annemarie (geb. 1919) 210

Reston, James (1909–1995), 1953–1974 Redakteur der *New York Times*, nebenbei bis 1987 Kolumnist verschiedener Zeitungen 227, 230

Reuter, Ernst (1889–1953), 1948–1951 Oberbürgermeister der drei Westsektoren Berlins, 1951–1953 Regierender Bürgermeister von Berlin (West) 68

Riedle, Hermann 44ff., 50

Röpert, Walter, Leiter des ZEIT-Verlags 138, 146, 171, 216f., 256

Rost, Alexander 79, 85, 90, 115

Roth, Wolfgang (geb. 1941), 1974–1979 Mitglied des SPD-Parteivorstands 211

Rudel, Hans-Ulrich (1916–1982) 161

Safire, William (geb. 1929), seit 1973 politischer Kommentator der *New York Times*. Seine sonntägliche Kolumne »On language«

erschien seit 1979 227, 230

Salin, Edgar (1892–1974), Professor für Volkswirtschaft in Basel, Doktorvater Marion Dönhoffs 112f.

Salisbury, Harrison E. (1908–1993) 106f.

Samhaber, Ernst, von Februar bis August 1946 erster Chefredakteur der ZEIT 141

Sander, Jil (geb. 1943), Modedesignerin 247

Sarre, Marie-Louise (Puppi) (geb. 1906), Widerstandskämpferin, Sekretärin im Stab der Heeresgruppe Mitte, 1943–1945 in Haft 77

Sauer, Helmut (geb. 1945) 165f.

Scheel, Walter (geb. 1919), FDP-Politiker, 1969–1974 Außenminister, 1974–1979 Bundespräsident 143, 209, 212

Schlamm, William S. (1904–1978) 40

Schmidt, Helmut (geb. 1918), 1974–1982 Bundeskanzler, seit Mai 1983 Mitherausgeber der ZEIT 119, 159, 186, 212, 226ff., 239, 271, 277

Schmitt, Carl (1888–1985), Staatsrechtler, ab 1933

Mitglied der NSDAP und Präsident der Vereinigung nationalsozialistischer Juristen 23

Schröder, Gerhard (1910–1989), CDU-Politiker, 1953–1961 Innenminister, 1961–1966 Außenminister 47, 74

Schueler, Hans 157, 245f.

Sethe, Paul (1901–1967), 1955–1960 Politik-Chef der *Welt*, 1964–1967 in der ZEIT verantwortlicher Redakteur der Seite »Das politische Buch« 65

Siebeck, Wolfram 85

Siedler, Wolf Jobst (geb. 1926), 1963–1979 Leiter des Propyläen Verlags, ab 1967 auch der Ullstein Verlage, 1980–1998 Gründer und Leiter des Siedler Verlags 185, 187, 190

Snowdon (Lord), s. Armstrong-Jones

Soares, Mario (geb. 1924), 1976–1978 und 1983–1985 Ministerpräsident Portugals 158f.

Sommer, Theo 46, 63, 69, 74, 76, 85, 87, 90ff., 95, 104, 117, 119, 133f., 140, 144, 151f., 154, 156f., 162, 164, 168, 170ff., 174, 180, 182, 185–192, 194, 197, 199ff., 203, 207, 214, 221–234, 239f., 242, 246, 248–251, 253, 256, 258, 261, 265–271, 273, 276f.

Sontheimer, Kurt (geb. 1928), Politologe 230

Speer, Albert (1905–1981), Architekt, 1942–1945 Reichsminister für Rüstung, 1966 nach 20 Jahren Haft entlassen 102, 104

Springer, Axel C. (1912–1985), Gründer des gleichnamigen Verlagskonzerns, zu dem seit 1953 *Die Welt* gehört 84, 128, 130

Srivastava, H. G. P. 46

Steffahn, Harald 156

Steinmayr, Jochen 134, 172, 248

Steltzer, Theodor (1885–1967), Widerstandskämpfer, 1944 verhaftet, 1946/47 Ministerpräsident von Schleswig-Holstein 77

Stohler, Jacques, 1958–1961 Leiter des Wirtschaftsressorts der ZEIT 43ff.

Stolze, Diether 44, 75, 85, 87, 91, 93, 106, 134, 151–154, 170, 172f., 175f., 185–192, 197, 200f., 207, 214, 221ff., 225ff., 230–234, 239f., 246ff., 250f., 253, 256, 258, 260f., 263–267

Stone, Shepard (1908–1990), 1935–1942 leitender Redakteur der *New York Times*, nach 1945 beim

US-Hochkommissar in Deutschland mit dem Aufbau eines demokratischen Pressewesens beauftragt 89

Strasser, Johano (geb. 1939), Politologe, 1971–1975 stellvertretender Juso-Vorsitzender 228

Strauß, Franz Josef (1915–1988), 1955/56 Bundesminister für Atomfragen, 1956–1962 Verteidigungsminister, 1978–1988 bayerischer Ministerpräsident 46ff., 118, 158, 226ff., 237

Streitberger, Robert, 1953–1969 Leiter des ZEIT-Verlags 35

Strothmann, Dietrich 157

Syngman Rhee (1875–1965), 1948–1960 Präsident Südkoreas 34

Tate, Sharon (1943–1969), amerikanische Filmschauspielerin 104

Templer, Sir Gerald (1898–1979), General, 1945/46 Direktor der britischen Militärregierung in Deutschland, 1952–1954 Hochkommissar in Malaysia 25

Tiefenbacher, Anwalt Rudolf Augsteins 50

Topf, Erwin 187

Traube, Klaus 169

Tüngel, Richard, 1946–1955 Gründungsteilhaber und Chefredakteur der ZEIT 23, 27–33, 141, 187

Uecker, Wolfgang, Werbefachmann 113

Uexküll, Gösta von (geb. 1909) 28

Venzky, Gabriele 157

Voland, Claus 180f.

Wallmann, Walter (geb. 1932), CDU-Politiker, 1977–1986 Oberbürgermeister von Frankfurt 174

Warburg, Eric M. (1900–1990), Hamburger Bankier, 1938 emigriert, 1945 als Offizier der US-Armee nach Deutschland zurückgekehrt, Mitbegründer der »Atlantik-Brücke« 55

Ward, Stephen 66f.

Watteau, Antoine (1684–1721) 274

Weber, Alfred (1868–1958), Nationalökonom und Soziologe 45

Wehner, Herbert (1906–1990), 1969–1983 Vorsitzender der SPD-Bundestagsfraktion 153, 161, 165f., 227

Weizsäcker, Carl Friedrich von (geb. 1912), Physiker

und Philosoph, 1970–
1980 Direktor des Max-
Planck-Instituts zur Er-
forschung der Lebens-
bedingungen der wissen-
schaftlich-technischen
Welt 96f., 210–213

Weizsäcker, Richard von (geb.
1920), CDU-Politiker,
1979–1984 Mitglied des
Berliner Abgeordneten-
hauses, 1981–1984 Regie-
render Bürgermeister von
Berlin, 1984–1994 Bun-
despräsident 210, 237f.,
279

Wendt, Kurt 45

Werner, Jürgen 157

Witter, Ben, Schriftsteller und
freier Mitarbeiter der
ZEIT 149

Wössner, Mark (geb. 1938),
1983–1998 Vorstandsvor-
sitzender der Bertelsmann
AG 272, 281

Zahl, Peter Paul (geb. 1944),
Schriftsteller, Publizist der
Außerparlamentarischen
Opposition, 1972 ver-
letzte er einen Polizisten
mit der Schusswaffe le-
bensgefährlich, 1976 zu
15 Jahren Haft verurteilt,
1982 entlassen 218, 220

Zarapkin, Semjon (1906–
1984), 1966–1971 Bot-
schafter der UdSSR in
Bonn 102, 104

Zehrer, Hans (1899–1966),
1948–1953 Chefredakteur
des *Sonntagsblatts*, 1953–
1966 Chefredakteur der
Welt 24, 68

Zimmer, Dieter E. 152

Zimmer, Katharina 181

Zorza, Victor, Osteuropa-
Redakteur des *Guardian*
106f., 112, 118

Zundel, Rolf 46, 174, 191–
194, 202f., 268, 270

Bildnachweis

Rosemarie Clausen, Hamburg: 35
Deutsche Presse-Agentur/Pohlert: 277
Klaus Kallabis, Hamburg: 117, 134, 139, 153, 160, 192, 217, 249,
      268, 271, 279
Oswald Rauhof, Berlin: 257
Marc Scheler/Stern, Hamburg: 69, 75
Peter Thormann/Stern/Picture Press, Hamburg: 59
Ullstein Bilderdienst, Berlin: 101
Visum/R. Miesel, Hamburg: 168
Wolfgang Wiese, Hamburg: 259
DIE ZEIT, Hamburg: 47, 103, 108, 123, 129
ZEIT-Stiftung Ebelin und Gerd Bucerius, Hamburg: 29, 31, 41,
      49, 51, 78, 83, 88, 90, 147

Die Abbildung auf S. 177 ist dem Buch von Friedrich Dönhoff,
»Die Welt ist so, wie man sie sieht.« Erinnerungen an Marion Dönhoff,
Hamburg 2002, entnommen.